本书的研究和出版得到了
世界银行机构发展基金的资助
（项目号：IDF P100917）

激 励 与 约 束

——中国农村公共服务转移支付政策的改革

刘宇南　林万龙　等著

中国财政经济出版社

图书在版编目（CIP）数据

激励与约束：中国农村公共服务转移支付政策的改革/刘宇南等著. —北京：中国财政经济出版社，2012.9

ISBN 978-7-5095-3746-6

Ⅰ.①激…　Ⅱ.①刘…　Ⅲ.①农村财政-财政改革-研究-中国
Ⅳ.①F812.8

中国版本图书馆 CIP 数据核字（2012）第 131768 号

责任编辑：刘五书　　　　责任校对：杨瑞琦
封面设计：邹海东　　　　版式设计：兰　波

中国财政经济出版社出版
URL：http：//www.cfeph.cn
E-mail：cfeph@cfeph.cn

社址：北京市海淀区阜成路甲 28 号　邮政编码：100142
营销中心电话：88190406　北京财经书店电话：64033436　84041336
北京财经印刷厂印刷　各地新华书店经销
787×960 毫米　16 开　18.5 印张　277 000 字
2012 年 9 月第 1 版　2012 年 9 月北京第 1 次印刷
定价：38.00 元
ISBN 978-7-5095-3746-6/F·3070
（图书出现印装问题，本社负责调换）
本社质量投诉电话：010-88190744

《改进农村公共支出管理》
项　目　组

项目顾问：

胡祖才（国家发展和改革委员会副主任）

项目负责人：

刘宇南（国家发展和改革委员会社会发展司副司长）

林万龙（中国农业大学经济管理学院教授）

项目组成员：

张莉琴（中国农业大学经济管理学院教授）

张立承（财政部财政科学研究所副研究员）

余　漫（中国农业大学经济管理学院博士生）

张印午（中国农业大学经济管理学院博士生）

曹　玫（中国国际工程咨询公司博士）

韩玲慧（财政部财政科学研究所助理研究员）

常铁威（国家发展和改革委员会社会发展司处长）

杨京平（国家发展和改革委员会社会发展司副调研员）

薛　元（国家发展和改革委员会社会发展司副处长）

贺　婷（国家发展和改革委员会社会发展司项目官员）

张姣蓉（国家发展和改革委员会社会发展司项目官员）

项目咨询专家：

Jesper Steffensen（丹麦 Dege Consult 公司咨询专家）

Philip H. Brown（美国密歇根大学研究员）

张长春（国家发展和改革委员会投资研究所所长、研究员）

世界银行项目经理：

曹文道（世界银行农村发展专家）

—— 序

进入21世纪以来，中国政府对“三农”（农业、农村、农民）问题日益重视。2004年中央经济工作会议作出了“我国现在总体上已到了以工促农、以城带乡的发展阶段”的战略判断，要求采取更加有力的措施，加强农业基础设施建设，改善农村的生产生活条件。

为支持“三农”发展战略的转变，中国政府对“三农”的财政投入力度逐年加大，2003—2011年，由2144亿元增加到了10409亿元，年均增长21.8%，显著高于1996—2003年的年均增长率。

在“三农”财政投入总量增加的同时，投入结构也发生了明显变化，财政投入更加注重强化农业基础，更加注重关注农村民生。在此指导思想下，农业和农村基础设施的投入力度显著加大。以农村社会事业建设为例，据统计，“十一五”期间，中央财政用于农村教育、医疗卫生、文化体育等社会事业基础设施的投入累计达到940亿元，年度投入从2006年的60亿元增加到2010年的330亿元，增长4.5倍。随着投入力度的加大，农业与农村基础设施的薄弱状况得到了显著改善，农村公共服务水平明显提高。

但与此同时，不可否认，中央对农村公共服务的转移支付也面临一系列的挑战。这些挑战包括：如何使公共服务的供给适应农户公共服务需求的多元化以及需求的不断变化；如何增强资金使用的灵活性，加强各地最急需的社会公共服务领域的投入；如何统筹使用资金，提高投入产出效率；如何加强监测评价，不断改善资金使用效益；如何探索适应不同需求模式的供给模式，加强政策的针对性等问题。

这些挑战所提出的核心问题是：应如何推进改革，以提高农村社会部门公共服务的效率。这既是贯彻落实新农村建设文件精神的重要内容，也是完善农村公共服务体制的重要组成部分。

基于上述背景，在世界银行机构发展基金的支持下，国家发展和改革委员会社会发展司委托有关专家所开展的这项关于“基于绩效的农村公共服务转移支付政策改革”的研究活动，非常具有现实意义。我欣喜地看到，经过三年多的努力，这项研究取得了一系列很有价值的成果。如世界银行在《改善农村公共服务》（中信出版社 2008 年版）一书中所指出的那样，改善中国农村地区的公共服务提供需要综合的方案。这样一项改革试点的核心应该是加强彼此联系的、能对县级政府产生激励作用的两个要素：用于改善服务提供的财政转移支付以及监督和评估系统。该项研究在上述两个方面都进行了有益的探讨，通过对中国六个县（市、区）农村公共服务现状进行详细诊断，该研究设计出了一个较为详细的基于绩效的农村公共服务转移支付政策改革试点方案，提出了在赋予县级政府根据本地实际灵活使用公共服务转移支付资金权限的同时，应加强公共服务规划和资金的统筹使用，强化对资金使用的监测评价，并以监测评价的结果作为项目县下一年度转移支付资金获取额的重要依据。这一方案对于我国农村公共服务转移支付政策的改进无疑具有重要的参考价值。

我谨对研究成果的出版表示祝贺，并期望看到更多的相关研究，共同为中国农村公共服务政策的改进献计献策。

国家发展和改革委员会副主任 胡祖才

2012 年 4 月 12 日

目　录

图表目录

一　引　言

2008年，国家发展和改革委员会与世界银行合作，对中国农村公共服务的现状进行了系统的研究。该项研究指出，尽管取得了一系列显著的成绩，但中国农村地区的公共服务仍面临着许多需要加以改进的方面，包括：农村公共服务中巨大的地区差距；地方政府在农村公共服务职责和资源间的严重不匹配；地方政府与服务供给者之间的问责关系过于薄弱；政府间农村公共服务转移支付体系缺乏有效的激励机制等。该项研究提出，改善农村地区的公共服务提供需要综合的方案。这样一项改革试点的核心应该是加强彼此联系的、能对县级政府产生激励作用的两个要素：用于改善服务提供的财政转移支付以及监督和评估系统①。

作为该项研究的一项后续工作，国家发展和改革委员会和世界银行提出，可以考虑开展一项改革试点，以提高中国农村投资的效率和效益。试点改革的主要目标是促进资金整合优化，同时对地方政府提供财政激励，通过加强相关的监管和评估来提高公共服务绩效。按照设想，这项基于绩效的转移支付体系（Performance Based Grants System，PBGS）将首先在若干个试点县开展，全国范围内的推行将取决于各试点的效果。

PBGS的具体内容和方案将根据诊断结果以及与国家发展和改革委员会和相关地方政府讨论后决定。PBGS拟括发展转移支付计划和能力转移支付计划两部分。其中，发展转移支付将为试点县提供发展所需资金；能力转移支付（CG）将为试点县的能力建设和合适的发展项目提供资金。

所有的试点县能否得到计划中的转移支付，将基于这样一个原则：只有

---

① 世界银行东亚与太平洋地区：《改善农村公共服务》，中信出版社2008年版。

当各试点县在公共服务绩效和能力方面表现足够好，才能实际得到全部转移支付。每年都将会对各试点进行评估，以确定他们的工作绩效是否提高到必要的水平。

这一改革思路与全球范围内政府公共支出管理的新趋势一致。随着伴随着对高效政府职能和实际效果的呼声日益高涨，有必要加强对政府间财政转移支付的监测、评价和绩效评估。作为一种强有力的公共管理工具，建立以结果为导向的监测与评价体系能够帮助政策制定者和决策者追踪并了解某一项目、计划或者政策的实施情况及其影响。20 世纪 80 年代，在公共部门改革的过程中，面向结果管理被逐渐应用到公共部门的管理当中，已经被许多国家以及发展机构和多边组织所采用。

在世界银行机构发展基金支持下，国家发展和改革委员会组织专家，就这一改革试点开展了前期研究。计划开展的试点共分为两种情况。对某些县，拟开展的是农村社会事业（具体指农村义务教育、农村医疗卫生、农村文化和农村低保）转移支付的改革试点，该试点的前期研究工作由国家发展和改革委员会社会发展司负责；而对其他一些试点县，则拟开展农业和农村发展转移支付方面的试点，该项试点的前期研究由国家发展和改革委员会农村经济司负责。其中，由国家发展和改革委员会社会发展司所组织的对农村社会事业试点部分的研究活动，自 2009 年始，于 2011 年结束，共历时 3 年。本书所汇编的，正是这 3 年的研究成果。除有特别说明外，本书中提到的“农村公共服务”，均特指前文所述的四项农村社会事业。

在 3 年之中，本项研究的课题组充分吸收了国际上相关理论研究的成果和操作实践的经验，对江西省和重庆市各 3 个区县进行了实地调研，详细对这 6 个县农村公共服务的供给现状进行了诊断，在此基础上，提出了试点改革方案和相应的监测评价方案。

第一章
基于绩效转移支付体系设计的国际经验

1.1 导　言

国际经验表明，地方政府的财政收入中，政府间转移支付占很大的比重（Shah，2006）[①]。然而，不当的转移支付制度设计，比如拨款[②]目标过多、指标所涉及的绩效不易测度等问题，往往会导致地方政府在公共服务的提供过程中偏离总体目标，从而对整体公共服务供给绩效产生影响。

加强拨款绩效的监管与评价，可以提高投资的效率。各国的转移支付制度设计中，越来越多地使用了名为“基于绩效转移支付体系”（Performance - Based Grant System，PBGS）的激励措施，即将地方政府在事先确定领域的表

① 发展中国家中很多国家占到地方政府收入的60%以上。见Shah，Anwar，2006，*Local Governance in the Developing Countries*，World Bank，Washington D. C。

② 本章中“拨款”和“转移支付”代表同一个意思。

现与是否能够获得资金以及获得资金量的大小联系起来，以此作为提高财政资金使用绩效的一个手段。

作为提高财政资金使用绩效的一个手段，PBGS 与近几十年来在许多国家实施的绩效预算改革理念是一致的。与传统的财政支出预算思想不同，绩效预算强调财政资金的使用绩效（或产出、成果）而不是仅仅关注投入，或者仅关注资金管理和资金使用的程序。绩效预算于 20 世纪 50 年代和 60 年代首先在美国发展起来，1993 年，美国政府通过了政府绩效和结果方案（the Government Performance and Results Act）；20 世纪 70 年代，绩效预算理念被英国政府所接受并行之于实践。与此同时，联合国也开始把它作为受援国获得援助的先决条件[①]（Rose，2004）。新西兰从 20 世纪 80 年代和 90 年代初开始引入绩效预算理念，曾经被认为是绩效预算方法的世界领先者，但是近年来有被其他 OECD[②] 国家超越的趋势（Rose，2003）。20 世纪 90 年代，OECD 国家普遍采用了绩效预算方法作为提高预算制定和管理水平的机制（Rose，2003；Schick，2001）。

尽管新西兰等 OECD 国家的绩效预算经验不能简单照搬到发展中国家（World Bank，1997；Laking，1999），但近些年来许多发展中国家，例如马里、布基纳法索、加纳、智利泰国等，仍引入或试点了绩效预算管理模式（Rose，2003；Oduro，2003；Mesplé - Somps，et al，2003；Panzardi，2005；Srithongrung，2009）。

PBGS 与绩效预算的不同之处在于：绩效预算是一级政府财政预算的内部管理工具，而 PBGS 是提高政府间财政转移支付的管理工具。但就提高财政资金使用绩效方面而言，PBGS 实际上遵循了与绩效预算类似的管理理念。PBGS 的经济合理性在于它体现了新公共管理（New Public Management，NPM）框架下所强调的合同管理思想，它通过降低公众参与的交易费用，强化了政府的良好治理（Boadway and Shah，2009）。按照沙（Shah，2006）

① Rose，Aidan. 2004，*Developments in results oriented budgeting*，Paper to be presented at the EGPA Study Group on Public Finance and Management Conference of the European Group of Public Administration 1 - 4 September 2004，Ljubljana，Slovenia. 但 Rose 同时指出，很少有受援国将这一先决条件运用到了他们本国的财政预算工作中去。

② OECD 即经济合作与发展组织（简称经合组织），为 Organization for Economic Cooperation and Development 的缩写。下同。

的观点，一般性转移支付虽然给了地方政府自主权，但是由于对政府而言是"天降甘霖"，它削弱了地方政府的政治和财政问责；相反，尽管特定目的转移支付[①]可以为完成某项特定活动提供激励，但它有可能削弱地方政府的自主权，扭曲地方政府的行为。而 PBGS 则在赋予地方政府自主权的同时，提供了使地方政府追求支出绩效的激励，能有效地发挥前述两类转移支付各自的优势而同时避免了它们的缺点。

与绩效预算改革相比，PBGS 在各国的实践时间更短一些。根据史蒂芬森（Steffensen）的研究，"系统运用 PBGS 以提高地方政府的支出绩效总体来说是一项新的实践，它仅仅被试验、实践和复制了大约 20 年"。关于 PBGS 在各国的实践，在此可以举几个 OECD 国家的例子。例如，加拿大联邦政府给各省的健康拨款要求各省以达到一系列最低标准为条件，诸如患者可公开和平等地利用医疗设施以及无需付费等。如果达不到这些条件，那么联邦政府的财政拨款将被要求退回或者被削减（Shah，2005b）；丹麦、日本、美国、澳大利亚、英国和意大利各国中央政府对地方政府的拨款也运用了类似的机制，以提高转移支付的绩效（Steffensen，2010）。

自 20 世纪 90 年代起，在发展中国家，如乌干达、菲律宾、不丹、巴基斯坦、印度尼西亚、尼泊尔和坦桑尼亚等国，也不断引进了 PBGS。以乌干达为例，该国可谓是一个此项创新的先行者。在联合国资本开发基金（UNCDF）的支持下，该国从 20 世纪 90 年代中后期开始在四个地区开展 PBGS 试点，随后逐步推广到其他地区；到 2003 年，乌干达已经在全国范围内推行了 PBGS，覆盖了全国所有的地方政府。其他一些国家也随后跟进，到 2009 年时，至少有 15 个国家正在运用 PBGS 模式，有的是全国范围内推行，有的则正在开展试点。也有一些其他国家正在考虑开展此项创新（Steffensen，2010）。

以下部分将结合相关国际经验，从战略（strategy）、目标（objective）、指标（indicator）和激励（incentive）作用、评价（evaluation）等方面，介绍近年来基于绩效的拨款设计过程中的经验和问题。

---

① 即专项转移支付。

1.2 拨款系统的分权框架

在一个完整的分权框架下，绩效监管涉及多个阶段，如投入（inputs），中间过程（process），产出（outputs）和结果（outcomes），如图 1 - 1 所示。

从图 1 - 1 中可以看出，除了涉及多个阶段，跨部门以及政府内部与外部环境信息的交换也是拨款设计中必须考虑的重要问题。比如绩效监管涉及中央与地方政府之间、城乡政府之间以及部门规模大小等。为了拨款绩效的可监测性以及评估可靠性，在项目实施过程中，必须收集与绩效相关的信息，并精确地传递。绩效监测与评价实施中的每个阶段都需要建立（通常包含）一个清晰的关于每个利益主体的责任的描述的战略（strategy）。因为获取信息及信息监管评价需要运用更多稳健及常规性的信息交流来确保项目达到最佳的有效性结果。

在地方政府基于绩效的拨款体系中，对总体政策和战略的把握可以适当地避免整个系统对资源的浪费，而且能够以更好的顺序实施监管与评价。例如在每个阶段需要收集的指标类型，在更简单的系统中通常只会聚焦于投入。

孟加拉国的“地方政府支持的学习与革新项目”（Learning and Innovation Component（LIC）under Local Government Support Project（LGSP），LGSP - LIC）提供了一个如何设计和运用信息政策和战略（Jesper，2011）[①] 的范例。监管资源与资金流动、政府及其他行为、产出绩效以及预期结果是否达到都需要明确的监管系统的常规信息、信息主题（工具）以及具体信息。

孟加拉国使用的常规信息及信息收集主题如表 1 - 1 所示。

---

① 孟加拉国的经验仅包含对“规划”中一部分问题的解释，但绝非完美的设计。

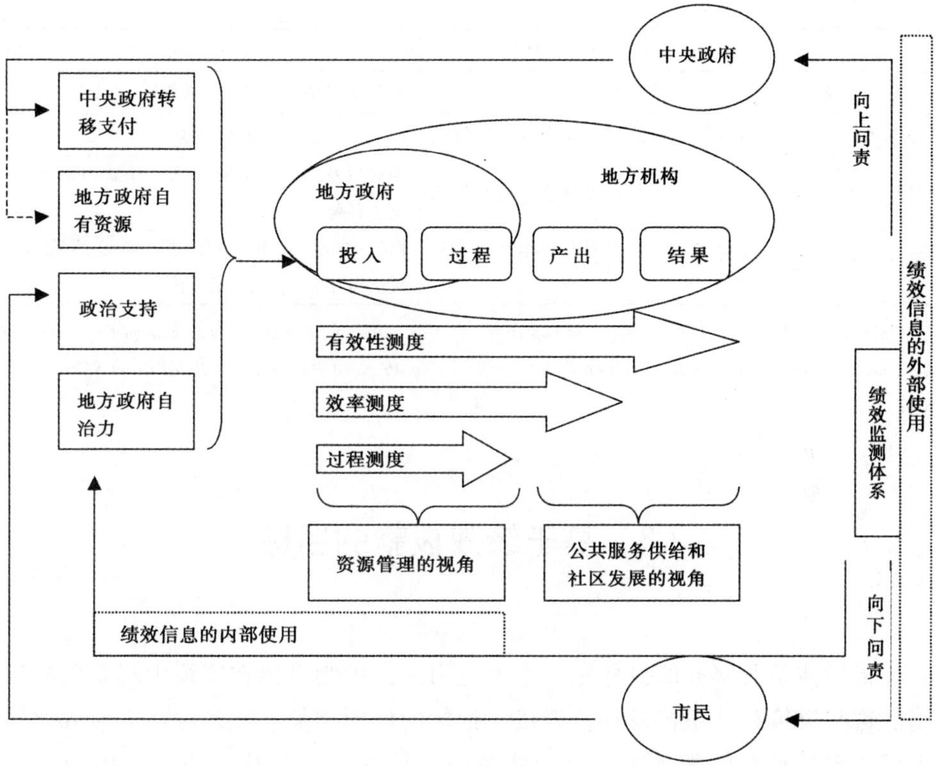

图 1-1　分权框架图

资料来源：Dumas&Kaiser，2010。

表 1-1　孟加拉国试点项目中的信息收集

信息种类	涉及主题（工具）	具体信息
行为	年初制定工作计划	行动目标 Vs. 成果、差距（如果有）、偏离计划的原因、调整计划
财政收入与支出	• 流动资金 • 资金可用性 • 地方资源流动性 • 审计	流动与管理 透明度与收入和支出的责任
方案	方案选取步骤 细节化已经通过的方案	方案描述，实施进度，社区参与度，社区角色，公共支出透明度和责任

续表

信息种类	涉及主题（工具）	具体信息
常设委员会	委员会组成和角色	委员会组成——成员中贫困者和女性人数
参与度	相关人员在高层会议中参与和角色	相关人员参与度及所作贡献
透明度及责任	透明度及责任中委员会扮演的角色	沟通以及与委员会的联系，计划和预算会议，传播会，审计等
能力建设及训练	训练和能力建设问题和相对应的结果	提供的训练，覆盖的问题，训练的质量，从训练中得到知识的应用

资料来源：Jesper, 2011：*International Experiences in Monitoring and Evaluation of Investment Projects - and Guidance and Design ideas on the Monitoring and Evaluation for Proposed Performance - Based Grant Systems*——Annex1.

1.3 基于绩效拨款的目标

指标体系所服务的目标是一个关键因素，因为目标在决策中起重要的作用。这些决策涉及系统设计，直接与指标的使用相关，并最终还会形成评估指标体系是否有效的基础。指标体系的设计并无“最优”方案，因为各个国家几乎都致力于达到多重目标（Lee Mizell, 2008）。

对地方政府的转移支付，可以在诸如对发展的合理规划、财务管理以及良好治理等范围较广、跨部门的领域设立相应的绩效目标。概括来说，其中的一些目标是对具体公共服务领域责任和绩效改变的强调，例如促进地方对全国目标的问责、服从监管或达到国家标准、预算分配的决定或者是财政控制的建立。这通常也是一些传统的纵向体制下的目标。来自英国的证据表明，自上而下的支配方式正在转变为一些服务领域的绩效提升，比如教育、犯罪和健康（Goddard and Mannion, 2004）。与此相对的是，另外一些目标则强调了“地方学习”、地方能力建设或者政策策略有效性识别①。然而，

① 这类目标强调地方政府对于体系的设计、实施和使用。行政文化（administrative culture）在这种情况下非常重要，因为它能够影响目标的选择以及本国横/纵向体制的不同。例如研究表明，欧洲强调“利益相关者”（强调对话和学习）多过于“股东”（强调责任与控制）（详见 Johnsen, Norreklit, and Vakkuri, 2006）。

地方机构能力建设与实现公共服务的具体目标之间要有所权衡。针对 OECD 国家的研究显示，考虑到预算约束和地方政府财政自治力等因素，对于大多数 OECD 国家来说，最重要的目标是设定地方政府绩效的最低标准①设定及促进地方政府经验学习（Lee Mizell, 2008）。下面以总体目标的设定为例进行说明。

1.3.1 总体目标：促进地方政府竞争，改善公共服务供给绩效

理论上来说，作为一个整体来设定标准对国家来说是有益的，因为这样可以为商品和服务、劳动力以及资本的自由流动创造条件，并且会减少由于跨辖区之间支出竞争所造成的浪费，进而提高国内一般市场贸易所带来的收益。在最初阶段，设定此类目标有利于鼓励地方政府重新分配诸如教育、医疗和社会保障之类的公共服务在地方层级上的供给；需要注意的是，带有全国性平等目标的标准的设定，会由于流动性和税收竞争而降低地方政府的供给激励。所以，需要基于产出而非结果设定相关标准②（Shah, 2009）。

设定具有竞争性质的总体目标被认为是达到其他目标的最好途径③，因为在此类目标的实现过程中，地方政府不仅要通过比较进行学习和改进，并且在不断的竞争和调整中也会提高效率。竞争的影响可能发生在不同层级的政府中，或者也可能发生在政府与特殊公共服务及其供给者（比如县医院、学区）的比较选择中，这些都与市民可以选择在何处获得公共服务以及选择怎样的公共服务提供者相关。例如，英国在 1999 年实行的“最佳价值政体（Best Value regime）”项目中（Weaver and parker, 2002），地方政府委员会就被要求将他们提供的公共服务与其他委员会、私人机构以及非营利机构提供的公共服务进行比较，以此为基础设定了“最佳价值绩效指标（Best Value Performance Indicators（BVPIs））”（DCLG, 2006a；DCLG, 2007）。

澳大利亚全国性学校特别目的拨款（National School Specific Purpose Payments, 2009）和美国高竞争性拨款项目计划（Race to the Top Competitive

---

① 原文中用的是 benchmarking 一词。

② 下文将针对指标选择的阶段：投入、过程、产出和结果四个阶段的区别作详细的分析。

③ 详见 Lee Mizell（2008）。

Grant Program，2009）得到的条件性非匹配的拨款（conditional non - matching grant）在全国平等性目标的约束下，不仅不会影响地方政府的支出效率激励，反而激励他们遵守全国公共服务提供的方式及层级的特殊标准，这种拨款的条件不仅仅体现在拨款的特殊用途上，而且还涉及质量标准的获得、服务提供的等级和方式，详见案例1。

案例1　教育领域基于绩效的拨款

澳大利亚：全国性学校专项拨款，2009

国家教育协定为这项拨款设定了以下目标：

- 保证所有孩子能够上学并且接受适宜的教育，截至2015年提高12年学制完成率至90%；
- 保证孩子达到基本的识字和计算标准，并且继续提升全面的识字及计算完成率。

对所有州来说，公立学校和非公立学校按照相同的人均支付标准拨付项目资金，除此之外每一个州的公立学校组成部分是由每一个州公立学校中全日制在校学生数来决定的。公立学校的增长因素是公立学校经常性成本的产出的增长以及公立学校全日制在校学生数的增长。虽然拨款被要求用于学校教育，但是各州有全面的预算灵活性用以分配项目资金，只要这样做能够达到一致的目标。这个项目甚至没有设定绩效基准线，但是作为总体报告和责任框架的一部分，州政府必须向联邦政府和民众提供绩效数据（澳大利亚财政部，2009）。

美国：高竞争性拨款项目计划，2009年

2009年7月24日，奥巴马总统颁布了一项43.5亿美元的项目。该项目标志着联邦与各州、行政区以及联盟之间在加速改变以及推动促进教育改革方面建立了新的合作关系建立。它要求各州通过履行四项核心的内在改革来申请财政资金：

- 提高标准：同意采取国际通用的K - 12标准。
- 弥合数据差异：建立用来管理学生成就和识别有效率教学方法进展的数据库。

● 提高教师和校长的素质（尤其是高贫困的学校）：建立奖励和保留高级教师的策略并且与无绩效者分离出来。

● 扭转低绩效学校的状况：引进改变学校文化的变革，更换校长和员工。

作为获得申请财政资金资格的一部分，每个州的记录都将根据它是否能够提供一个有利于改进教育标准和方式的环境进行考核。比如，限制通过其他方式获得教师和校长资格证书的或者限制特许学校数量的州在申请财政资金上将处于一个相对不利的境地。另外，明确禁止将学生的成长和成就与校长和教师评估相联系的州将取消其获得拨款的资格，直到它们修改各自的法律为止（Duncan，2009）。

资料来源：Shah，2009：*Sponsoring a Race to the Top：The Case for Results – Based Intergovernmental Finance for Merit Goods.* p. 14.

1.3.2
目标设定的数量问题

拨款可以设计很多的目标，例如确保公共服务努力能够反映政府的优先事务、提高绩效水平、增强责任感、帮助建立财政计划和有效服务供给之间的联系等。表 1 – 2 列出了一些使用绩效评估项目的国家在其项目设计中所选取的目标。

表 1 – 2 若干国家在绩效评估项目设计中所选取的目标

	澳大利亚	英国	美国俄勒冈州	巴西	哥伦比亚	印度尼西亚	菲律宾	南非	土耳其	乌干达
项目名称	非全国性项目，4 个州提供数据	综合绩效评价（CPA）	进展发展公告（PDB）	FRL（联邦）；管理集（MS）	政府能力测试与分析	地方政府绩效测度（LGPM）	地方政府绩效测度系统（LGPMS）	财政审查和监管评价体系	BEPER	地方政府发展项目（LGDP）

续表

	澳大利亚	英国	美国俄勒冈州	巴西	哥伦比亚	印度尼西亚	菲律宾	南非	土耳其	乌干达
项目目标	效率和问责监管	绩效改进	州绩效跟踪，促进竞争	FRL：绩效监测 MS：改进 FRL 绩效	促进效率有效性和效率的管理	绩效改进、提高人民责任感、竞争	绩效改进、提高人民责任感	绩效改进、政府间协调	绩效改进、转移支付	绩效改进、基于绩效拨款

资料来源：*The Use of Performance Information Systems as a Monitoring Tool in Decentralized Settings – Concept Note*, March 23rd, 2009.

可以看出，表 1 – 2 中几乎所有的国家都实行了多重目标。在跨领域和多层级政府的环境下，目标的归属和可监测度，包括指标度量范围的合理性等都是需要考虑的重要问题。但是，同一个补贴项目下设定的目标不能过多过杂。如果在机构能力发展目标之上再设定涉及多个部门公共服务的目标，就有可能会给地方政府发出相互矛盾的信号：要么就是目标太高，它们无法达到；要么会造成它们“混个中等就行”的心理（Jesper，2008）。而且，随着绩效的改进，目标应该得到及时的更换，否则会出现由于对目标的过分关注而导致的规模报酬递减（Norman Flynn，2010）①。

实践中发现，多重目标的度量结果使用频率不一，这说明目标的使用受到一定的主观因素影响，同时也表明地方政府在公共服务供给中有需要改进的地方（详见案例 2）。

案例 2　英国的综合支出审查（CSR）

> 对英国公共服务协定的（Public Service Agreement，PSA）研究表明，绩效信息和系统的运用并不是像在 1998 年执行第一个“综合支出审查（Comprehensive Spending Review，CSR）”时设想的那样具有持续性。

① 很难区分一些涉及大规模支出领域的改进，例如教育和医疗显示出在目标设定和监管的阶段绩效的提升，包括候诊时间的减少、辍学率的下降，是由于绩效的提升还是支出的增加。

根据国家审计办公室的调查（详见表示），很显然，目标拥有者认为绩效信息中问责制度和计划比有效供给更为有用。这表明，英国由于缺乏适当的组织能力建设与公共服务完成数量追踪能力，“最受欢迎的目标在大多数情况下不是实现公共服务的供给或者为此而进行的大量组织工作”。①

“目标所有者”对 PSA 绩效数据使用的调查

	非常常用	常用	有时使用	不使用
问责制度				
满足外部问责制/报告的需求	49%	37%	11%	2%
满足内部问责制/报告的需求	47%	41%	7%	6%
规划（计划）				
对规划的支持以及其他长期计划的努力	47%	39%	12%	2%
更深层次绩效评价的出现以及所作贡献	27%	34%	21%	18%
公共服务供给				
对资源配置决定的支持行动	24%	35%	25%	15%
与公众或使用者沟通的改进	20%	33%	39%	8%
对合作者绩效的监管	19%	28%	18%	34%
对员工或供给单位的激励	11%	44%	27%	18%

资料来源：Norman Flynn，2010：Outputs and outcomes in budgets：the English Experience of Public Service Agreements 1998－2009，*France*，p. 7.

1.3.3
目标设定中需要注意的问题

1. 发展阶段与目标选择

从上文的分析可以看出，除非地方政府具备基本的机构能力，否则长期、有效的公共服务不太可能出现。因此，在刚刚开始地方化管理以及地方政府能力比较薄弱的国家，首要的目标应该是加强跨部门的机构建设，实践中

① Public Administration Select Committee，‘On target? Government by measurement’，22 July 2003，HC 62，2002－03. Quoted by Onagh Gay，House of Commons Library（详见 Norman Flynn，2010）.

也发现，发展中国家较多采取的是改善地方政府总体绩效的“多部门”目标。

2. 目标与绩效评价的一致范围

与目标一致的绩效评价应放在单纯的影响上，社会经济中某些指标的改变，如人口、公司和雇员数量以及地方税收结构等。

3. 对目标不同的绩效评价重点将会得到不同的政策涵义

以道路项目为例，如果绩效评价将重点放在提升道路安全和修整道路物理结构上，那么制定出来的政策会将更多的投资投向弥补项目物理条件的缺陷上（Jay – Hyung Kim，2008）。

1.4 绩效指标类型

1.4.1 根据实施阶段分类

绩效指标的选取由其关注的领域所决定。表1－3分别给出了关注投入、过程、产出到结果等不同领域范围时，绩效信息的收集与使用以及在何种基于绩效拨款的实例中使用的信息。

表1－3 不同关注领域的绩效信息的收集与使用

关注领域	用途
投入数据（如拨款规模和用途）	所有的拨款系统中可用 报告是从地方到中央的形式，公布季度数据。公共支出审查通常关注这个方面。早期所罗门群岛整笔拨款系统
系统和过程	通常用于PBGS 通过中立和独立的评估机构收集年度数据。这里的数据被称作“投入和产出中间被遗失的数据”。另一个例子是PEFA评价法，还有多种民意调查、OECD指标等等。见www.pefa.org
产出数据	一些拨款系统将投入与产出报告相联系。例如乌干达绩效合约系统。 另外一些关注效率（投入与产出之间的，如澳大利亚、意大利、挪威和瑞典）

续表

关注领域	用　途
结果数据及质量	通常为更加细致的调查，比如家户调查、市民满意度调查（比如荷兰）、评分卡（印度的一些地方）等等。典型的时期为3—5年，比如澳大利亚和瑞典（教育） 质量，如老年护理：丹麦
从投入到结果的涵盖所有数据的系统	一些综合的M&E系统包含从投入到结果的所有阶段。比如：菲律宾的LGPMS，但是这需要明确地方政府控制哪些以及什么是属于外部的因素。这个体系基于：（1）地方绩效管理公开（关注投入和过程）；（2）地方发展，关注结果

资料来源：Jesper，2011：*International Experiences in Monitoring and Evaluation of Investment Projects - and Guidance and Design ideas on the Monitoring and Evaluation for Proposed Performance - Based Grant Systems*，p.7

与传统的拨款方式相比，基于绩效的拨款方式更加注重外界环境（external）、竞争、创新和基准的设计，而传统拨款方式则聚焦于内部（internal）。因此基于绩效的拨款更注重公共服务提供的质量和方式，而不仅仅是通过控制投入来管理绩效或忽视过程和结果，而且在项目实施过程中，通常会有公共审查的介入以及竞争压力。

对一个拨款体系的设计来说，基于投入的拨款更加容易实现。从基于投入转向基于绩效的转移支付，真正实现了将拨款本身与所提供的公共服务相联系，为拨款所设定的绩效的实现提供了充分的灵活性，图1－2以教育类公共服务为例，对拨款各个阶段所涉及的指标做了详细的说明。

为了实现拨款的目标，接受拨款的机构需要通过检查绩效链条来决定项目活动是否能够达到预期结果。为此，需要监测项目的整个活动，包括投入（包括中期投入（用于产出的资源））、产出（公共品或公共服务的数量和质量以及产出途径）、结果（对消费者/纳税人中期到长远的影响或者在实现项目目标上所取得的进展）以及影响范围（项目中收益方和受损方），通过强调相互之间的信任加强委托人—代理人之间为了达到共同的目标所应承担的责任。因此，内部与外部的审查报告从传统意义上的关注投入转向关注产出、影响范围以及结果——特别是产出。项目实施的灵活性可以通过将重心从对投入的严格监管转向对绩效及其测量的监管得以实现。与财政部门协商决定指标有助于追踪预期结果的进展。这种共同目标的设定及报告方式也有助于在建立项目合作关系与所有关系时，确保关注一种不断发展变化的委托人的满意度（Shah，2009）。

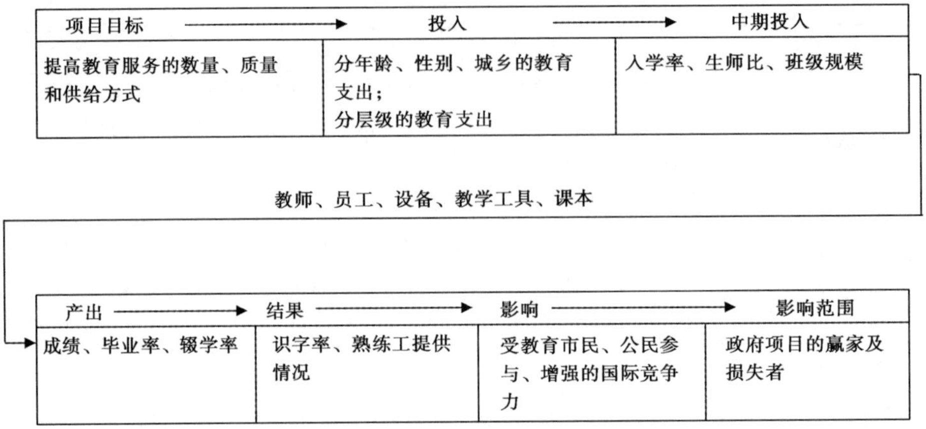

图 1－2　拨款各个阶段所涉及的指标：以教育类公共服务为例

资料来源：Shan，2005.

可以看出，代表结果的指标容易受到管理者不可控的外界因素的影响①，因此，基于绩效的拨款一般规定产出条件而不是结果条件。

1998 年英国新政府执行的第一个"综合支出审查（Comprehensive Spending Review，CSR）"为涉及投入、产出和结果等绩效指标在拨款中发挥作用提供了一个很好的例子。类似前任政府的"基础支出审查（Fundamental Expenditure Review）"，其要点在于定期检查全部公共支出（计划每两年一次），以及支出决定的产出、各部门未来三年的预算设定框架。

实施过程中，各个部门必须就资源的配置方式的改变与财政部协商签订公共支出协议（Public Service Agreement，PSA）。公共支出协议设定了财政资金应该达到的产出，结果（outcomes）以及公共服务应当怎样在未来三年中改革和改善。这些公共支出协议对政策诉求及其附带的目标作出了全面设定。

截至 2000 年，第一轮目标达到了全部的产出，但是这也仅仅实现了目标的 11%。目标中的 67% 中都有关于结果的陈述。

2000 年和 2002 年，服务供给协定（Service Delivery Agreements，SDA）为公共支出协议提供了必要的补充。服务供给协定设定了更多可操作议题，并

① PBGS 是典型的聚焦于过程（并包含投入和产出的一些要素）的系统。尽管将重点放在结果上在一些具体事例上具有很大的吸引力，但是由于责任归属、影响相对于评估时间的时滞性、避免偏离优先事务、复杂性、长期的制度改进意愿等等因素，关注结果在 PBGS 实施过程中是不可行的。

对部门应当如何达到公共支出协议里规定的目标做了相应的规划。大体上讲，公共支出协议强调结果，但是服务供给协定强调产出和过程。在这两个协定之后出现的文件都主要针对部门内部。以商业计划的形式，最终转换为员工绩效和责任计划。从2004年开始，服务供给协定被供给计划（Delivery Plans，DPs）所替代，供给计划在部门内部起到同样的作用，但不再作为公开协定的一部分。

这个计划的每个层次之间都是一致的：成员之间清楚他们为整个商业计划做出了怎样的绩效，以及对公共支出协议规定的全面的结果目标又作出了怎样的贡献（详见图1－3）。

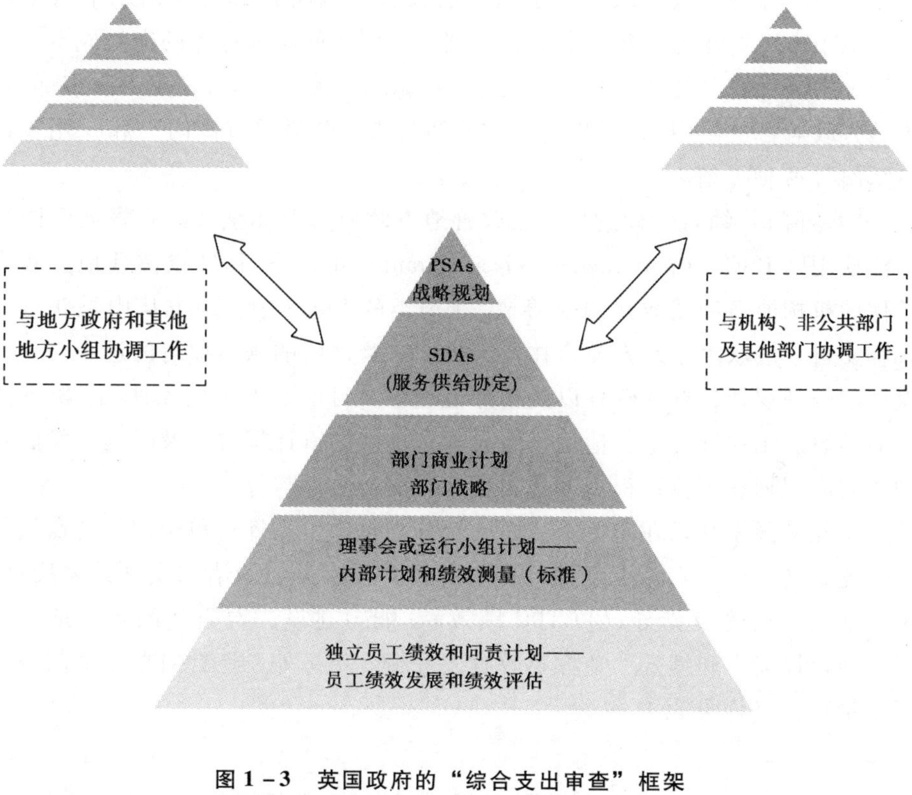

图1－3　英国政府的“综合支出审查”框架

资料来源：Norman Flynn，2010：Outputs and outcomes in budgets：the English① experience of Public Service Agreements 1998－2009，*France*，p. 2.

---

① 由于公共服务和政府权力下放形式的不同，威尔士、苏格兰和北爱尔兰所采用的方式是不同的——笔者注。

1.4.2
涉及地方自治权的指标分类

在有关一般性转移支付和专项转移支付的争论中，一般性转移支付（非条件的转移支付）增加了地方内部裁决权的平等性，同时也会导致政治和财政责任的缺乏；而专项转移支付提供了对特殊项目的激励，却也因为潜在地削弱了地方资金自治权而扭曲地方政府对公共事务的优先选择权。所以兼顾特殊项目的拨款目的，并设法保留地方政府的自治权是平衡一般与专项拨款之间利弊的有效方法。基于绩效的拨款可以将目标与支出水平联系起来，赋予市民责任感，并扩大信息基础，从而降低需求行为的交易成本。根据资金多大程度上是针对某一专门目的/部门的专款专用，还是不限定部门、由地方政府自主使用[①]，可以将拨款的绩效指标分为“多部门”和“用于特定部门”两种类型。

“多部门”绩效指标的目的是改善地方政府的总体绩效。在发展中国家广泛使用的PBGS（performance－based grant system）[②]往往试图使地方政府总体的机构能力和绩效普遍改善[③]。在这类的PBGS中，地方从中央获得的转移支付一般取决于地方政府在范围较广、跨部门的领域取得的进步——如发展的合理规划、财务管理以及良好治理等。目前发展中国家使用PBGS的经验多数属于这种类型。他们一般要求有良好的审计报告、及时提交发展规划、政府规划和预算过程高度透明且有公民自由参与等。

有几个国家开始在非单个部门的转移支付中引入针对单个部门的衡量指标。比如乌干达，它除了设置与其他发展中国家类似的诸如发展计划质量、员工能力、监管及指导（LGTPC绩效）、能力建设、沟通和问责、预算分配、获得性能力和绩效、地方财政收入等绩效指标外，还针对单个部门设计了衡量指标（详见表1－4）。

---

① 在一些国家，它们被称为：“整笔补贴”或非具体部门/非类别补贴。

② 根据每个国家拨款设计的重点，PBGSs从“资金使用”和“绩效种类”两个维度对绩效分类，分为A类多部门使用，用于某项公共服务的提供；B类用于特定部门提供某项公共服务；C类多部门使用，机构性重点；D类用于特定部门，机构性重点。其中，资金使用维度主要涉及地方政府对拨款有多大的自由裁量权，如专项资金等。

③ 在这里强化机构意味着加强的组织能力（主要通过改善职能/行政系统和人力资源实现）和提高公信力（自下而上，自上而下和横向的）。重点因国家不同而各异。

表 1-4　乌干达对单个部门绩效指标的设计

绩效措施	绩效指标
地方教育领域功能	• 教育部门执行规范性、有效性和初等教育的综合调研的证据 • 初等教育学校管理委员会的作用 • 学校管理委员会在学校 UPE 管理资源中的参与度 • 地方 3 年发展计划和年度预算与地区发展计划之间的联系 • 地方政府对教育部门专项拨款的报告与问责 • 教育领域信息定期进入 LOGIC 系统
地方健康领域功能	• 健康部门有效的季度监测与对医疗单位的实地监管证据 • 地方政府对健康部门专项拨款的报告与问责 • 健康信息系统工作及报告定期上交卫生部 • 健康领域信息定期进入 LOGIC 系统 • 健康领域计划与地方发展计划和预算的联系
地方水资源和公共卫生领域的功能	• 水资源部门对本领域投资项目有效的月度监测 • 水资源部门准备水资源以及公共卫生投资的质量法案 • 水资源部门实施合适的水资源以及公共卫生地方性计划的认证 • 地方政府对纵向部门和地区委员会的专项拨款的报告与问责 • 水资源领域信息定期进入 LOGIC 系统 • 水资源领域计划与地方发展计划和预算的联系 • 设施的有效性
地方道路与建设领域的功能	• 行业部门准备地方政府发展计划的道路以及建筑设施的质量法案 • 行业部门实施合适的针对地方发展计划的所有道路和建筑的认证 • 地方政府年度预算和经济领域发展计划的联系 • 及时将专项拨款向部门委员会和 CAO 报告和问责 • 道路和建筑领域信息定期进入 LOGIC 系统 • 对行业部的专项拨款报告与问责
生产领域功能	• 生产理事会准备地方政府发展计划的所有生产投资的数量/详述/招标文件的质量法案 • 生产理事会实施合适的针对地方发展计划的所有生产投资的认证 • 向生产理事会进行员工或私人服务提供者规模的扩大报告 • 部门发展计划，DDP 和年度地方政府预算之间的关系 • 及时地对纵向部门和地区委员会的专项拨款报告与问责 • 生产领域信息定期进入 LOGIC 系统

续表

绩效措施	绩效指标
地方环境与自然资源领域功能	• 区域发展计划反映环境机会和约束的详尽分析 • 区域环境委员会的区域环境发展计划和审查 • 区域环境部门公务员在 PPD 中的参与度 • 年度预算及发布反映对于环境问题的处理 • 实施活动、项目或者计划缓解环境问题 • 缓解措施实施的证据 • 环境问题缓解措施的证据及投标书 • 增强区域环境委员会战略的特殊能力 • 环境问题培训计划以及过去财年的执行情况

资料来源：Jesper，2011：*International Experiences in Monitoring and Evaluation of Investment Projects – and Guidance and Design ideas on the Monitoring and Evaluation for Proposed Performance – Based Grant Systems*——Annex 6. 2.

在针对具体部门的 PBGS 体系中，绩效的评价指标往往集中在某一项或几项公共服务上，如建成教室的数量，通过某种测试的学生数目，或是提供某项服务的单位成本等①。随着地方政府能力建设活动的增加，对具体部门的补贴应该超过享有自主权的补贴部分，从而逐渐发展成为多部门的补贴。而且，随着绩效指标的不断完成，除了基准设计之外，要有相关的激励性指标，即绩效指标（Performance Measures，PMs）。

1.5 基于绩效拨款的作用：激励和约束

基于绩效的拨款实际上是创造了一种增强地方政府为市民服务的责任感的激励。监管部门或者公民可以利用各类绩效指标所收集的信息进行地方政

① 正如沙（Shah，2006）中提到的，有少数免除情况的国家没有使用这些以产出为主导的转移支付计划，尽管它们有明显的潜力。沙认为，政治家和管理者缺乏激励引入这些计划是原因，但是可能有其他原因，例如在设计和监测方面的技术困难等，因为可以更加容易地将一些方面的服务产出同其他方面作比较。另外，需要将一些服务完全交付地方政府。

府排名，或者地方政府可以用来识别不足，进而通过学习实现绩效改进。

基于绩效拨款的整套体系在包括指标设定、数据收集、绩效评价等环节，以及促进机构能力建设方面发挥的激励与约束作用，将对转移支付目标的实现起到可靠而持续的保障，从而起到全面改善地方政府公共服务供给的作用。比如，OECD 国家意大利实行的“区域发展政策”，就是运用“软应用”与“硬应用”结合的方法，制定和实现了 57% 以上与激励相关的指标（详见案例 3）。

案例 3　指标与激励——地区发展政策，意大利（2000—2006 年）

由于意大利地方和区域的公共服务实行分权治理，政策实施所需要的信息在不同政府层级间较为分散，所以不同等级政府间的合作以及政策目标的测度变得尤为重要。2000—2006 年的“区域发展政策”综合指标体系就是为了达到这个目的而设立的。

要度量政策目标的成果是颇具挑战性的，尤其是将最终目标转换成可以量化或核实的测量结果时非常困难，另外，建立政策行为与指标价值改变之间的联系也尤为不易。这种情况下，意大利将指标分为三类（环境指标、监管指标和政策努力指标）以提高区域政策目标的清晰度和概括评价他们的有效性。这种方法被描述为“软应用”。

环境指标被用作：(1) 识别区域的优势和劣势；(2) 提高区域政策目标的清晰度；(3) 提高政策制定者的责任。

政策努力指标被用作：(1) 建立评估产出及结果的参考价值；(2) 政策正确则实施评估；(3) 识别创造增量效应的支出类型；(4) 对不同层级政府的角色进行评价。

意大利还将该指标体系与一系列绩效奖惩指标相联系，这种方式被描述为“硬应用”。欧盟结构性基金（EU Structural Fund）为此项政策预留了 4% 的绩效预算，同时国家也增加了 6% 的绩效预留，就是说，地方可以得到预留的 10% 的绩效资金。为了获得这些资金，地方必须在相关领域对资金做到良好管理，从而达到相关目标，使公共管理现代化，并且履行改革。奖惩系统的中心目标在于提高地区发展的制度建设能力。这将依赖于坚固的合作过程、透明的公共信息、技术部门对指标的监管以及可靠、可复制和完整的信息。

环境指标的影响是有限的。地方合作者并没有广泛地采用环境指标提高地区绩效。奖惩系统确实刺激了地方政府对提高绩效的努力——这恰恰是一个比较落后地区所需要的。

资料来源：Lee Mizell, 2008：Promoting performance：using indicators to enhance the effectiveness of sub central spending, *COM/CTPA/ECO/GOV/WP*（*2008*）*5*, p. 15.

下面的案例不仅分析了英国 LPSAs 中的指标设定与绩效激励之间的具体关系，而且对于基于绩效拨款实施过程中常见的挑战，比如有关中央与地方的目标博弈以及地方自治权等问题及今后的改进作出了详细的评述（详见案例 4）。

案例 4　指标与激励—地方公共服务协定，英国

2000 年，作为提高地方公共服务努力的一部分，英国试行了基于激励的绩效协议。这个为期三年的协议，在多种公共服务领域与地方政府（Local Authorities, LAs）设立了基于绩效的 12 项"弹性目标（Stretch targets）"，它被称为"地方公共服务协定（Local Public Service Agreements, LPSAs）"。

首先，为有能力投资的地方政府提供"诱导地方政府自力发展的拨款（pump - priming grants）"以实现他们的目标。其次，如果地方政府于 3 年以后达到了预先设定的弹性目标的至少 60%，还可以得到相当于年净预算 2.5% 的绩效拨款（能够得到最多可达到所能够完成目标的拨款数量的 100%）。最后，他们还将可以获得额外的借款机会以及资金管理需要上的可能的放松。

从积极的方面来说，LPSAs 可能会加强地方公共服务的供给。一方面，地方政府可以得到财政上的奖励；另一方面，地方也得到了参与到特殊目标设立活动中的机会。这些不仅加强了地方合作（一些目标只能合作完成）关系，而且还有利于地方政府能力的发展与学习。财政激励在投资能力和鼓励地方政府参与及刺激其投入额外资金等方面，尤其是"诱导地方政府自力发展的拨款"具有非常重要的作用。

当然还会存在一些挑战。首先，地方与中央政府之间协商目标是相当耗时的。中央政府通常会发现，地方政府在与其协商目标时，将更加偏向于他们更容易达到的目标。第二，对于信息有限的了解和缺乏数据，也将会阻碍地方政府设定真实目标。第三，尽管地方政府参与到了目标的选取当中，但是过程却是中央驱动型的，也就是说，目标往往并没有反映地方政府的优先需求。最后，管理活动并不如预想的那样容易实现。

第二代 LPSAs 在 2003 年末启动。一个显著的改变就是，增加了指标与目标之间的相关性以加强地方政府参与性。2007 年，LPSAs 被整合成了一整套激励机制，作为地方协定（Local Area Agreement）它将更为简化。此外，中央政府设定了地方层级监管的 198 个指标，地方政府可以在这一套指标中选取 35 个与中央政府共同协商决定。

□ 英国把隐性激励（名声效应）与财政奖励和管理灵活性结合起来提高地方公共服务。名声效应通过排名和打分（如将于 2009 年被取代的"综合绩效评价（Comprehensive Performance Assessment）"）促进地方政府绩效。财政激励和管理弹性则通过地方公共服务协定（现在作为地方协定的组成部分）实现。两种协定都是中央、地方政府以及他们的合作者统筹供给地方事务及管理绩效的工具。

□ 运用激励的实施环境应当得到重视。合适的实施机制——市民责任感、平等执行力以及第三方资源——可以使目标重新协商次数降到最低，并增强激励机制的可靠性。意大利的案例中，通过合作者"广泛的审查可以有效地减少重新协商的动机，而且奖惩措施的制定也减少了诉诸法律的争端（Barca et al, 2005）"。又如，英国针对地方委员会不同意综合绩效评价中设计委员会打分的情况使用了正式上诉程序（Audit Commission, n. d.）。相反，澳大利亚各省必须上报每个被附加绩效惩罚的专项支出效率指标的措施。这种强制的惩罚由于与不利结果相关而勉强实施。

资料来源：Lee Mizell, 2008：Promoting performance：using indicators to enhance the effectiveness of sub central spending，*COM/CTPA/ECO/GOV/WP（2008）5*，p. 16.

在多数发展中国家实行的基于绩效拨款系统（PBGSs）的评估指标则分别设置了最低标准（Minimum Conditions，MCs）和绩效指标（Performance

Measures，PMs）。地方政府在达到获得补贴所必须满足的基本条件（MCs）之后，为获得额外资金，还应达到一定的绩效指标标准。这些绩效指标（PMs）将地方政府每个具体领域的绩效做了更加细化的衡量，如发展规划的质量、环境管理的质量等等。下面以尼泊尔财政发展项目（DFDP）为例加以说明（详见案例5）。

案例5 尼泊尔财政发展项目（DFDP）

自2004/2005年度，尼泊尔在财政发展项目（DFDP）中引进基于绩效拨款（PBGS）项目，DFDP每年为每个地区发展委员会（DDCs）提供大约100000美元拨款。对每年的地区绩效的最低标准（MCs）和绩效指标（PMs）加以评估。所有的MCs指标都是DDCs的法律规定，PMs则为DDCs的绩效改进提供激励。评估结果与下一年的转移支付相联系。得到拨款的前提是达到MCs的指标规定。而PMs则决定了DDCs是否能够得到奖励。这个系统不仅仅是为了让DDCs实现法律规定的指标，而且鼓励DDCs提高效率、加强问责、公共服务提供能力和公民权利。具体的拨款目标为：

- 运用惩罚和激励机制改进地方政府绩效
- 适应拨款规模与地方政府关键领域的绩效能力和支出
- 不同领域地方政府能力差距的识别
- 通过每年的评估加强原有的一般监测与评价体系

根据上述目标，PM在涉及计划和项目管理、预算管理、财政管理、财政能力、预算公布及项目执行、沟通及透明度、监管与评价以及组织能力、服务提供和资产管理的8个领域设定指标，具体的绩效排名及获得拨款条件与约束如下表所示：

表 MCs和PMs

绩效排名及条件	奖励/约束
任何领域有一个没有完成的最低标准（MCs）	第二财年没有绩效拨款
在任何有绩效指标（PMs）的领域低于最低分	第二财年的拨款削减20%

续表

绩效排名及条件	奖励/约束
达到所有 PMs 并且得分在 36—50 分之间的	拨款不变
达到所有 PMs 并且得分在 51—65 分之间的	拨款增加 20%
达到所有 PMs 并且得分在 66—79 分之间的	拨款增加 25%
达到所有 PMs 并且得分在 80 分以上的	拨款增加 30%

很多地区达到了 MCs 但是却没有得到 PMs 的最低分。这种情况下，遵循规定削减拨款的 20%。同样，同时达到了 MCs 和 PMs，但 PMs 的分值少于 50%，拨款数量不变。如果超过了 PMs 分值 50% 的，将在拨款上予以奖励。奖励范围在 20%—30%。

资料来源：Jesper, 2011：*International Experiences in Monitoring and Evaluation of Investment Projects – and Guidance and Design ideas on the Monitoring and Evaluation for Proposed Performance-Based Grant Systems*——Annex 6. 1.

1.6　基于绩效拨款的评价机制

地方绩效评价机制在基于绩效的拨款体系中至关重要。拨款体系的核心在于对地方政府转移支付项目的激励机制，所以绩效评价必须高度可信，缺乏（或被视作缺乏）公信力和客观性的绩效评价往往会影响整个拨款体系设计的目标的实现。

足够的独立与中立性是绩效评价过程的重要保障。所以，在拨款体系的绩效评价过程中需要注意以下几个方面：

• 确保一个强有力的、中立的、高度专业化的、高度可信的评估程序，将该程序融入规划和预算周期（例如，如果预算是年度的就每年进行）；

• 确保（如果需要的话就设立）有效的协调机构负责批准评估成果并监督体系的实施；

- 确保在设计和实施的各个阶段的透明度和广泛的交流沟通（例如，公布评估结果）；
- 确保评估结果有外部质量保证。

在评估过程中，相关管理机构的设置应尽量避免利益冲突，以确保评价过程的独立性。实践中有很多种办法可以用来增强评价过程的独立性（Jesper，2010），例如：

- 可将评价工作外包；
- 可以以评价小组的方式开展；
- 可以进行审计；
- 采取质量管理措施；
- 增加透明度；
- 地方政府的代表人员及其他利益相关者可参与和监督。

采用PBGS的国家中，6个国家使用外部咨询专家（合同外包①）；3个国家采用评价委员会的方式，或是由主要的中央部委牵头组成联合评价小组；6个国家使用政府内部的评价体系，其中有些国家实行了一定的质量控制；大多数国家的评价体系都包括实地考察，只有少数几个国家完全依赖中央有关部委的案头审核。每个评估模式和程序都有其各自的优缺点，详见附件。

下面以韩国为例，介绍一个较为完整的绩效管理与评估体系。该体系包括了三层系统：（1）绩效监测体系（Performance Monitoring）；（2）项目回顾体系（Program Review）；（3）项目评估体系（Program Evaluation）。其中绩效监测系统（PMS）要求部门设立绩效目标和指标，准备年度绩效计划和绩效报告，并在每个财政预算周期期初提交。绩效报告将以系统性的方式对目标的实现做出描述。报告内容应包括绩效规划中设定的绩效目标及指标；以目标和指标形式表示的绩效；解释低绩效的理由；评估摘要以及未来计划。可选择的部分包括审计委员会提供的审计结果及项目评估检查和概要。

绩效报告应当表明绩效目标是否实现及没有实现的原因。如果导致低绩

---

① PBGS体系相对其他资金管理体制（如无条件拨付转移支付资金）来说需要很多的管理。然而，如上面已经提到的，增加的工作量中很大一部分（绩效评价过程）可以外包出去，通过短期合同执行。

效的原因不是不可控的因素（如经济环境、法律及规定的不可预期改变），项目将接受预算主管部门的进一步审查。当导致低绩效的原因难以识别的时候，将实施项目评估。

PMS 提供了一种跨部门或跨项目预算分配的信息来源。行业部门应当在需要时提供相应的绩效信息。这些信息可以用来准备国家财政管理计划及预算。

表 1－5　绩效管理与评估系统

	绩效监测（Performance Monitoring）	项目回顾（Program Review）	项目评估（Program Evaluation）
方法	设定目标和指标，并将结果运用到政府预算运行中（准备绩效报告）	提供一个检查列表，可以回顾和跟踪项目是否运行良好，是否取得进展等	运用科学的评估方法对于每一个项目、试点出现的问题进行分析，并提出替代方案
责任主体	各个部门（预算单位）	各个部门（预算单位）和预算主管单位	各个部门（项目管理部门）
可用方案	所有政策和项目	大多数项目（全部项目的20%—30%）	独立项目和工程
优点	所有的进展报告都可以实现，独立项目的信息不足	绩效管理和项目评估之间的权衡	独立项目信息详细，但由于此方法时间和经济的成本较高，所以不适用于所有项目
应用	应用于组织的绩效管理，可作为预算参考及绩效预算报告的预备	应用于提高项目运作方法，可做预算参考（或审议）	应用于项目运行方法的改进

1999—2002 年的绩效预算试点包括了所有行业部门的支出，但设定绩效指标时面临的困难使得系统的设定仅针对那些绩效目标容易建立的项目。PMS 及所涉及部门的投资项目，即不涉及大量支出的活动（比如单纯的政策制定）将被排除在绩效监管（PM）阶段。那些绩效监管预期收益小的活动（如工资、“基础项目”支出①以及一般性管理支出）也将不被包括在

① 在韩国，经行业部门与 MOSF 协商决定的那些成本具有量少、循环性特征的项目被规定为“基础项目”，其他则被称为“重要项目”。

内。另外由于大多数情况下，绩效指标的设定并没有从部门任务的角度以系统的方式提出，并且最重要的是，绩效报告没有向市民公开，对纵向部门的实际工作缺乏应有的激励，所以 PMS 在基层缺乏支持，纵向部门对它表现冷漠。表 1－5 对韩国绩效管理与评价系统做了详细描述。

项目回顾系统将在绩效管理和项目评估之间权衡。这个系统是模仿美国联邦政府的项目评估评级工具（Program Assessment Rating Tool，PART）设计的支出项目自评价体系（Self-Assessment of Spending Programs，SASP）。该体系要求，行业部门在项目一开始就要对项目的支出等级进行评估。该项评估需涵盖所有部门项目一个为期 3 年的周期。这项评估的初步设计还将基于适用于所有项目的 16 个一般性问题和一些针对不同项目的特别附加问题[①]。一般性问题在表 1－6 中列出。

表 1－6　　SASP 的一般性问题

领域	一般性问题	阶段
基础设施	• 所有的冲突是否已经在计划中回顾、调整和反映？	计划
	• 方案可行性是否能够得到客观的检测？	执行
	• TPC 管理是否被适当地履行？	执行
	• 项目对国家均衡发展是否有贡献？	产出
设施/装备	• 设施/装备的购买时段是否恰当？	计划
	• 项目可行性能否被证明是客观的？	计划
其他	• 项目持续的必要性？	计划
投资	• 针对项目投资的支持水平是否相称？	计划
贷款	• 贷款条件是否合理？	执行
	• 贷款投资的回报是否表现良好？	执行
私人领域的支持	• 连续资助数年的项目是否需要再次审查？	计划
	• 特许权的选择过程是否合理？	执行
	• 特许权的管理和监督过程是否合适？	执行
地方政府的支持	• 地方政府具备项目实施的条件是否已经得到审查？	计划
	• 地方政府是否为有效执行项目做出了相应的努力？	执行
	• 项目是否对国家均衡发展作出了贡献？	产出

资料来源：Jay-Hyung Kim，2008：*Institutional Arrangments for Enhancing Public Investment Efficiency in Korea.*

① 这些项目种类包括基础设施、大规模设备和机械的采购、直接服务、资本注入、对私有制实体的补贴、对地方政府拨款以及研发等。

—— 附件：以绩效为基础的拨款系统中的不同评估方式[①]

下表说明了在以绩效为基础的拨款系统评估中使用不同的模式和程序的优缺点——以绩效为基础的拨款系统的评估是该系统的核心内容之一。

评估形式和例子	优　点	缺　点
1. 外部评估（全部和完全外包的模式） 例如： 尼泊尔[②]、孟加拉、加纳和所罗门群岛	• 被认为是中立的、客观的和公正的 • 避免了其他模式下可能会发生的利益冲突 • 确保在规定的时间和期间内做评估需要具有的能力和多方面的技能 • 由于几个评估小组可以进行诸多评估，因此有可能产生规模效益 • 确保评估采用一种标准化的专业方式 • 可以促进评估以及时、有效的方式开展 • 使政府机构有机会进行质量保证/控制 • 确保分工明确，“评估者”不同于“决策者”——“决策者”决定资金的实际分配和划拨 • 评估通常是短期的（1—2个月），因此当需要时可以有效地获取资源	• 需要额外的费用[③] • 不能确保与不同的相关利益者之间有足够的互动，特别是民众（取决于组织）。它可能不会产生民众和地方政府之间的直接对话，除非它结合了一种参与式的程序（见下）。 • 外来的小组可能缺乏对地方政府、当地情况的了解。但是，当小组里包括来自中央和地方政府的工作人员时，这个问题得到缓解。 • 可能缺乏第6种模式里的检查和平衡——小组成员来自不同背景 • 模式的优势将取决于私营部门的能力和诚实正直

① 本附件的内容是根据来自孟加拉、印尼、肯尼亚、乌干达、加纳、坦桑尼亚、所罗门群岛的经验以及在菲律宾的讨论，但是它与其他国家设计新系统也相关（详见 Jesper，2010）。

② 在尼泊尔，政府官员越来越多地参与支持由外聘的专家进行的评估。

③ 进行外部评估的国家的经验表明评估费用大约是全部以绩效为基础的拨款的1%—3%。

续表

评估形式和例子	优　点	缺　点
2. 政府机构／部门 例如： 有肯尼亚地方政府改革项目的参与和来自指导委员会的监督——由代表不同相关利益者组成，包括私营部门 塞拉利昂 巴基斯坦	• 机构化（体制化） • 融入整个监测和评价职能 • 可以同检查职能联系起来，容易获得一些数据 • 提高政府机构的能力 • 相对费用低 • 一般在只采用有限数量的绩效指标时是可行的——通常可以用现有的报告和文件来进行书面评估	• 政府缺乏足够的能力和人力资源 • 这是一个新职能（工作），它要求额外的工作，而工作人员早已经超负荷了。由于工作人员投入时间到评估上，日常职能（工作）可能受影响 • 可能不会被所有观察家认为是完全独立的和客观的 • 政府工作人员可能没有足够的热情和时间进行一项这样费时的工作（出差等） • 政府会批准自己的评估结果，检查和平衡减弱，利益冲突更多了 • 在一些国家，这种模式的实践并不理想① • 不能确保资金实际拨付的职责分工明确 • 如果政府负责一些地方政府能力建设和监督活动的话，在评估地方政府的绩效方面可能存在利益冲突，其在很大程度上取决于这一支持的质量和正确性
3. 在与民众对话中（社会审计），由地方政府进行的自我评估	• 加强居民和地方政府之间的互动，所有权和公信力 • 加强对地方政府系统和程序有关的问题和挑战方面的意识 • 增加关于地方政府活动和绩效的地方知识 • 保证在实际资金转移方面的明确的职责分工	• 不完全中立，因为民众对地方政府绩效的不甚满意的评估会导致对当地／社区的拨款减少 • 由于缺乏足够的时间和技能去正确、完整地评估地方政府的绩效，可能会导致低质量 • 在地方政府之间并没有标准化，当所有地方政府都参与相同的拨款计划时，这非常重要

① 例如坦桑尼亚，在早期试验／示点期间和孟加拉国。

续表

评估形式和例子	优　点	缺　点
例如： 从 2003 年到 2004 年，在孟加拉国，在联合国资本开发基金（UNCDF）支持的一个项目下进行试验		• 没有很多当地协调员的话，在很多地方政府都很难组织（评估）（因此费用高而且费时） • 可能会影响地方政府和民众之间的关系，因为居民可能不大愿意公开提出他们的问题——也会影响公信力的关系 • 用使用者调查、打分卡等可以更好的覆盖这方面 • 对这个系统的评估说明受主观性的影响
4. 政府的审计机构开展的评估 例如： 在孟加拉，控制员和总审计师批准外部审计评估的结果——由外包的审计所进行（会计） 所罗门群岛正在考虑这一模式	• 在审计小组内需要有审计技能（需要来处理一部分重要的绩效指标） • 与外包模式相比更低的交易和后勤成本 • 确保在实际的资金转移方面职责分工明确 • 使得审计师可以延伸到绩效审计，将其作为财务审计的一个部分	• 可能会向财务问题倾斜 • 对于财务审计师是否有能力进行更加全面的超过财务审计的评估是有争论的。这可能会对财务审计的质量有影响 • 一些问题可能远超出了审计职能的正常范围，特别是如果加入了良好的治理和透明的绩效指标 • 可能会出现时间安排问题，特别是有关工作人员是否有时间 • 可能使工作人员从一般的财务审计工作脱离 • 财务审计师的工作风格与绩效审计过程中所需的风格可能不同。例如，可能会很难将单纯的财务审计同参与式方式和社区参与结合起来

续表

评估形式和例子	优　点	缺　点
5. 外部和内部的参与式评估（模式1和模式3）结合起来 例如： 一些国家，像乌干达，试图让民众参与关于评估的对话，但是这并不是“完美的模式” 在坦桑尼亚，地方政府在外部评估之前的1-2个月作一份内部评估，找出差距并为外部评估做准备，但是它更加关注地方政府内的工作人员与政治家之间的内部对话	• 确保有充足的能力和资源及时开展评估 • 更容易调整人力资源要求和时间安排 • 由于有限数量的小组可以覆盖诸多地方政府，这增加了产生规模效益的可能性 • 确保一种标准化的途径 • 促进及时开展评估 • 利用关于地方政府的情况的地方知识 • 有政府／项目的质量保证的机会 • 保证更广泛的民众参与／参加 • 促进民众和地方政府之间的互动，增强公信力，增加公民对地方政府的职能和责任的认识和理解 • 可能被视为是中立、客观和公正的。但是，它需要将两种途径之间的任务和责任明确的分离 • 确保在实际转移资金方面职责分工明确	• 和其他方案相比，费用很高 • 可能需要大量的额外资源——一些人员来协调内部评估和社区参与，这会影响可持续性，如果想使这一方式成为一般政府程序的一个部分（而不是一个具体项目的部分） • 会产生以社区为基础的同外部评估之间的冲突 • 是比较复杂、费时的模式 • 会导致长时间的关于要使用的/衡量的指标和关于评估成果的最终决定的讨论
6. 外部评估，外包，并结合不同的相关利益者的参与——中央政府和地方政府的代表、NGO和社区为基础的组织都加入小组作为资源人士	• 可能被认为是中立的、客观的和公正的 • 确保及时开展评估所需的能力和多方面的技巧 • 由于有限数量的小组可以进行诸多评估，增加了实现规模效益的可能性 • 确保评估采取一种标准化的专业的方式 • 促进评估及时、有效地进行	• 会产生额外的费用① • 可能不能保证不同相关利益者之间有足够的互动，特别是民众（这由组织决定）。可能不会导致民众同地方政府之间的直接对话，除非结合了参与式的过程 • 组织评估是更大的挑战，因为必需协调不同的相关利益者，让他们走到一起

① 在作外部评估的国家的经验表明评估的费用占整个拨款的1%—4%。

续表

评估形式和例子	优　点	缺　点
例如： 乌干达（由部委组织）坦桑尼亚（由专家组织）。在尼泊尔，外聘的私营部门的专家让政府代表作为观察员/质量保证参加评估。菲律宾也正在考虑这种模式。专家的数量和影响水平各不相同，但是严格中立是重要的。	• 政府机构的质量保证／控制的机会（但是如果政府代表领导评估的话，这一优势会丧失） • 确保实际转移资金方面职责分工明确，尽管不如模式 1 清楚 • 根据试点经验，在一些国家对它是否是一种合适的安排进行了评估	• 如果由政府领导，专家只在管理后勤和一些质量保证方面发挥辅助作用，会出现模式 2 中的很多缺点。中立的相关利益者可能很难发挥足够的影响

应该注意的是模式 1 的评估小组可以由私营部门的评估师、中央和地方政府的公务员、以及非政府组织（NGO）的代表组成（例如模式 6 的变形）。资源人士可以组成一个资源库，私营的承包者可以从中选出合格的不同领域的专家。模式 6 也可以和内部事前评估结合在一起（例如在坦桑尼亚，在专家和政府官员组成的评估小组到来之前，地方政府开展事前内部评估）。

而且，任何评估模式都需要适当的准备和计划、培训和评估小组的能力建设、提前通知需要进行评估的地方政府。此外，质量保证系统和广泛宣传成果而且完全透明也同样重要。

很多国家已经设立指导委员会（或类似的）来最终正式批准评估结果（例如尼泊尔、孟加拉国、所罗门群岛、坦桑尼亚和加纳）。

一个关键性的问题是作评估是否是在相关部委/项目的总部的办公室还是需要实地检查、考察。模式的选择在很大程度上取决于用来衡量绩效的指标的复杂程度。比较简单的指标（例如地方政府及时上报最终账目的程度）可以在“办公桌”进行衡量，而那些更加详细和复杂的指标（例如规划程序的质量）则需要实地评估。经验表明，除非指标非常简单（例如上/下、是/否式的，如按时准备最终账目），评估应该是在实地进行，从而获得绩效的真实情况，特别是当使用更加量化的绩效指标时。

参 考 文 献

Anwar Shah, 2006: *Local Governance in the Developing Countries*, World Bank, Washington D. C.

Jesper Steffensen, 2010: *Performance – based Grant Systems: Concept and International Experience*, UNCDF.

Jesper Steffensen, 2011: *International Experiences in Monitoring and Evaluation of Investment Projects-and Guidance and Design Ideas on the Monitoring and Evaluation for Proposed Performance-Based Grant Systems*, Dege Consult.

Lee Mizell, 2008: *Promoting performance: using indicators to enhance the effectiveness of sub central spending*, COM/CTPA/ECO/GOV/WP (2008) 5.

Jesper, 2008: *International Experience from Performance-based Grant Systems-Concept and Lessons Learned*, Unpublished.

Goddard M. , and R. Mannion, 2004, *the Role of Horizontal and Vertical Approaches to Performance Measurement and Improvement in the UK Public Sector*, Public Performance & Management Review, Vol. 28 No. 1.

Weaver, M. and S. Park, 2002, *Best value and inspection: the issue explained*, 29 Oct 2002, Society Guardian. co. uk accessed October 2007 at http: //society. guardian. co. uk/bestvalue/comment/0,, 821643, 00. html.

UK Department for Communities and Local Government (DCLG), 2006a, *Strong and Prosperous Communities: The Local Government White Paper*, DCLG: London.

DCLG, 2007: *The New Performance Framework for Local Authorities & Local Authority Partnerships: Single Set of National Indicators*, DCLG: London, accessed October 2007 at http: //www. communities. gov. uk/documents/localgovernment/pdf/505713.

Lee Mizell, 2008: *Promoting performance: using indicators to enhance the effectiveness of sub central spending*, COM/CTPA/ECO/GOV/WP (2008) 5.

Norman Flynn, 2010: *Outputs and outcomes in budgets: the English experience of Public Service Agreements* 1998 – 2009, *France*, Unpublished.

Jay – Hyung Kim, 2008: *Institutional Arrangements for Enhancing Public Investment Efficiency in Korea*, International Conference of World Bank and KDI, Seoul, Korea, November 20 – 21.

Anwar Shah, 2005b: *On Getting the Gaint Kneel: Approches to a Change in the Bureaucrat-*

ic Culture, In Fiscal Management, ed. Anwar Shah, World Bank, Washington D. C..

Anwar Shah, 2009: *Sponsoring a Race to the Top: The Case for Result-Based Intergovernmental Finance For Merit Goods*, World Bank.

Kaiser, Kai and Dumas, Dumas A., 2010: *Sub-national Performance Monitoring - Issues and Options for Higher Levels of Government*, Draft June 28, World Bank Sector Working Group.

Rose, Aidan. 2003, *Results-oriented budget practice in OECD Countries*, Overseas Development Institute, UK.

Rose, Aidan. 2004, *Developments in results oriented budgeting*, Paper to be presented at the EGPA Study Group on Public Finance and Management Conference of the European Group of Public Administration 1-4 September 2004, Ljubljana, Slovenia.

Schick, A. 2001, *Budgeting for Results: Recent Development in Five Industrialized Countries*, Pp. 129-146 G. J. Miller, B. W. Hildreth, and J. Rabin, eds., Performance-Based Budget: An ASPA Classic, Boulder CO: Westview Press.

World Bank, 1997, *World Development Report 1997: The State in a Changing World*, Oxford University Press.

Laking R. 1999, *Don't Try This at Home? A New Zealand Approach to Public Management Reform in Mongolia*, International Public Management Journal, vol. 2, no. 2, pp. 217-235.

Oduro, K. N., 2003, *Results-Oriented Public Expenditure management: Case Study of Ghana*, Working Paper 208, Overseas Development Institute, UK.

Mesplé-Somps, S., Malgoubri, M., Muguet, B., Zongo, B., 2003, *Results-Oriented Expenditure Management: The Case of Burkina Faso*, 2003, Working Paper 207, Overseas Development Institute, UK.

Panzardi, R. O., 2005, *Chile: Towards Results-oriented Budgeting*, World Bank.

Srithongrung, A. 2009, *The Effects of Results-Oriented Budgeting on Government Spending Patterns in Thailand*, International Public Management Review, Volume 10, Issue 1, 2009.

Boadway, Robin and Shah, Anwar, 2009, *Fiscal Federalism: Principles and Practice of Multiorder Government*, pp. 314-316, Cambridge University Press.

第二章 农村公共服务状况与绩效诊断：6个区县案例

2.1 调研方案

2.1.1 调研目的

对6个区县的诊断调研分三次、在2009年4—6月之间开展。调研任务是“基于绩效的财政拨款系统”（PBGS）的前期诊断准备工作，目标是在建立PBGS评估和监测指标之前，对县级财政能力和表现进行摸底，并为PBGS的设计提供重要依据。调研的6个区县是：重庆市的江津区、大足县和九龙坡区；江西省赣州市的兴国县、赣县和大余县。其中：

（1）2009年4月20—29日，对重庆市江津区进行了调研。调研组由国家发展和改革委员会、财政部和世界银行的项目官员，以及项目国际咨询专家（Jersper Steffensen 先生）和国内咨询专家（林万龙先生）及其团队组成。调研以国际咨询专家所设计的调研问卷为基础展开。国际咨询专家在吸收了国内咨询专家的部分意见后，修改完善了调研问卷。诊断报告提纲主要由国际咨询专家拟定，报告则由国内咨询专家及其团队撰写。

（2）2009年5月13—20日，对重庆市大足县和九龙坡区进行了调研。调研组由国家发展和改革委员会社会发展司项目官员带队，调研活动具体由国内咨询专家所组织的研究团队中的两位成员（张立承博士和韩玲慧博士）负责。调研问卷是在第一次调研问卷的基础上，吸收了国家发展和改革委员会社会发展司的相关意见后形成的。

（3）2009年5月31日至6月9日，对江西省赣州市的3个调研县（兴国县、赣县和大余县）进行了调研。调研组由国家发展和改革委员会社会发展司项目官员带队，调研活动具体由国内咨询专家及其团队负责。调研问卷与第二次调研所用的问卷相同。

2.1.2

调研内容与方法

调研组事前准备了详细的调研问卷，调研问卷内容包括：地区财政的总体情况（包括收入和支出的构成和趋势），公共财政管理周期（包括计划、预算、采购、预算执行、报告、审计、事后审计），财政部门的发展和管理，财政部门的基本情况和面临的挑战，人力资源需求，财政部门与众多相关单位和机构间的关系，限制公共财政管理程序和能力建设的因素。调研组访问了一些重要行政机关、人民代表大会及多个公共服务机构（学校、医院、文化中心等），与经过精心准备的地方官员座谈。按照国家发展和改革委员会社会发展司的要求，调研组还对教育、卫生、文化和民政四项重要的社会事业服务的区域布局和部门协调问题进行了调研，为此，还对部分乡镇政府进行了访谈。调研获得了当地政府的积极支持，访谈对象在所有的访谈活动中，均表现出了积极参与、开放交流的态度。

在调研之前，调研组把调研问卷中所要求收集的数据、资料清单先期发给了接受调研的各个部门，调研问卷也根据调研部门进行了拆分并与调研清单一起提前发调研部门，以便各部门提前做好准备。在访谈调研时，大部分部门均提供了所需的数据和资料。但是，存在两个问题：一是，关于接受培训的人数和培训经费，各部门基本未进行过统计，无法提供；二是，环境影响评价是由所在区县环保局负责的，而环保局不在接受调研的部门之中，社会经济评价方面的工作分散在多个部门（如扶贫办公室、妇联、民政局）之中，而其中的多数部门也不在受访范围之中，因此调研组也难以得到完整、系统的信息。

2.1.3 关于本章

调研组针对每个调研区县均分别撰写了诊断报告。本章是在6份分区县诊断报告的基础上形成的总报告。分区县诊断报告详细汇报了各区县农村公共服务及农村教育、医疗卫生、文化和农村低保四方面社会事业的供给状况；总报告则侧重归纳6个调研区县在农村公共服务及农村社会事业供给与绩效方面的共同点与不同点。本书附录中的分区县诊断报告提供了一些各县的更为详细的信息。

2.2 调研区县基本情况

调研6个县（区）基本信息及其与所在省市及全国情况的比较见表2－1。总体来说，试点6个区县的选择比较有代表性。

表2－1 调研六区县基本信息及其与所在省市及全国情况的比较[①]

指标	单位	大足县	江津区	九龙坡区	兴国县	赣县	大余县	重庆平均	江西平均	全国平均
面积	平方公里	1392	3200	432	3214	2993	1368	2058	1616	3708
乡镇数[②]	个	24	27	18	30	24	11	26	15	16
行政村数	个	242	189	109	304	276	105	227	170	237
居委会数	个	50	75	86	—	—	—	52	26	32

续表

指标	单位	大足县	江津区	九龙坡区	兴国县	赣县	大余县	重庆平均	江西平均	全国平均
政府机构数	个	—	360	—	249	217	26	—	—	—
行政事业单位人数	人	—	29649③	—	19655	16229	9585	18606	12708	15467
人口	万人	94	146	79	76	60	30	70.40	44.12	51.03
#农业人口	万人	77	109	22	64	51	21	36.38	9.15	10.85
生产总值	亿元	86	176	375	43	54	47	103	56	96
#第一产业	%	21	20	2	33	—	15	12	16	11
#第二产业	%	45	45	50	36	—	55	46	52	48
#第三产业	%	34	35	48	30	—	30	42	32	40
农村居民收入④	元	4231	4535	5701	2827	2253	4096	3509	4098	4140
城镇居民收入④	元	11395	12089	13750	15073	9510	9517	13715	11222	13786

注：① 赣县和大余县是2008年的信息，其余未作注明的都是2007年信息。

② 大足县包含2个街道，江津区包含3个街道和1个风景名胜区，九龙坡区包含7个街道，兴国县包含5个场、区，赣县包含5个办事处。

③ 2008年的信息。

④ 农村居民收入指农民年人均纯收入，城镇居民收入指城镇居民人均可支配收入。

资料来源：全国平均面积、人口、生产总值来源于《中国统计年鉴2008》（中国统计出版社2008年版）；乡镇数、居委会数来源于《中国民政统计年鉴》（2008）；行政事业人数来源于《中国劳动统计年鉴》（2008），为事业、机关人数之和；行政村数来源于《中国卫生统计年鉴》（2008）。重庆、江西的农村居民收入和城镇居民收入来源于《重庆统计年鉴》（2008）和《江西统计年鉴》（2008）。

2.3 财政能力

目标：“整体上良好的财政平衡稳定性”

目标A：“在收入构成多元化的同时，自有来源的收入稳定增加，以保证地方政府对规划的财政影响”

目标 B：“整体上良好的外部来源收入构成；外部来源收入的稳定性”

目标 C：“制定总体上科学的行政和服务部门支出比例，同时特别强调以提供服务为重点”

目标 D：“各种不同支出的适当的平衡，保证充足的资金用于资本投资和运行/维护支出”

目标 E：“核心财政管理职能的有能力的人员。”

2.3.1 财政体制

中国实行的是中央、省、市、县、乡五级财政。自 1994 年以来，实行中央与地方的分税制，将税种分为中央税、地方税以及中央和地方共享税三大类。关于分税制体制下中央与地方各级财政财权的划分及其所对农村公共服务的影响，可以参见世界银行此前开展的其他相关研究①。

重庆市属于中国 4 个直辖市之一，在行政上属于省一级。对于重庆市的 3 个试点区县来说，区县财政之上还有中央和市（省）级财政两级财政；而由于实行了“省直管县”财政体制，与江西省赣州市 3 个调研区县县级财政发生联系的，主要也是中央和省两级财政。因此，6 个调研区县所面临的宏观财政体制环境是类似的。

6 个区县税收在中央、省（市）、县（区）和镇街之间的分成比例分别如表 2－2、表 2－3 和表 2－4 所示：各县中央分成比例一致，地方各级政府分成比例之间存在差异，相比较而言江西省给予了县（区）更多的税收收入，而大足县县级获得的税收收入最少（表 2－2）；主要地方税方面，江西省各税种在各级政府之间的分成比例一致，而重庆市各县区、各税种间均存在差异，但是相比江西省而言，县级以下的政府获得了更多的收入（表 2－3）；而仅在县与镇街间分成的地方税，各县、各税种之间差异较大，但是由于此类税收一般较少，分成比例的高低对于各级财政的影响不大。

① 主要包括、但不限于世界银行与财政部合作开展的“公共财政覆盖农村”研究项目。

表 2-2　　调研区县中央地方共享税的税收分成比例　　单位：%

	增值税				企业所得税				个人所得税			
	中央	省	县/区	镇街	中央	省	县/区	镇街	中央	省	县/区	镇街
江津	75	0	25	0	60	0	40	0	60	0	40	0
大足	75		15	10	60	0	40	0	60	16	14	10
九龙坡	75	0	25		60	24	16		60	24	16	
兴国	75	0	25	0	60	0	40	0	60	0	40	0
赣县	75	0	25	0	60	0	40	0	60	0	40	0
大余	75	0	25	0	60	0	40	0	60	0	40	0

注：九龙坡区未获得各税种在区与乡镇之间具体的分成比例信息。

表 2-3　　调研区县主要地方税的税收分成比例　　单位：%

	营业税			资源税			城市维护建设税			城镇土地使用税			土地增值税		
	省	县/区	镇街	省	县/区	镇街	省	县/区	镇街	省	县/区	镇街	省	县/区	镇街
江津	20	80	0	—	—	—	0	100	0	0	100	0	0	100	0
大足	40	50	10	80	20	0	0	80	20	0	50	50	0	80	20
九龙坡	60	40		—	—	—	60	40		0	100		0	100	
兴国	—	—	—	—	—	—	—	—	—	—	—	—	—	—	—
赣县	—	—	—	40	60	0	40	60	0	40	60	0	40	60	0
大余	—	—	—	40	60	0	40	60	0	40	60	0	40	60	0

注：九龙坡区未获得各税种在区与乡镇之间具体的分成比例信息。

表 2-4　　调研区县仅在县与镇街间进行分成的地方税的分成比例　　单位：%

	车船使用税		契税		耕地占用税	
	县（区）	镇街	县（区）	镇街	县（区）	镇街
江津	70	30	0—30	70—100	0—50	0—50
大足	70	30	0	100		100
九龙坡	—	—	100		100	
兴国	—	—	—	—	—	—
赣县	—	—	20	80	70	30
大余	—	—	20	80	50	50

注：九龙坡区未获得各税种在区与乡镇之间具体的分成比例信息。

2.3.2
财政收入状况：2006—2008 年

2.3.2.1 总体财力[①]

总体上而言，各区县的总财政收入均呈现上升态势，平均增长速度达到了32.95%，高于全国同期19.5%的增长率，江津、大足和赣县增长甚至超过了40%，但是九龙坡区的增速却不足20%。相对来说，重庆3个区县的总体财力要好于江西3个县；而6个调研区县的财力增长状况要好于各自省市的平均水平（见图2-1、表2-5）。

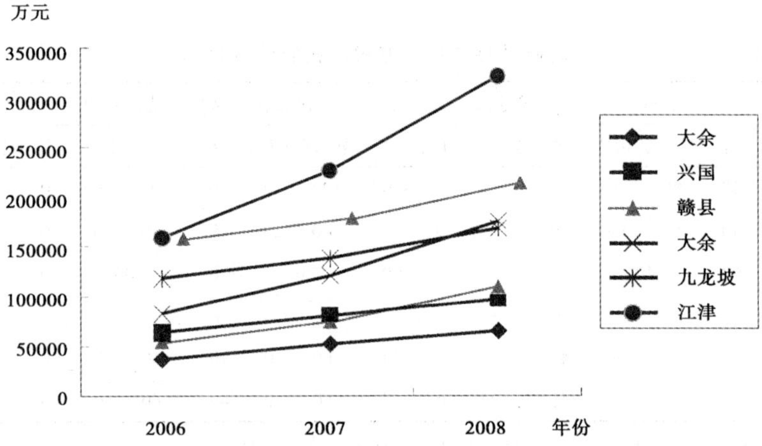

图2-1 重庆市和江西省调研区县总财力状况：2006—2008 年

表2-5 调研区县总财力环比增长速度及其与所在省市及全国情况的比较

单位：%

	2007 年增速	2008 年增速	平均增速
江津	38.86	44.11	41.49
大足	36.42	46.33	41.38
九龙坡	25.58	5.03	15.31
兴国	26.45	20.86	23.66

① 总财力 = 本级一般预算收入 + 基金预算收入 + 预算外收入 + 上级补助，未包含上年结余。

续表

	2007年增速	2008年增速	平均增速
赣县	35.75	50.46	43.10
大余	38.26	27.29	32.77
重庆平均	31.40	23.30	27.35
江西平均	19.72	20.01	19.87
全国平均	22.99	16.04	19.51

注：1. 限于资料，重庆、江西及全国平均是省级和全国层面上的，且由于数据不可得，财力增长速度的计算基础未包括“基金预算收入”，只包括了预算内和预算外数据（试点六区县的计算以预算内、预算外及基金预算收入数据为基础）。

2. 重庆、江西及全国平均的增速根据《中国财政年鉴2009》（中国财政杂志2010年）相关数据计算。

2.3.2.2　财力构成

总财力按照来源可以划分为本级收入和上级补助收入，也可以根据资金性质划分为预算内资金、基金和预算外资金。本部分将分别从以上两个角度分析财力的构成。

1. 本级与上级补助收入比重

如表2－6所示，总体上而言，本级收入和上级补助收入的比重相对稳定，而上级补助收入在总财力中占据了较高的比重，最低的九龙坡区在2008年上级补助收入的比重也达到了43.5%，而最高的兴国县超过了70%。就各县的具体情况而言，江津、兴国、赣县的比重超过了50%，这说明这三个区县对于上级补助收入的依赖程度更高。

表2－6　调研区县本级收入与上级补助收入占总财力的比重　单位:%

	本级收入所占比重			上级补助收入所占比重		
	2006年	2007年	2008年	2006年	2007年	2008年
江津	44.6	39.2	40.5	55.4	60.8	59.5
大足	43.9	50.2	51.1	56.1	49.8	48.9
九龙坡	49.7	51.0	56.5	50.3	49.0	43.5
兴国	29.2	28.0	28.3	70.8	72.0	71.7
赣县	38.2	34.8	42.6	61.8	65.2	57.4
大余	54.1	55.3	51.7	45.9	44.7	48.3

2. 预算内资金、基金、预算外资金的比重

如表2－7所示。绝大多数的资金纳入了预算，执行严格的预算管理制度，仅有很少的预算外资金。比较各区县的情况而言，九龙坡区的纳入预算管理的资金近乎于100%，而江津、大足却有大量的资金游离在预算之外，江西省三县差别不大。

表2－7　调研区县预算内资金、基金和预算外资金占总财力的比重　单位：%

	预算内资金所占比重			基金收入所占比重			预算外资金所占比重		
	2006年	2007年	2008年	2006年	2007年	2008年	2006年	2007年	2008年
江津	83.3	72.0	74.0	9.4	22.5	22.8	7.3	5.4	3.2
大足	82.7	74.9	75.1	7.9	19.6	18.2	9.4	5.5	6.7
九龙坡	90.8	97.8	99.6	9.2	2.2	0.4	0.0	0.0	0.0
兴国	91.5	91.9	93.9	1.6	1.9	0.8	6.9	6.2	5.3
赣县	90.9	94.6	87.0	0.9	4.3	10.8	8.1	1.1	2.3
大余	85.6	80.5	87.5	2.8	10.4	4.9	11.5	9.1	7.6

然而，进一步对预算内资金的分解发现，转移支付收入占据了一半左右，占比最高的兴国县达到了75%以上，而最低的九龙坡区也到了40%以上（表2－8）；而从转移支付资金的构成来看，专项转移支付资金是主体，而且有逐年上升的趋势（表2－9）；这势必对资金使用的灵活性产生影响。另外，占预算内收入10%左右的非税收入，表明财政收入的规范性和稳定性有待进一步提高。

表2－8　调研区县税收收入、非税收入、转移支付收入占预算内资金的比重

单位：%

	税收收入所占比重			非税收入所占比重			转移支付收入所占比重		
	2006年	2007年	2008年	2006年	2007年	2008年	2006年	2007年	2008年
江津	33.3	36.5	32.6	16.4	11.2	15.7	50.3	52.3	51.7
大足	20.1	19.5	18.0	17.9	15.6	19.1	62.1	64.9	62.9
九龙坡	24.3	44.5	40.9	25.3	15.3	16.9	50.4	40.2	42.2
兴国	14.0	14.4	15.3	8.9	7.9	9.0	77.1	77.7	75.8
赣县	22.7	24.2	24.9	9.5	7.5	10.6	67.8	68.4	64.5
大余	35.7	36.6	34.1	10.9	8.3	11.6	53.4	55.1	54.3

表2-9 调研区县税收返还、财力性转移支付、专项转移支付占转移支付总收入的比重

单位：%

	税收返还所占比重			财力性净转移支付比重[1]			专项净转移支付比重[2]		
	2006年	2007年	2008年	2006年	2007年	2008年	2006年	2007年	2008年
江津	12.3	10.1	7.2	50.9	41.4	34.2	36.9	48.5	58.6
大足	11.7	8.6	6.5	61.6	55.4	44.9	26.7	36.0	48.6
九龙坡	37.0	36.8	28.7	15.0	24.3	14.9	48.0	39.0	56.4
兴国	7.5	5.9	5.1	54.9	60.7	55.2	37.6	33.4	39.8
赣县	6.1	4.4	3.6	57.6	59.4	51.7	36.3	36.1	44.7
大余	12.2	9.7	7.6	54.8	58.1	43.9	33.0	32.3	48.5

注：1. 财力性净转移支付为补助收入与上解收入之差。

2. 专项净转移支付为补助收入与上解收入之差。

2.3.2.3 人均财力

如图2-2所示，江津区人均总财力和人均上级补助收入均最多，兴国县人均总财力和人均本级收入均最少，其余各县之间存在差异，但不明显。但是，就人均预算内财力而言，九龙坡最高，兴国仍然最低；从分省情况看，重庆3区县中，有2个县的人均财力状况要差于重庆的平均状况，江西省3个调研区县的人均财力则均好于江西省的平均状况；而与全国平均状况相比，总体来说，调研区县的人均财力情况稍差（图2-3）。

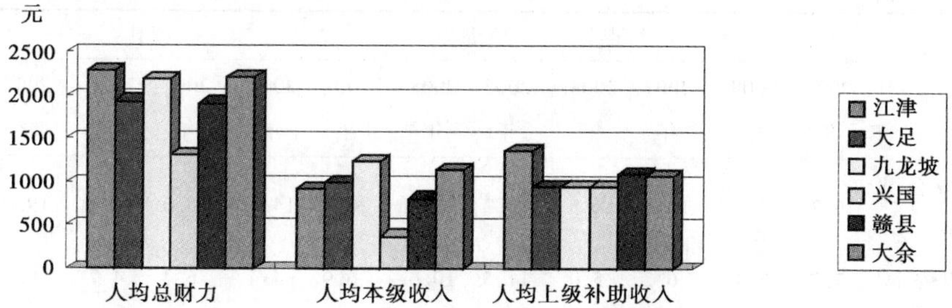

图2-2 重庆市和江西省调研区县人均财力状况：2008年

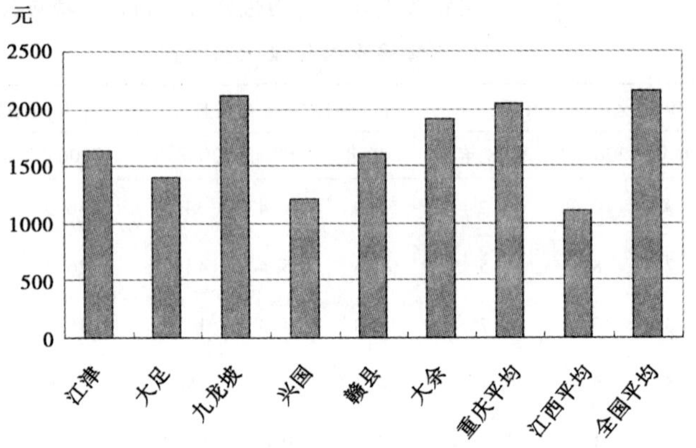

图 2－3 重庆市和江西省调研区县人均预算内财力状况：2008 年

注：重庆市、江西省及全国一般预算内收入数据来源于《中国统计年鉴 2009》（中国统计出版社 2009 年版）。

2.3.3
财政支出状况

2.3.3.1 分部门支出

如表 2－10 所示，首先，各区县的分部门支出结构较为稳定；其次，尽管各区县分部门支出的比重之间存在差异，但是教育、社会保障和就业均占有较高的比重。

表 2－10 调研区县分部门支出占总支出的比重 单位：%

	江津		大足		九龙坡		兴国		赣县		大余	
	2007 年	2008 年	2007 年	2008 年	2007 年	2008 年	2007 年	2008 年	2007 年	2008 年	2007 年	2008 年
一般公共服务	9.2	8.2	19.3	18.5	13.2	13.3	20.9	14.6	14.6	13.4	19.0	16.1
公共安全	7.7	5.4	6.2	5.0	11.5	10.6	6.9	4.4	6.4	4.7	6.1	5.4
教育	25.6	20.9	23.9	19.7	18.0	18.0	30.4	23.6	22.5	20.0	19.4	15.5
科技	0.8	0.9	0.9	0.9	1.3	1.6	0.2	0.2	0.2	0.2	0.4	0.3
文化体育和传媒	1	1.9	0.8	2.5	0.8	0.9	1.3	0.8	1.0	1.1	2.0	1.4

续表

	江津		大足		九龙坡		兴国		赣县		大余	
	2007年	2008年	2007年	2008年	2007年	2008年	2007年	2008年	2007年	2008年	2007年	2008年
社会保障和就业	19.6	15.6	18.0	16.4	18.6	17.0	13.6	13.3	17.7	18.3	20.1	22.7
医疗卫生	8	8.1	6.2	6.9	7.1	8.4	7.1	4.3	6.4	8.0	5.7	5.9
环境保护	7.4	6.5	5.0	3.4	2.4	4.3	0.2	0.2	0.4	2.4	1.2	2.7
城乡社区事务	4.4	4.7	0.6	4.9	18.9	12.7	3.3	3.0	2.6	3.3	3.8	2.9
农林水事务	8.1	8.2	11.0	11.4	3.0	4.2	12.7	10.0	18.5	19.1	15.8	15.2
其他	8.1	19.7	8.1	10.4	5.2	9.1	3.6	25.6	9.6	9.7	6.5	11.8

2.3.3.2 分功能支出

如表2－11所示，各区县均将支出的半数以上用在了人员支出和运转支出之上，即大部分资金用于了人头费和机构运转之上；用于资本性支出的资金大部分也被用在了其他资本性支出上，而非基本建设支出。

表2－11 调研区县分功能支出占总支出的比重 单位：%

	江津			兴国			赣县		大余	
	2006年	2007年	2008年	2006年	2007年	2008年	2007年	2008年	2007年	2008年
1. 人员支出	22.5	40.9	34.3	41.6	52.6	52.5	49.6	47.1	43.2	43.8
工资福利支出	12.2	18.6	14.2	25.3	32.5	24.7	29.8	25.9	23.9	19.6
对个人和家庭的补助	10.3	22.3	20.1	16.3	20.1	27.8	19.8	21.2	19.3	24.2
2. 运转支出	25.3	20.8	19.6	58.4	26.1	22.9	28.8	31.1	34.5	26.5
商品和服务支出	25.3	20.8	19.6	58.4	26.1	22.9	28.8	31.1	34.5	26.5
3. 资本性支出	52.1	38.1	45.6	0.0	14.2	21.1	19.3	21.7	19.7	29.7
基本建设支出	50.1	2.1	8.3	0.0	0.6	2.5	15.2	8.8	12.7	4.4
其他资本性支出	2.0	36.0	37.4	0.0	13.5	18.6	4.1	13.0	7.0	25.3
4. 其他支出	0.0	0.2	0.5	0.0	7.1	3.5	2.3	0.0	2.6	0.1

2.3.4
财政部门管理能力状况

2.3.4.1 人员方面

与其他部门相比，财政部门人员的素质普遍较高，80%左右的工作人员均获得了大专以上的文凭。

但是人员结构老化，以大足县为例，年龄结构分布为35岁以下占25.13%，36—45岁占54.87%，46—54岁占15.38%，55岁以上占4.62%。此外，江西省三个县均反映，由于编制控制的原因人员流动性较差，急需的人才很难进入财政部门。此外，江津区和赣县还表示人员的淘汰也非常困难。

2.3.4.2 能力建设

尽管各区县均进行了一定程度的培训，通常包括了区县内组织的公务员培训、财政部门内部的培训。但是，培训多是常规性、政治性的，力度仍需加大。机构方面，各县也提出了具体的需求。表2－12列出了各区县的人员培训需求和机构建设需求的内容。

表2－12　调研区县财政部门培训需求

	江津	大足	九龙坡	兴国	赣县	大余
人员培训需求	财政管理能力	培训内容注重培养公务员在政策理论方面的前瞻性	培训内容注重激发人员创新意识	业务知识（财会、写作、分析、电脑等）	专业技能培训	财会专业知识；具体业务的操作性培训；会计电算化培训
机构建设需求	财政资金的计算机动态管理	预算经费不充足	缺乏具体的建设思路		办公硬件有待提高；财政资金的计算机动态管理	服务意识由“管理型财政”向“服务性财政”转变；推进部门预算、国库集中支付等财政改革；简化和优化财政资金拨付流程

2.3.4.3 激励机制

1. 转移支付方面的激励政策

重庆市财政局和赣州市财政局均根据《财政部对于缓解县乡财政困难

的“三奖一补”政策》制定了相应的文件；另外，重庆市在所制定的对区县一般性转移支付办法中，规定有激励性转移支付项目，激励性转移支付补助包括增加一般预算收入的补助、保障重点支出补助、平衡财政收支和控消政府性债务、市专项考核补助四部分。

2. 机构和人员激励

主要是目标考核，但是由于物质奖励力度不大、对晋升的影响也小，考核的意义并不大。

相比较而言，大余县的激励机制相对较好，包括了鼓励干部职工提高文化素质、鼓励干部职工提高业务素质、鼓励科室争先创优等方面的内容。但是，总体上而言，六个区县对人员的激励力度不足，特别是对中老年职工的激励不足。

2.3.5
诊断小结

总体来说，各区县的财力状况之间既有相似之处也有不同之处。

2.3.5.1　相似之处

各区县财力（总财力、外部补助和本级财力）均有较快的增长，特别是赣县、江津区和大足县，且本级财力的增速要快于外部补助，这表明农村公共服务供给能力的增强。但是，非税收入在预算收入中占有一定的比重，表明财政收入的稳定性有待进一步提高。与此同时，外部补助收入中专项转移支付的比重呈上升趋势，势必对资金使用的灵活性产生影响。

就财政资金的支出结构而言，教育、社会保障和农业等重要的公共服务领域也一直是财政投入的重点。但是，从资金功能来看，“吃饭财政”的特征非常明显，即更多的资金投入到了保人头和机构运转方面，资本性支出，特别是基本建设支出很少。

2.3.5.2　不同之处

第一，人均财力之间存在较大差异，其中兴国县人均财力最低；第二，各区县财政对上级财政的依赖性不同，其中大足、九龙坡、大余对上级财政的依赖性相对弱一些，其他各区县对上级财政的依赖性相对较强，特别是兴国县；第三，预算资金的规范性方面存在差异，九龙坡区和兴国县已经将90%以上的收入纳入预算管理，而其余各区县均有一定比例的收入游离在预算之外。

分目标来看：

目标A（“在收入构成多元化的同时，自有来源的收入稳定增加，以保证地方政府对规划的财政影响”）难以达到；

目标B（“整体上良好的外部来源收入构成；外部来源收入的稳定性”）难以达到；

目标C（“制定总体上科学的行政和服务部门支出比例，同时特别强调以提供服务为重点”）基本达到；

目标D（“各种不同支出的适当的平衡，保证充足的资金用于资本投资和运行/维护支出”）难以达到；

目标E（“核心财政管理职能的有能力的人员”）基本达到。

总目标（“整体上良好的财政平衡稳定性”）难以达到。

2.4 规　　划

目标A：“及时批准发展规划，与年度工作计划和预算正确地结合起来”。

目标B：“公民社会、政治家和公务员按照立法和行政管理框架参与发展规划的制定，并与其他各级政府的规划相结合”。

目标C：在计划和执行项目的设计功能方面的能力强。

2.4.1
规划部门与规划能力

所有试点区县的经济和社会发展规划均由县发展和改革委员会负责。区县发展和改革委员会负责编制总体社会经济发展规划；专项规划由各业务部门编制，虽然要报区县发展和改革委员会，但发展和改革委员会只是起到协调、汇总的作用。

区县发展和改革委员会负责上级财政拨款或补助的建设项目的申报和管理。各区县发展和改革委员会都有一套较为系统的项目管理制度，包括招投标制度、投资概算审查制度、工程监理制度、竣工验收制度、安全监察制度等；对于不同项目，有单位投资成本标准，作为投资概算审查的依据。

项目调研由社会咨询机构承担，项目的前期评估和评审则由发展和改革委员会完成。根据部门分工，工程勘察、设计和建筑则由其他部门或机构承担。

规划能力方面：大部分调研区县在办公条件和办公设备方面均不存在问题（例外：大余县反映办公条件还有待改善，主要是网络建设和电脑设备不足；赣县反映办公用房紧张）；能力方面反映存在的主要问题包括：

（1）作为宏观经济管理部门，新经济环境和新经济形势下，对重大问题、重大政策和项目关键问题的研究能力和分析能力不足，仅能胜任日常的事务性工作；

（2）项目策划、规划、管理、项目申报和项目报告的撰写方面，均存在知识老化，能力不足的问题；

（3）人员编制不足，工作力不从心。

2.4.2
五年规划与年度规划

按照相关政策，每一级政府均需编制本级的国民经济和社会发展五年计划。因此，所有的区县都由县发展和改革委员会牵头制定了本县的“国民经济和社会发展‘十一五’（2006—2010）规划”。所有区县均在五年规划的基础上，每年制定年度计划。

2.4.3
规划批准时间

所有区县的国民经济与社会发展“十一五”规划（2006—2010）编制工作均于2004年启动，2006年递交县人民代表大会讨论通过。

2.4.4
规划编制中的各方参与

在规划编制过程中，各区县都有一定的公众参与，但是对参与的重视程度和实际的参与程度存在差异。总体来说，大余和江津两县在规划编制过程中的公众参与相对要充分一些。但是，很显然，对于规划编制需要什么样的参与方、参与形式和程序是什么，目前还缺乏一个规范性的规定（表2－13）。

表2－13　　各调研区县规划编制中的各方参与情况

调研区县	各方参与情况
兴国	• 会征求各政府部门的意见，但是不对公众征求意见 • 规划最终稿在网上公开，各专项规划则一般不公开
赣县	• 开展前期调研，相关行业主管局参与 • 规划纲要向相关部门征求意见 • 规划编制过程中不征求民众的意见
大余	• 成立编制工作领导小组，包括20个部门的主要领导 • 在规划的制定过程中在政务信息网上发布信息，征求群众意见 • 向企业、专家、社会各界人士、政协代表、人大代表征求意见和建议、多次召开了座谈会，部分乡镇领导和村两位负责人均参与过座谈和讨论
江津	• 主持召开了规划专家、党外人士等10多个系列专题和片区会议 • 纲要讨论稿、征求意见稿多次印发各镇街、各部门、各人民团体、各民主党派和有关企事业单位，听取和征求意见和建议 • 在全市范围内开展了“十一五”规划有奖征文活动 • 通过市政府公众信息网等媒体或发布公告等方式，为社会公众民主参与开辟畅通的渠道，共收到社会各界建议意见1000余条，被采纳的有400余条
九龙坡	• 分阶段向社会公开征求意见，但是反馈的意见有限
大足	• 以“我为‘十一五’献良策征集活动”向社会公开征求意见 • 发起“领导干部谈‘十一五’规划”活动，推动发改委与政府实际职能部门在规划制定环节的对接

2.4.5
规划与财力间的结合

所有调研区县均制定有财政收入规划，但是详简不一。例如大余县的财政收入规划相对较细，而赣县的相关规划则只有寥寥几个数字。

所有区县的座谈均表明，发展和改革委员会一般不与财政部门就规划的财政能力保障问题进行沟通，财政部门在制定本部门财源规划时，也不与发展和改革委员会沟通。发展和改革委员会的年度计划与财政局的年度预算之间也缺乏沟通。也就是说，项目规划与财力规划之间是脱节的。普遍的做法是，“先规划，有钱就干，没钱就放着”。

2.4.6

规划与部门战略

区县属各政府部门通过制定专项规划来体现部门战略，但专项规划的编制情况在各县不一致。例如，重庆市江津区编制的专项规划达25项，而江西省赣县则只有7项。总体来说，重庆试点区县编制的专项规划要多于江西3个调研县（表2－14）。

表2－14　各调研区县专项规划数

	江西调研县			重庆调研区县		
	兴国	赣县	大余	江津	九龙坡	大足
专项规划数	20	7	15	25	24	13

专项规划数目的不等意味着在县一级并没有针对专项规划是否应编制的严格规定，这反映了专项规划编制工作的随意性。这一随意性也反映在专项规划的审批上。在兴国县，专项规划都要报县发改委，但不一定报县政府，这主要“取决于各局对规划的重视程度以及是否需要县政府的支持”；而九龙坡区则把所有的25项专项规划均递交了区人民代表大会审议通过。

表2－15　某区县可能需要编制的规划

提出主体	可能编制的规划	编制时间	规划性质
法定要求	五年规划（如“十一五”规划）	较确定	横向规划：考虑本县或本届政府设定的发展目标
中途换届的政府领导	根据自己上任后的要求制定专门规划	不定	
上级政府或政府部门	制定与上级政府某项规划相配套的专项规划	不定	纵向规划：反映上级政府或政府部门对某项工作的要求
国家有关部委	制定与有关部委某项规划相配套的专项规划	不定	

除了编制“十一五”总体规划和专项规划之外，各区县还会基于其他原因编制其他的规划。这些“其他原因”各异（表2－15）。这就使得这些

因“其他原因”而编制的规划在编制时间和编制内容上都具有不确定性，对发展目标的要求也可能与“十一五”规划不一致，因而这些规划与“十一五”总体规划及“十一五”专项规划之间难以具有很好的衔接。

规划严肃性和权威性的不足，还与以下两个因素相关：一是规划的制定本身就缺乏科学性；二是由于公共建设严重依赖上级专项资金，规划与财力保证之间缺乏衔接。

2.4.7
规划中的贫困视角

除了扶贫办公室编制的扶贫规划外，区县发展和改革委员会编制的总体规划和各业务部门编制的专项规划均缺乏对贫困问题的考虑。不论是总体规划还是专项规划的城乡布局观念不强，对于如何统筹城乡发展、解决“三农”问题、扶持弱势群体等重点问题一般均一带而过，没有系统考虑，也没有明确的重点和措施。

2.4.8
规划的执行

规划的执行状况不佳。多个区县反映，规划制定后无人过问，实际工作并不按规划来开展，规划的严肃性和执行力度不够。其原因主要在于：

（1）规划种类众多、性质各异、目标不同、编制部门不同，区县发展和改革委员会实际上缺乏对部门发展战略的总体规划和把握能力。

（2）规划与财力之间缺乏衔接，规划的实施没有财力保证，易于成为一纸空文。由于调研区县大多严重依赖上级财政，所以一旦上级政策发生变化，相应的建设内容随之变化。

（3）规划本身的科学性也存在问题。大多数规划缺乏深入细致的调研和论证，缺乏利益相关者的充分参与；部分规划文本只提了一些口号，项目策划方面较弱，使规划缺乏指导性和可操作性。

2.4.9
诊断小结

总体来看，各调研区县在规划方面普遍需要大力加强。虽然各区县都有为数众多的各类规划，也有年度计划，但是规划的科学性、参与性不足；不同规划之间衔接性很差；规划与财力预算（本级的和上级的）之间缺乏联系，从而使规划的实施缺乏相应的财力保证；另外，区县发展和改革委员会的规划能力也值得怀疑。

由此导致各县虽然能够及时批准发展规划，但是规划的权威性和严肃性较差，规划难以紧密指导实际工作，实施状况较差，目标 A – C 均难以实现。

2.5 财政管理

2.5.1
预算的可信度

目标 A："预算支出非常可信，符合实际，而且按照计划执行时实际支出和预算数字相差不大。"

目标 B："自有收入预算预测可靠，按计划执行，而且实际和预计自有收入差别不大。"

目标 C："相对于总支出额，支出的支付欠款总数小。"

各调研区县财政决算收支大大高于预算收支是常态。如表 2 – 16 所示，最低的兴国县，近 3 年来，决算时超预算收入占预算收入的比重均在 60% 以上，最高的江津区达到了 115% 以上。同样的现象在大足县和九龙坡区也存在。例如 2007 年，大足县年初预算安排预算支出 65398 万元，实际决算预算支出 110735 万元，相差幅度高达 69.3%。

表 2 – 16　　江津区、兴国县、赣县、大余县预算超收情况—1

	江津			兴国			赣县			大余		
	2006年	2007年	2008年	2006年	2007年	2008年	2006年	2007年	2008年	2006年	2007年	2008年
超预算收入%	139.2	117.5	119.6	74.8	63.8	71.9	81.6	103.4	127.0	77.7	84.5	132.6

续表

	江津			兴国			赣县			大余		
	2006年	2007年	2008年	2006年	2007年	2008年	2006年	2007年	2008年	2006年	2007年	2008年
一般预算收入超预算%	5.5	-0.1	14.2	4.2	11.1	15.2	14.4	21.3	34.0	24.4	23.6	39.6
财力性转移支付超预算%	—	—	—	45.5	38.4	30.4	45.0	74.6	72.0	72.3	99.3	135.3

注：超预算收入（%）=决算数÷预算数-1

表2-17　　江津区、兴国县、赣县、大余县预算超收情况—2

	江津			兴国			赣县			大余		
	2006年	2007年	2008年	2006年	2007年	2008年	2006年	2007年	2008年	2006年	2007年	2008年
决算数-预算数	96928	131983	187400	27138	31119	42056	24994	38817	59511	15261	20348	36716
其中：一般预算收入差异	3166	-57	13474	554	1663	2944	2345	4343	9340	3375	4017	8116
贡献率%	3.3%	0.0%	7.2%	2.0%	5.3%	7.0%	9.4%	11.2%	15.7%	22.1%	19.7%	22.1%
财力性转移支付差异	41287	6367	127975[1]	7863	9762	8972	6464	12766	13945	4203	6967	9741
贡献率%	42.6%	4.8%	68.3%	29.0%	31.4%	21.3%	25.9%	32.9%	23.4%	27.5%	34.2%	26.5%
专项转移支付差异	34119	44901	—	18203	19408	28734	13538	18790	29867	6854	8932	17800
贡献率%	35.2%	34.0%	—	67.1%	62.4%	68.3%	54.2%	48.4%	50.2%	44.9%	43.9%	48.5%
其他差异	18356	80772	45951	611	345	1396	2567	2918	6359	308	-89	424
贡献率%	18.9%	61.2%	24.5%	190.0%	90.0%	330.0%	10.3%	7.5%	10.7%	2.0%	-0.4%	1.2%

注：1. 包括财力性转移支付和专项转移支付数值。

分析预决算收支的结构可以发现，一般预算收入的预决算数其实基本没有什么出入，主要的超支发生在财力性转移支付和专项转移支付上，尤其是专项转移支付金额，贡献率达到了40%左右，最高的兴国县达到了60%以上。访谈中各区县反映，其原因主要在于：在编制预算时，无法确定上级转移支付的数额，因此预算中仅包含部分或者不包含上级补助收入。虽然可以在年初与上级财政部门沟通得知可能的补助数，但这更多地限于财力性转移支付，而各渠道的专项转移支付资金则难以估测，一般要到当年年底才清楚。然而专项转移在转移支付和区县级财政收入中的比重恰恰越来越高（表2-9）。此外，由于一些收入的不可知，预算的保守性也是造成差异的原因之一。

这种状况无疑使得预算资金的安排和规划的实施之间的衔接性变得更差，也会加大财政预算审查监督的难度。

诊断小结：

目标A（"预算支出非常可信，符合实际，而且按照计划执行时实际支出和预算数字相差不大"）偏差很大，完全达不到；

目标B（"自有收入预算预测可靠，按计划执行，而且实际和预计自有收入差别不大"）可以达到；

目标C（"相对于总支出额，支出的支付欠款总数小"）有较大偏差（证据参见2.5.4.4有关政府债务的讨论）。

2.5.2
完整性和透明度

目标："对预算和财政风险的监督全面、透明，公众可以得到财政和预算信息。"

2.5.2.1　预算分类

各调研区县制定预算时均采用财政部所规定的预算分类格式，与中央政府使用的部门分类格式是一致的；预算书中均按部门/项目/活动的具体内容和细分制定了一览表。

2.5.2.2　预算文件的完整程度

各调研区县预算文件格式相同，预算文件所包含的内容也基本一致。表2-18回答了各区县财政预算文件所包含的内容。

表 2-18　　调研区县财政预算信息

财政预算是否包含以下信息?	是/否
1. 中央政府的预算信息	?
2. 政策层/委员会的优先重点和要点	否
3. 批准的拨款和其他收入份额	是
4. 财政/收入预测（拨款以外的）	是
5. 审核赤字	否
6. 研究解决赤字或盈余的战略	否
7. 列出新收入项	是
8. 新收入的用途	是
9. 债权人的名字和金额	否
10. 列出金融类资产	否
11. 用于公路、桥梁和其他主要基础设施项目的固定资产的库存	否
12. 同前几年的比较预算	否
13. 当年的预算细节	?
14. 支出和收入的汇总预算数字，包括当年和前几年的数据	否
15. 预算收入和支出活动的说明	是
16. 地方政府下属部门的地方计划	否
17. 部门是否制作与发展规划相结合的年度工作计划	否
18. 与发展相关的支出的预算分配份额	是

关于表 2-18，有两个问题需要说明。

第一，关于预算文件是否包含了中央政府的预算信息（问题 1）。所有县的财政一般预算收支总表除了提供本级财政预算收支数据外，还包括一般预算补助收入和上解中央支出数据。前者包括区县级财政可获得的税收返还、专项补助收入和一般预算补助收入等来自上级财政的补助收入数据；后者则反映了上解中央的支出数据。从这个角度来说，预算文件包含了中央政府的部分预算信息。但是，由于各区县在编制预算时均难以确切掌握本年度可能获得的上级财政补助资金（特别是专项补助），所有的区县实际获得的补助都与预算数有非常大的差异，重庆市三个调研区县的预算表中甚至不包含来自上级财政的专项转移支付资金预算（参看 2.5.1 节）。因此，预算文件对中央政府预算信息的反映是非常不完整的。

第二，关于当年的预算细节（问题13）。各区县均有预算的细节信息，例如关于各部门预算的详细信息。但是，这些信息不仅不对外公开，即便在人民代表大会召开、审议预算时，人民代表大会代表也无法看到这些信息，而要到人民代表大代结束、预算决议形成后，人民代表大会才会收到财政部门提供的部门预算，甚至有的区县在人民代表大会通过后才编制详细部门预算，且只有少数人才能看到这些信息。因此，对公众来说，当年的预算信息是不可获取的。

基于上述情况，总体来说，各区县财政预算文件所反映的信息是不完整的。主要是未能反映以下方面信息：（1）预算细节；（2）上级补助；（3）债务信息；（4）以前年度预算信息；（5）资金使用的详细计划。

2.5.2.3　超预算资金数量

调研区县绝大多数的资金纳入了预算，仅有很少的资金在预算外管理。九龙坡区的纳入预算管理的资金近乎于100%，而其他区县也仅有不足10%的资金是预算外管理的（见2.3.2.2节）。

预算表中均没有单设预备费。但是，各区县反映，在编制各项预算时，实际上已经考虑了不可预见的因素；并且，在每年下半年，会根据实际情况的变化对预算进行调整，编制调整预算。

2.5.2.4　与其他各级地方政府的互动

本级财政与上级财政之间的互动机制并不规范。上下级财政预算与决算信息的共享机制没有建立。上级财政对区县级财政的一般性转移支付，有较为透明的计算公式和稳定的金额；然而，对于主要用于公共建设的专项转移支付资金，在年终决算之前，区县级财政很难获知确切的金额。由于上级专项转移支付项目和资金金额并不固定、且缺乏透明的分配公式，各区县普遍反映“跑项目”现象很普遍，区县各部门都希望通过“当年多做上面的工作”来增加来年的资金量。

据此，多个区县的发展和改革委员会建议，国家应对项目投资政策、审批程序等更为规范和透明，以减少项目申报中的人为因素；而有的调研区县财政局则提出，对于本年的专项资金数量，应在上一年年底就予以明确，以减少中途“跑项目”的现象。

2.5.2.5　地方政府如何监督所属的机构

在财政管理层面上，区县政府对所属政府部门有较强的监督。目前各区县都已在财政局设立了会计核算中心，对部门资金进行核算；财政资金的使用均有一套较为完整、规范的财务管理制度了；各区县也有较完备和严格的审计制度。具体参见2.5.4.7节和2.5.5节。

2.5.2.6 公众对关键财政信息的获得以及公众参与

各区县对财政信息均有一定程度的公开（指对公众而非政府内部），但范围有限。表2-19归纳了各区县的公开内容。另外，各区县公众均无法直接参与预算重点问题的讨论；在制度设计上，公众对预决算的意见是通过选举产生的区县人民代表在区县人民代表大会上对预决算报告的表决来体现的。

表2-19 各区县财政信息的公开程度

公开内容	是/否
1. 预算文件	1/
2. 当年预算执行报告	1/
3. 年底财务报表	否
4. 合同签署	否
5. 外部审计报告	否
6. 不同服务提供部门可使用的资源	是
7. 服务提供的收费	是
8. 规划的项目概况	2/
9. 执行项目的概况	2/

注：1/：只公开汇总数，不公开详细预决算数；

2/：所有的区县对项目都有公示制度，但是，在赣县和兴国县，有些项目的申报和立项信息并不公开，原因在于“有些项目的上报和批复并不是按照本身效益和优先顺序来的，而是领导的要求，担心项目信息的公开可能引起社会矛盾”。

2.5.2.7 诊断小结

各调研区县财政预算文件所反映的信息是不完整的，有些重要的信息并未披露。这其中，由于上级专项转移支付项目和资金额不固定、且缺乏透明的分配公式，也影响了各区县预算编制的完整性。

总体来看，对预算和财政风险的监督并不全面和透明，公众难以获得有效的财政和预算信息。

2.5.3

预算制定

目标 A：“预算制定必须符合中央政府的规定、地方政府政策，并且按照中期支出框架”。

目标 B：“多年框架必须全面，支出与符合实际的中期收入预测、部门战略目标和预算平衡。”

2.5.3.1　预算程序的条理性和参与

1. 预算日期不固定

中国各级政府的财政预决算报告是在当年年初本级人民代表大会召开时审议和表决的。但是从中央到地方，年初人民代表大会的具体日期并没有法律规定，因而预算日期是不固定的。人民代表大会一般在3月份召开，此时本年的政府实际收支已经运行了近一个季度，至于上级财政转移支付的到位时间，则更为靠后，这些都降低了预算的严肃性和完整性，对政府工作的开展也会带来一定的不利影响。

2. 预算编制程序未被所有的调研区县严格遵循

按照规范的预算编制程序，预算应采取“二上二下”程序。即：首先由各预算单位提出部门预算草案（“一上”）报财政局；财政局根据本年的预计财力，给各预算单位下达一个“预算控制数”，要求各预算单位修改部门预算草案（“一下”）；各预算单位根据财政局下达的“预算控制数”，修订部门预算草案，再次上报财政局（“二上”）；财政局汇总部门预算草案，形成本年度财政预算草案，以政府名义递交人代会审议通过后，分解到各预算单位，形成正式的部门预算（“二下”）。重庆的江津和江西的赣县把“二上二下”程序简化为了“一上一下”，即在政府协调下，由各部门提出部门预算，形成总预算草案后交付人民代表大会审议和表决，然后下达。在这一过程中，把部门意愿的表达和政府协调工作合并为了一步，显然，部门意愿的表达实际上被弱化了。

3. 部门预算难以涵盖各预算单位的实际支出科目

江西3个调研县在各预算单位上报部门预算草案时，要求只报工资和公用经费支出，对于项目支出，则由财政统一安排，“报上去也会砍掉重新安排”。相对来说，重庆3个调研区县各预算单位上报的部门预算草案科目较全，既有日常的工资与公用经费等经常性支出，也包含预算单位准备下一年度通过政府投资实施的建设项目预算。但是，由于在总预算方案中不包含上级专项资金信息，所以实际上重庆各调研区县的部门预算也很难根据预估的项目资金来编制和安排建设项目预算。

4. 人民代表大会负责预算的审议和批准，预算编制和审议过程中的各方政治参与不足

根据中国的政治制度，由各级人民代表大会负责本级政府财政预算的审议和批准。各调研区县均反映，人民代表大会预算专门委员会的专业人员数量和素质还有待提高；在预算的编制和审议过程中，所有调研区县均排除了公众的参与，有的调研区县即便在人民代表大会召开、审议预算时，人民代表大会代表也无法看到预算的详细信息，甚至有的县在人民代表大会通过后才编制详细部门预算，且只有少数人才能看到这些信息。

所有的区县都制定了多年（5 年）财政收支规划。但是，这种规划普遍存在以下问题：

（1）规划比较简单，主要限于收入规划，且准确性不高。赣县财政局没有具体的财政规划，只有对财政收入的粗略估算；兴国财政局的“十一五”规划主要是对财源建设的规划，但对税收增长的预测并不很准确；大余县财政收入按照 5 年、10 年编制中长期规划，没有编制“十一五”专项财政规划；江津财政局有中长期预算规划，对财政预算收支进行预测，10－20 年规划仅做“展望”，5 年规划虽然相对具体些，但仍比较粗略，准确性不高。

（2）财政规划均不涉及政府债务问题。

（3）财政规划与社会经济发展规划及部门战略之间衔接不够。由此导致列入部门规划的投资项目不一定能获得财政支持，对规划内容所需要的财政资金的来源状况如何，也缺乏明确的分析。

2.5.3.2 诊断小结

虽然有所变通，但各区县预算的制定程序基本符合中央政府的相关规定和地方政府政策，目标 A（“预算制定必须符合中央政府的规定、地方政府政策，并且按照中期支出框架”）基本可以达到，目前最大的问题在于预算日期不固定，预算内容不完整，预算编制和审议过程中的各方政治参与不足。

各区县虽然有多年预算规划，但规划的详细程度和准确性都不高，更重要的是，财政规划与社会经济发展规划及部门战略之间基本脱节，目标 B（“多年框架必须全面，支出与符合实际的中期收入预测、部门战略目标和预算平衡”）基本达不到。

2.5.4

预算执行的可预测性和控制

目标 A：“地方政府有适当的规划、管理、征收和控制税收的系统和机制。”

目标 B：“地方政府预算以一种有条理、可预测的方式执行，有对公共资金的使用、监督和管理有控制和调整方面的安排”

2.5.4.1　纳税人权利和义务的透明性

地方政府均有一个确定当年纳税义务的系统。税收分别由当地地方税务局和国家税务局完成。

纳税人可以得到关于纳税义务和管理程序的信息。税务部门有纳税宣传，公众可在国家税务总局网站、当地税务热线、地税网等媒体上查找有关纳税政策。税务部门每个月要出具一份税收征收情况报告；财政部门也可以每天从国库数据库中看到即时的税收征收情况。

从规定上来说，任何人对税收征收如果存在疑问，均可通过一定的程序提出申述。税务部门也开展公众满意度调查。但程序的透明性如何，缺乏了解。

2.5.4.2　控制纳税人注册和纳税人评估的措施的有效性

税种和税率是由中央政府确定的，地方政府无权加以修改。在中央政府修改税种和税率之前，税种和税率是固定的。最重大的一次调整是 1994 年，在那一年，中国确立了财政收入的分税制，将税种区分为中央税、地方税和共享税。在此框架下，有过多次的局部调整。地方政府也针对地方税收在不同地方政府间的划分做过多次调整。

税务部门有针对企业的纳税评估，以防止企业偷漏税，如果纳税评估结论与企业实际纳税相差过大，则开展税务稽查，对发现问题的企业按税法规定予以处罚。

为确保税收征收，税务局对各税务所布置有税收征收计划。

2.5.4.3 用于已经确定的支出的资金的可预测性

部门预算下达后，各预算单位即可获知本部门本年的支出上限，资金使用进度信息是可以获取的，预算资金使用的相关政策（如支出构成、标准等）也是清楚的。各部门一般不能有年底结余，如有结余，必须上缴财政，次年的部门预算与本年度资金结余与否无关（所谓“零基预算”）。

如果需要变动年初预算，那么预算单位必须递交专门报告，说明预算变动原因和依据，由财政部门重新审批；全区县财政预算的变更需要以“调整预算”名义报人民代表大会审议。

2.5.4.4 债务

1. 债务规模

各区县均有大规模的政府债务，近3年来绝对额和占总财力的比重均无下降趋势（表2－20）。

表2－20　各区县政府债务总额及占总财力的比重　单位：亿元、%

	2006	2007	2008
江津：(1) 总额	8.6	9.4	16.1
(2) 比重	51.2	40.5	48.2
大余：(1) 总额	1.7	2.3	2.2
(2) 比重	44.0	44.0	33.4
兴国：(1) 总额	3.6	3.9	5.0
(2) 比重	55.7	59.1	76.0
赣县：(1) 总额	2.9	3.9	3.5
(2) 比重	51.3	51.4	30.7

注：1. 总财力＝本级一般预算收入＋基金预算收入＋预算外收入＋上级补助，未包含上年结余。

2. 缺九龙坡和大足相关数据。

2. 债务管理

现行《中华人民共和国预算法》规定政府不得负债，所以政府债务在预决算报表中无法反映，这也造成了预决算报表无法反映政府收支的真实情况。各区县使用财政部统一下发的政府债务统计表统计政府债务。

但是，政府债务统计表所统计的政府债务额，不能完全反映政府的真正负债规模。例如，大余县的政府债务包括了乡镇卫生院的相关债务，但是政府担保的负债未统计在内；在兴国县，一些政府下属事业单位（如医疗卫生机构）的负债则未进入政府债务统计；而在赣县，政府部门自行建设的一些项目的债务（如建办公大楼）和一些由政府提供隐形担保的政府公司的债务未进入统计。而在所有的区县，只要工程尚未结算，那么，根据相关财务规定，工程建设中形成的债务都不进入债务统计。

各区县都强调注重债务的控制和管理，但是，并没有专门负责债务消化的机构，也没有专门的债务偿还计划，只是强调通过地方经济的发展和上级项目资金的增加，“在有剩余财力时会安排还债”。

政府债务信息的公开程度比预决算信息还差，没有一个区县对外公开这些信息，公众也无从获取这些信息。

2.5.4.5　工资支出控制的有效性

各区县工资支出控制比较有效。表现在以下两个方面：

（1）人事记录和工资支付数据吻合，记录更新及时。重庆和江西在人事薪资管理方面均有较为严格的管理办法。人事局、机构编制委员会办公室、财政局、监察局等部门分工协作，由机构编制委员会办公室负责对在编实有人员和离退休人员的审核，由人事局负责对工资和政策性津补贴的审核，由财政局实行统一委派会计、统一做账、统一拨款、统一发放。薪资管理实行动态管理，建立工资变动登记卡，人员的变动信息会即时更新，编办、人事和财政部门相互配合控制工资的发放。

（2）控制影子工人措施较为到位。在清查“吃空饷”的问题时，一般由组织部、机构编制委员会办公室、监察局、财政局、人事局组成清查组进行清查，以杜绝“影子工资”和“影子人员”这样的情况出现。以江西的经验，把“吃空饷”清查重点放在教育和卫生系统。

2.5.4.6　采购的竞争性、经济性和控制

总体而言比较有效（具体参见第2.8节“招标与采购”）。

2.5.4.7　内部审计的有效性

1. 各部门内部审计萎缩，而审计局外审职能在加强

一方面，江西和重庆各部门的内部审计处于萎缩状态。原来很多部门都有内审机构或内审人员，但现在只有少数资金流量较大的部门有内审机构或内审人员，如教育、卫生、林业、财政和粮食部门。但是，即使这些部门的内审也非本级审计，而是对基层或下属单位进行审计。而其他部门基本没有

内部审计。

另一方面，审计局的职能在加强。随着经济发展和社会变化，各单位审计意识越来越强，审计局业务越来越多。审计局在业务上对各部门的内审机构提供指导，并进行内审资格审核。

2. 内部审计的作用

在江西和重庆各区县，设立内审机构均为资金流量大的机关。内审对象是基层和下属单位，目标是规范财务管理。

目前内部审计和外部审计的内容有所交叉。例如，江津卫生局内审重点是相关机构的财务收支行为，全面开展任期经济责任审计和基本建设竣工决算委托审计。审计局外审的主要内容是负责人的经济责任审计、医疗卫生机构的专项审计（如新型农村合作医疗基金运行审计）和基本建设项目竣工决算审计。

3. 内部审计的频率

在设有内审机构的各单位，内部审计频率不一，由各单位自行决定。例如，江西兴国县卫生局从 20 世纪 90 年代即设置了审计股，承担内审工作。对下属单位的审计频率，约一年半轮审一次。

4. 内部审计报告的分发

审计结果会送达被审计的下属单位和当事人，并跟进审计结果的处理，但审计报告不公开。各部门内设的审计股接受审计机关指导，每年初向国家审计机关报送内审工作计划，年终报送内审工作总结。

5. 审计局外部审计会参考内部审计报告。

2.5.4.8 诊断小结

各地的税收系统均很完善，税收征管是有效的，目标 A（“地方政府有适当的规划、管理、征收和控制税收的系统和机制”）可以达到。

在财政支出管理方面，有较好的支出控制和采购制度；工资控制比较严格，虽然难以杜绝“影子工资”，但是并非普遍现象；重点部门有内审机构和内审机制，内部审计对资金的监控起了一定的效果；但是，各区县政府债务管理普遍需要加强，一是负债额持续上升，二是缺乏严格的债务统计和债务管理系统，债务信息的公开度也很差。总体来说，目标 B（“地方政府预算以一种有条理、可预测的方式执行，有对公共资金的使用、监督和管理有控制和调整方面的安排”）可以基本达到，但仍需要大力提高。

2.5.5
会计、记录和报告

目标："撰写记录和资料，并保管和分发，以满足正确、及时的决策控制、管理和报告的需要。"

2.5.5.1　账目核对的及时性

业务局每天必须更新现金日记账，每月必须提供月度资金使用报告，作为下一笔资金拨付的依据，财政局在年终进行年度汇总；每个月进行一次银行对账。

2.5.5.2　服务提供部门信息的可获得性

每个服务部门可获得的财政资金数据是在年初人民代表大会通过的财政预算方案后下达的。部门可以使用这些资金，但自2006年起，各县财政局均设立了会计集中核算中心，行政、事业单位取消基本账户，由会计核算中心负责对账，对财政支出进行内部控制，以此监控部门资金的使用。

2.5.5.3　年度财务报表的质量和及时性

每个部门都有资产、资金收支的决算报表，年底决算后报财政局；财政部门内设科室对财政支出进行内部控制。预算科负责预算资金总控，国库科负责对各业务科的资金拨付和预算一致性进行核查，监督检查科负责对资金使用事后审查。审计机关和监察机关对财政资金的使用进行监督检查。

但在财务管理方面也存在一些问题。例如由于财政收支采用收支实现法，并不能反映财政资金延迟到款或者延迟付款的情况，而实际上，据审计发现，公共工程承包商的资金拨付有时会存在滞后现象。

2.5.5.4　诊断小结

总体来说，尽管仍存在一些问题，但各县财政资金的使用均有一套较为完整、规范且大致类似的财务管理制度。本节所诊断的目标（"撰写记录和资料，并保管和分发，以满足正确、及时的决策控制、管理和报告的需要"）可以基本达到。

2.5.6
外部检查和审计

目标："对检查地方政府财政和活动进行合适安排，有一个可以操作的政治家和行政官员的跟进程序。”

2.5.6.1 外部审计的范围、本质及跟进

1. 审计局外部审计的范围

根据江西和重庆的调研，审计局外部审计的范围包括：

(1) 财政预决算审计，每年3—5月均要进行（即100%），关注预决算是否科学、细化及具体执行情况，其审计结果向县人大汇报。

(2) 专项资金审计。特别重视对中央转移支付资金的审计。江西对中央转移支付资金的审计分几种情况：①一年一审（即100%），例如社保基金或者是资金安排时间长的中央转移支付；②两年一审（即50%），大部分专项资金属于这种情况；③等项目实施完再审计，对时间短的项目。

(3) 单位财务收支审计。①对有预算分配权、资金量大、下属单位多的部门审计次数多，包括教育、卫生、公检法、交通、水利、农林水等，对这些单位，重庆大足两年审一次（即50%）；江西兴国县每年均要审计（即100%），赣县和大余县按上级计划要求审计。②其他单位审计次数略少，重庆要求每5年轮审一遍（即20%），而江西兴国县2-3年审计一次（即30%-50%），赣县两年三轮（即60%），大余县每年审计25%。

(4) 领导干部的经济责任审计。包括单位法人的离任审计和组织部委托审计两种情况。领导干部的离任审计是100%进行。在江西，很多小单位的财务收支审计均是结合领导干部离任审计进行。

(5) 工程审计。每个区县审计情况差异明显，例如江西兴国县要求每个项目结束后必须进行审计（即100%），因为审计报告是工程决算的依据。而其他区县则是对列入政府报告的重要工程进行审计。

2. 均能及时完成审计报告

3. 有较为严格的审计跟进政策

对部门审计，在审计发现问题后，审计报告将发给审计对象部门，每个项目必须在一个月内反馈整改结果，跟进问询在50%—100%不等。对政府财政预算及预算执行的审计意见，将反映给人民代表大会，由人民代表大会向政府发落实整改情况的信函，责成政府有关部门整改，并通过人民代表大会财经工作委员会（负责预算审查）进行跟踪，人民代表大会常委会在递交当年资金预算时，应递交上年审计报告的整改情况报告，跟进问询100%。

2.5.6.2　检查年度预算

1. 决策机构均会审察预算草案

江西和重庆的人民代表大会部门均会审察预算草案，预算草案只有经过区县人民代表大会审批后才会成为具有法律效力的预算文件。

2. 审察程序

以江西人民代表大会预算草案程序为例说明，审察分三个阶段：第一阶段，人民代表大会召开前人民代表大会财经工委提前介入。在人民代表大会召开前1个月财政会将预算草案提交人民代表大会常委会，财经工委陪同人民代表大会领导到财政、地税、国税部门及部分部门了解情况，并提出初步的预算审查意见供人民代表大会常委会参考。第二阶段，人民代表大会之前临时成立预算审查委员会。第三阶段，在人民代表大会期间，预算审查委员会收集意见，形成预算审查报告→预算审查委员会主任作人民代表大会大会报告→人大代表通过→印发预算决议→以人民代表大会常委会名义下发批复给政府、银行、发展和改革委员会、审计局→决议下达一个月内，财政下拨预算。

3. 财政提交人民代表大会的预算草案数据过于简略

虽然近年来预算审查工作越来越规范，但人民代表大会反映财政提交给人民代表大会的预算草案数据应更加详细。目前人民代表大会召开时人民代表大会代表看大的只是一些预算大数，无法看到部门预算数据，到人民代表大会结束预算决议形成后，人民代表大会才会收到财政部门提供的部门预算数据。据反映，人民代表大会还从来没有对财政局提交的预算草案提出过什么修改意见。

4. 年内预算修改的程序

由于各县编制的预算草案主要是根据上年本级财政运行来估计与预测，上级政府转移支付和的规模和结构是很难在预算中完整体现的，而专项资金就更难以把握，所以导致年初安排的预算支出同决算支出相差甚远，这主要是因为上级专项支出一般都会在每年的11月至12月下拨。为了适应上级的这种制度安排，各区县的年内预算调整均在下半年进行。重庆各区县财政每年在11月左右会进行一次预算调整，而江西各县则在每年12月由财政向人民代表大会进行预算调整汇报。

2.5.6.3　外部审计报告

1. 人民代表大会及时评估预决算审计报告

审计局要对预算执行情况进行审计。一般是在每年的 3 - 5 月，由审计局派三到五个人花上一个月的时间去进行这项工作。其程序是先提前三天下达审计通知书，然后再召开见面会，工作基本上是在财政局开展，不过要对使用财政资金比较多的重点部门进行延伸审计，最后将审计结果进行汇总并先向县政府进行汇报，之后再代表县政府向人民代表大会进行汇报，每年的人民代表大会上对此项内容会有两小时的议题时间。审计重点为预算执行的真实性。

2. 人大可以对政府预算审计报告提意见，但对于审计中披露的问题缺乏具体处理手段

从人民代表大会的整体工作来看，它本应是对政府的工作进行监督，但基本上是在党委的领导下对政府的工作进行支持，所谓的监督也流于形式。

2.5.6.4　诊断小结

各县均有较系统的外部审计体制和审计政策，审计跟进政策较为严格，人民代表大会有明确的预算草案审查机构和审查程序。但无论是审计局还是人民代表大会，在审查能力和对审查结果的处理手段方面都还存在薄弱之处。总体来说，本节所诊断的目标（“对检查地方政府财政和活动进行合适安排，有一个可以操作的政治家和行政官员的跟进程序”）可以基本达到，但仍需要加强。

2.5.7
外部财政放权要素

目标：“使中央政府有效影响地方政府实际政府间财政转移支付（拨款）、收入动员和管理、外部预算控制。”

2.5.7.1　拨款分配和支出的可靠信息的及时性，政府拨款转移支付的可预测性

关于下一财年可获得的转移支付金额这一重要信息，地方政府的获知时间是不确定的，但最早是在当年 3 月份各级财政预算已审议通过之后。多个区县反映，大量的转移支付资金往往在下半年、甚至年底才能获知和获取，给工作带来了不便。

转移支付资金、特别是专项资金的多寡往往是难以预测的。重庆 3 个区县甚至在编制预算时对专项资金不予考虑；江西 3 县虽然有考虑，但实际获得额与预计额之间往往差异巨大。详见 2.5.1 节。

2.5.7.2　中央政府授权给地方政府的收入征收和资源调度的程度

在中国，宪法并没有明确规定税收立法权的归属，在税收立法的实践中，行政机关成了事实上的税收立法的主体。但是，这主要限于国务院及其下属有关行政主管部门（财政部和国家税务总局），县政府的收入权尤其是征税权在总体上非常有限：一是包括省以及省以下地方政府没有税收立法权，而收费的立项权也由中央、省及一些较大的市确定，最终均要求由中央控制。县政府没有根据自己的需要在本地筹集收费的权力；二是根据2004年的《中华人民共和国预算法》，地方各级预算按照量入为出、收支平衡的原则编制，不列赤字，而且除法律和国务院另有规定外，地方政府不得发行地方政府债券；三是由上级政府决定对县分税制财政管理体制和收入的划分。

但是，这并不意味着地方政府不能通过自己的活动来影响地方财政收入。例如，一个普遍的收入来源便是土地出让的收入，它不构成预算内收入，但确实是地方政府可支配收入的重要来源，在地方政府可支配收入中占有相当高的比重。但本项调研未能获取这方面的数据。

2.5.7.3　其他政府部门对预算的控制

县级财政预算是由本县制定的，原则上，上级政府并不采用控制程序和办法来控制地方政府的预算。但是，有些中央政策在编制预算时应予以遵守。例如，关于财政预算支出中“三农”支出与上年相比的递增率等。这些政策一般都是在预算批准之前就明确了的。但实际遵守效果如何，则缺乏有力的监测和监督。

2.5.7.4　诊断小结

在对县区级财政提供转移支付方面，目前最大的问题在于上级财政转移支付资金、特别是专项转移支付资金在年初编制预算时难以估计。另一方面，中央对县区级政府预算外收入的控制以及预算支出的控制并不严格。本节所诊断的目标（“使中央政府有效影响地方政府实际政府间财政转移支付（拨款）、收入动员和管理、外部预算控制”）效果不佳。

2.5.8

固定资产

目标：建立适当的固定资产管理和记录的系统

各区县财政部门均不对固定资产每年进行审查，只有登记制度，仅在最近年份进行了一次清理，对于国有资产的实际变动状况难以准确掌握；另外，对政府资产的分类登记（流动资产/固定资产）和记录也需要加强。

诊断小结：与“建立适当的固定资产管理和记录的系统”的目标尚有距离。

2.6 治理问题（公众参与）

目标：“让公民参与决策制定和信息交流的强大的透明的系统和程序。”

（1）未见有公民参与重大决策的明确规定。

（2）公民基本未参与规划制定的实践。在制定“十一五”规划时公众参与渠道有限。有少数部门在制定专项规划时，会通过讨论会和调研的形式，向社会各界征求意见。例如江西赣县的文化专项规划。

（3）规划制定程序基本属于“自上而下”。以江西赣州市三县的实践来说明。首先，各县发展和改革委员会参照赣州市发展和改革委员会的要求确定几项研究课题，并着手开始调研，完成相应的专题调研报告。调研部门以发展和改革委员会为主，相关行业主管局参与。其次，根据调研报告成果形成“十一五”规划纲要，并向相应部门征求意见。再次，纲要内容进行修改、充实形成征求意见稿，报县委、县领导审阅。然后，再次听取和征求公众、行业部门、人民代表大会常委会、政协、县委常委会等各方面的意见，形成递交人民代表大会的草案。最后，经县人民代表大会通过后形成“十一五”规划正式稿，并下发各部门。

规划制定过程中所需的数据、信息来源，除了实地调研之外，主要来自于统计部门。而预测数据则是结合历史数据和当前发展状况对增长率的推测。

规划编制过程中，总体来说公众参与较少，但各县对民众意见的重视程度略有差别。第一种类型，基本不征求公众意见。某县发展和改革委员会甚至还认为，“乡镇领导和人民代表大会代表发表不了什么实质性的意见，价值不大，站的层次也不够”。第二种类型，有一定程度的公众参与。例如江西大余县有三条措施：一是，在规划的制定过程中在政务信息网上发布信息，征求群众意见[①]；二是，向企业、专家、社会各界人士、政协代表、人民代表大会代表征求意见和建议；三是，多次召开了座谈会，部分乡镇领导和村两位负责人均参与过座谈和讨论。

（4）项目执行中的公众参与较少，某些项目有公示牌，未对项目进行社会审计，部分项目内容会进行公开或公示：①规划及年度计划。可以从政府网站上下载；②招投标信息；③对关系民生的项目，其竣工验收信息会通过公示牌公示。

申报和下达的项目信息不公开。尽管所有项目都要公开招投标，但申报和下达的项目名单一般不在网上公开，主要是怕引来麻烦。

少数项目审计结果公示。近两年来，江西赣州市要求所辖县审计局每年对5－6个项目进行审计，并对审计结果公示。

（5）有公民满意度调查。自2008年以来，每年均会结合全省统一组织的行风、政风评议活动进行一次公民满意度调查，向社会各界征求意见。

（6）基本无公民需求调查，对贫困问题有考虑但无专门规划。虽然各县在制定规划时对贫困问题有一定考虑。例如，教育部门的“两免一补”政策、社会捐助等，均向贫困生倾斜，其网点布局规划考虑了贫困乡村的布局和投入要素；民政部门敬老院布局也考虑了贫困问题。但总体来说，没有把贫困问题作为一个专题来研究和规划。

（7）预决算信息有公开制度，但公开内容不够，公民缺乏确保良好财政管理的控制措施。对部分政府财政信息进行了公开，如纳税政策、项目招投标、项目决算和人民代表大会审议通过的预决算报告等。

根据规定，各县每年由人民代表大会审议通过的财政预决算报告可以在网上查阅，但是，由于公开的预算内容也仅仅是一些粗略数据，所以即使公众对预算比较关心，也无法对预算有实质性的了解。预决算详细信息也只在人民代表大会、政协会议上讨论，不对外公布，甚至某些更为细致的数据也不对所有的人民代表大会代表公开；政府负债情况不对公众公开；社会公众

① 但是反馈意见的不多，有几个外出务工人员反馈了自己的意见。

也很少参与财政项目的监督检查。

诊断小结：尽管有些信息是公开的，部门项目有公示，也部分开展了公民满意度调查，但是，在重大决策、规划制定方面基本排斥了普通公民的参与，对公民需求考虑不足，对财政预决算、审计结果和公共建设项目方面的重要信息公开不够。总体来说，目标（“让公民参与决策制定和信息交流的强大的透明的系统和程序）难以达到。

2.7 关键性农村基础设施的状况：义务教育、卫生、文化、民政

目标：“基本基础设施的良好覆盖”

2.7.1 义务教育

2.7.1.1 基本情况

各区县教育局基本情况如表2－21。江西省存在着超编现象，而重庆市存在着缺编现象。

表2－21 各调研区县教育局基本情况

	江津	大足	九龙坡	兴国	赣县	大余
股室数（个）	18	—	10	10	11	11
人员数（人）	31	—	35	53	71	62
其中：正式人员	—	—	—	38	45	36
借调人员	—	—	—	7	24	26

各区县农村义务教育阶段在校学生数和专任教师数基本情况如表2－22所示。总体上来说，重庆市3个试点区县的师生比状况好于江西省3个调研县。

表2-22　各调研区县义务教育阶段学生数、教师数基本情况

	江津	大足	九龙坡	兴国	赣县	大余	重庆农村	江西农村	全国农村
在校初中生（人）	—	37021	50458	25189	27360		30363	8232	17409
在校小学生（人）	—	49559	50729	86821	61534	23771	50043	39251	32936
初中专任教师（人）	—	2592	3574	1753	1385	646	2162	1422	1433
小学专任教师（人）	—	3533	2776	3051	2414	1251	2646	1844	1812
初中生师比	—	14.3:1	14.1:1	14.4:1	19.8:1		14.05	5.79	12.15
小学生师比	—	14.0:1	18.3:1	28.5:1	25.5:1	19.0:1	18.91	21.29	18.17

注：1. 九龙坡的初中生数、教师数、和师生比均为普通中学的情况。

2. 重庆、江西及全国农村（农村+县镇）的数据是指平均每区县平均数，数据来源于《中国教育统计年鉴2008》（人民教育出版社2009年版）。

3. “—”表示数据未能获取。

2.7.1.2　教育规划

各区县教育局均制定了教育事业发展“十一五”规划，规划内容涉及教育事业的发展目标、总体区域布局、部门职责和分工等众多方面。此外，赣县还专门制订了《赣县2009—2013年教育发展规划》，主要内容为全县中小学布局调整。但是，规划只是起指导性和方向性作用，具体实施时有一定程度的调整。此外，江西省3个市县点均指出：规划的制定特别是规划项目的确定，并未与当地财政部门进行沟通，主要原因在于本级财政财力有限，依靠本级财政实施项目的可能性极小。

2.7.1.3　教育基建项目

2006—2008年，各区县均有一定数量的基建项目实施，其中，赣县实施的项目数量最多，达到了97个。但是，如表2-23所示，除大足县外，其余各区县的教育基建项目的投资主要来源于财政资金，其中中央财政资金是重要来源，而市县资金较少。大足县财政资金较少的原因在于：高中扩建、迁建项目所获得的中央和市级财政的补助较少，而这部分投资在近3年的教育部门基建项目中的比重有较大。

需要说明的是：赣县与大余县均明确表示投资额与财政资金的差额一般转化为项目的负债。产生负债的原因主要在于：第一，项目申报指南中的有些指标与现实情况很不相符。例如建筑造价，要求的申报标准是450—600

元/平方米，而实际的建筑造价（招标价）已经达到了850元/平方米，造成了项目建设资金存在很大的缺口。而2008年项目申报指标提高后，项目负债明显较少。第二，项目运行的前期费用无法落实。项目前期费用一般是总投资额的10%左右。而这些资金需要业主单位自行解决。此外，县级财政配套资金难以到位也对项目负债有一定的影响。

表2-23　各区县教育基建项目的资金来源状况

	年份	投资额（万元）	财政资金所占比重（%）	其中：中央（%）	省（%）	市县（%）
江津	2007	555	75.7	72.1	3.6	0.0
	2008	60	100.0	66.7	33.3	0.0
大足	2006	12316	6.6	4.4	1.4	0.8
	2007	3515	12.7	4.6	7.4	0.8
	2008	4985	48.0	6.0	34.6	7.4
九龙坡	2006	20	100.0	75.0	25.0	0.0
	2007	30	100.0	100.0	0.0	0.0
	2008	2335	55.0	25.7	0.0	29.3
兴国	2006	1581.7	100.0	52.8	4.7	42.5
	2007	576.5	100.0	40.7	13.3	46.0
	2008	2473.9	100.0	86.2	3.1	10.7
赣县	2006	1007	75.2	46.3	6.6	22.3
	2007	1033	77.5	49.9	6.4	21.3
	2008	1383	82.2	55.3	10.9	16.0
大余	2006	532.6	77.5	34.5	36.8	6.3
	2007	367.4	71.7	56.8	9.7	5.2
	2008	1195.8	83.6	70.2	11.2	2.3

江津区和大足县虽未明确说明项目负债问题，但是从两区县教育负债的

构成来看，拖欠工程款和教师集资款是负债的主要来源。据大足县的说法，非义务教育阶段财政补助力度较低是负债较多的主要原因。

2.7.1.4　教育投入

各区县普遍反映存在投入不足的问题。具体表现如下：

1. 学校基础设施比较薄弱

反映在校园面积、教学设施、办公用房、教学用房等众多方面，而江西省3个调研县的反映更强烈。例如，兴国县反映实际生均校园面积无论初中还是小学均低于江西省规定的标准，办公用房与教学用房均紧缺；赣县反映实验教学装备、信息技术装备、图书馆、音体美器材、体艺卫等设施均存在缺口；而大余县也指出在校园面积、教学设施等方面均存在缺口。

2. 教师投入存在问题

一是教师数量不足。尽管根据实际学生数和教师数计算的生师比均明显高于规定标准（表2-22），但是各县区均存在一师一校的教学点，此类教学点按照相关规定，每班应配备不少于1.5个师资，如果考虑此现象教师数量明显不足。例如，兴国县不仅县城存在大班现象，农村地区也存在50—60人的大班；而赣县明确表示每年净增50名教师，仍数量不足。二是结构不合理。大足县、大余县均反映义务教育的音乐、体育、美术教师缺编，而语文、数学、物理、化学等学科的教师超编；与此同时，大余县反映后勤人员与教师比例失衡（后勤服务人员占到了教职工总人数的18.5%，而标准是小学不超过9%、初中不超过15%、高中不超过16%），教师平均年龄按照高中、初中、小学递增。此外，江津区提出了教师工作任务的确定问题；大余县提出了教师素质与健康问题。

3. 财政教育经费不足

一方面教育负债普遍存在，例如，大余县上级已经审计锁定的教育债务4474.5万元，其中义务教育阶段债务2984.03万元，而中央安排的化债资金仅有1239万元。另一方面学校公用经费普遍不足，预算不合理。财政对学校公用经费的预算统一按照300—500元/生标准核定，但是并没有事先确定一个明确的学校公用经费使用科目，并根据这些科目及学校的实际情况来编制公用经费预算。因此，各校名目繁多的支出都需要从公用经费中列支，导致学校公用经费十分紧张，难以改善教学条件。例如，表2-24和表2-25清晰的反映了公用经费的使用情况。

表 2-24 兴国县长冈乡列宁中学公用经费的非教学支出[1]

支出项目	金额（万元）
1. 社会保险及住房公积金单位配套部分	3.7
2. 教育局代收费用	2.125
2.1 师资培训	1.25
2.2 运动会	0.25
2.3 教学质量评估	0.125
2.4 试卷费	0.5
3. 寄宿制学校项目前期投入	1.0
4. 报刊和杂志的征订费、工会会费、招待费……	不详

注：1. 该校 522 学生，公用经费 25 万元/年。

表 2-25 大余县浮江九年制义务教育学校公用经费的部分支出项目

支出项目	金额
合同制教师养老保险金①	10000
招待费	56000
培训费	13500
水电费	36000[1]
合计	115500
占公用经费的比重	59.4%

注：1. 学生宿舍的水电费开支很难区分。

此外，大余县还反映了教育税费的征管问题：教育税费是学校教育经费的重要来源，但是大余县并没有按规定使用相关资金。如：2008 年征收城市教育费附加 1087.7 万元，用于教育的仅 655.6 万元；城市维护建设税 1707.7 万元，没有按照 10%—15% 的比例用于教育；上级转移支付资金尚有 69.9 万元没有到位。

2.7.1.5 教育资源区域布局现状

从项目投向来看，绝大多数的项目都给投向了农村地区，从资金的数量来看，重庆市将绝大多数的资金给予了城镇，江西省将绝大多数资金给予了

---

① 由于学校经费紧张，合同制教师的“三金”仅缴纳了养老保险金，失业保险金和住房公积金并未缴纳，据浮江中学的校长估计全部缴纳还需要 45000 元左右。

农村，如表2－26所示。但是，总体上来说，城镇的师资状况则要明显好于农村，教学条件、教学设备、工作环境等方面，农村也无法与县城相比。表2－27列出了江西省3县师资状况的对比，反映出城乡教育资源之间存在较大的差异。与此同时，随着农村入学适龄人口的减少，农村地区教学点的数量越来越多。例如，兴国县一师一校的小学教学点已达163个，设有一师一校教学点的行政村占全县行政村的比重达到了53%。

表2－26　各调研区县专项资金投向统计

	江津	大足	九龙坡	兴国	赣县	大余
专项资金投入（万元）	480	3658	1335	2437	1517	557.9
其中：农村资金比重（%）	37.5	73.5	3.7	83.8	75.0	80.1
城市资金比重（%）	62.5	26.5	96.3	16.2	25.0	19.9

表2－27　江西省调研区县教学资源区域布局对比

	兴国				赣县				大余			
	县城		农村		县城		农村		县城		农村	
	小学	初中	小学	初中	小学	初中	小学	初中	小学	初中	小学	初中
生均财政拨款（元）	1492	2453	1671	3726	1206	1603	1525	1593	1098	3582	1208	8824
大（中）专以上学历教师比重（%）	75.8	98.2	41.6	93.6	90.1	92.7	26.8	23.4	73.2	86.5	39.2	87.0

2.7.1.6　教育资源区域布局中需要注意的问题

调研发现，目前在教育资源区域布局中普遍存在两个趋势。

一是在农村地区，由于适龄儿童减少，农村的教学点不具备规模效益，撤并教学点，集中优化教学资源是教育资源区域布局调整的普遍的做法。例如，大足县从2003年到2007年分三个阶段实施了中小学布局调整规划，推行“初中乡镇化、小学中心化”的教育布局模式；九龙坡区教委近5年先后撤销了50多所村级小学，目前只剩下12所村级小学，根据区教委的规划，未来2年内还要调整2—3所村级小学；赣县也制定详细了撤并计划，到2013年，全县农村小学由现在的103所完全小学（含九年一贯制学校）、113所级小学、99个教学点调整为100所重点建设村完全小学、100所级小学，基本消除教学点。

二是与此同时，由于进城务工人员增多和城镇化进程的加快，大量农村学生进城就读，各区县普遍加大了对县城学校的投入。例如，兴国县，据估计在义务教育阶段，目前在县城就读的学生占县城学生数的比重可达1/3，从而造成了城镇学校的“大班化”，生均校园和校舍面积不足。例如，大余县东门小学现有面积25196平方米，建筑面积16188平方米，现有70个教学班，4240名学生，平均班额在60人以上。因此，必须考虑增大对城镇学校的投入。江西省赣县甚至指出，若不加大对城镇学校的投入力度，将出现学生就读困难问题。为此，赣县专门编制了2009—2013年城区学校建设一览表，兴建4所小学和1所中学。

必须要指出的是，农村地区的学校撤并和城镇地区的投入增加带来了一个值得引起重视的消极影响，就是如何确保留守儿童、特别是贫困家庭儿童接受同等质量教育的权利。一方面，中心小学学生人数过多，由于学生年龄太小缺乏生活自理能力，而学校教师数量不足，难以配备生活老师照顾学生起居，影响学生的正常生活，家长不愿意；另一方面，到中心小学读书，特别是寄宿制学校，伴随着生活费用的增加等问题，将直接影响到贫困学生的受教育问题，导致部分村级小学难以撤销，有的村甚至出现了村委会、村民自行出钱聘请教师代课的现象。如果过度强调学校撤并，过度重视将教育资源配置于城镇地区，那么将可能影响到城乡教育资源的均衡和农村贫困学生的教育质量。因此，在有限财力下，如何平衡城乡教育资源投入，兼顾公平（增加农村投入，确保农村留守的、相对贫困家庭子女的教育质量）和效率（增加城区投入，提高办学的规模效益），是今后教育资源布局必须十分重视的问题。2010年7月发布实施的《国家中长期教育改革和发展规划纲要（2010—2020年）》明确提出了“建立城乡一体化义务教育发展机制，在财政拨款、学校建设、教师配置等方面向农村倾斜”，“建立国家义务教育质量基本标准和监测制度”，“推进义务教育学校标准化建设，均衡配置教师、设备、图书、校舍等资源”，“建立健全政府主导、社会参与的农村留守儿童关爱服务体系和动态监测机制”。这些原则必须在解决上述两难问题中得到贯彻，在改革试点中应考虑到该规划对调研区县未来教育改革和发展的要求。

事实上，对于城乡教育资源均衡发展问题，重庆市九龙坡区和江西省大余县已经作出了一定程度的努力。

九龙坡区：坚持以“城乡一体、优势互补、资源共享、共同发展”，以学校管理体制改革为突破口，推动城乡学校一体化建设。(1) 管理体制一体化。九龙坡区采取自愿申报、组织安排等方式，将谢家湾小学与西彭三小、杨家坪中学与铜罐驿中学等城乡学校结成对子，“两个法人单位，一个法人代表，独立核算、独立核编”，管理上实行“一人管两校”(一体化城市学校校长既管理一所城市学校，又管理一体化农村学校)。(2) 对口帮扶一体化。九龙坡区根据城市、农村学校发展实际，按照城乡结对的原则，铁路中学与陶家中学、杨家坪小学与巴福小学等城乡学校实行帮扶一体化模式，实行对口交流、对口帮扶、优势互补、共同发展。两年来，铁路中学充分发挥重庆市重点中学的示范、引领作用，积极与陶家中学开展结对帮扶活动。铁路中学选派一名综合管理能力突出的干部到陶家中学驻校指导，陶家中学选派一名校级干部到铁路中学学习管理经验。此外，两校还经常性开展网络教研、联合备课、城乡学生互访等活动，有力地促进了两校的共同发展。(3) 学校建制一体化。九龙坡区把校点布局调整的学校和新建的中小学作为市级重点、示范学校的分校，在西部新城和整合后的学校之间实行“一校两部、统一核算、统一核编”的管理模式。通过建制一体化方式实现城乡教育资源整合。

大余县：(1) 对城乡学校网点布局进行调整。农村地区，从2001年开始，按照就近入学、初中相对集中、资源优化配置、规模效率与质量并举的原则，采取总体规划、分步实施的方式，对全县农村教育网点进行了调整；按照以人为本的原则，将把新城镇光明小学、池江镇九水小学等原来撤并了的完全小学予以恢复。城镇地区，2008年，筹资1750万元收购了梅国学校，南安中学已整体搬迁到梅国学校办学。南安中学搬迁后，其校舍划归东门小学。同时，将县职教中心搬迁到了梅关中学办学，实行大余县职业中等专业学校、大余县农民教育学院和梅关中学“三块牌子、一套人马”的管理模式。(2) 新聘任教师的任教原则。①新招聘的教师除满足高中学校的需要外，原则上分配到农村中小学任教。2005—2008年，共招聘273名大专以上毕业生，其中265名安排在农村中小学任教。②2008年开始，将部分新招聘的教师安排在城区学校跟班学习一年，一年后再安排到农村学校任教。③从2008年开始，实行定向培养制度。每年选拔15名初中应届毕业生到师范院校定向培养，这些学生毕业后，将根据协议直接分配到山区乡镇小学任教。(3) 实施农村中小学基础设施改造工程（包括更新和补充农村中小学课桌椅、改水改厕等）和农村中小学现代远程教育工程，较好的改善了农村中小学的办学条件。

2.7.2 卫　生

2.7.2.1 基本情况

卫生局是卫生医疗事业规划和管理的职能机构。各县区医疗卫生的基本状况如表2－28所示。

表2－28　各调研区县医疗卫生基本状况统计

	江津	大足	九龙坡	兴国	赣县	大余	重庆平均	江西平均	全国平均
专业技术人员（人）	2191	1517	956	—	—	666	670	392	415
卫生机构数（个）	710	362	96	927	—	423	—	—	—
其中：乡镇卫生院	27	39	6	25	—	9	25	15	15
村卫生室	498	258	80	856	—	398	244	260	237
病床数（张）	—	1316	1801	986	—	719	594	253	327
每千人卫计人员（人）	—	1.6	1.2	—	—	2.2	0.88	1.16	1.06
每千人病床（张）	—	1.4	2.3	1.3	—	2.4	1.01	0.75	0.96

注：1. 2008年数；

2. 重庆、江西及全国平均是指平均每区县的情况，其中专业技术人员、病床数、每千人卫技人员数据来源于《中国农村统计年鉴》(2009)，其余数据来源于《中国卫生统计年鉴》(2009)。

2.7.2.2 卫生规划

各区县均制定了卫生事业发展的十一五规划，江津区还根据区内卫生事业的发展需要，聘请专门机构编制了《卫生事业发展规划（2007—2020

年)》；赣县编制了主要内容为布局调整的《赣县2008—2015年卫生发展规划》；大余县则编制了《大余县农村卫生事业发展规划（2009—2011年)》，其内容也涉及区域布局的调整。但是，规划的编制，特别是“十一五”规划的编制普遍是与国家或者地区相应发展规划对接的规划；编制过程中缺乏充分的、有效的调研与论证；此外，规划的财力保障性有待提高。

由于医疗卫生服务带有一定的市场属性，因此单纯按照计划性思维硬性规定布局规划可能是不科学的。此现象在大余县表现最为明显：按照《大余县农村卫生事业发展规划（2009—2011年)》的设想，该县将在原来县、乡、村三级卫生服务体系中添加社区卫生服务站（城市5个，农村105个)、社区卫生服务中心（城市4个，农村16个）两类全新的医疗机构，对患者进一步分流，达到农村居民步行30分钟即可享有基本医疗卫生服务。但是，现实情况是，社区卫生服务中心都是私人医疗机构扩建而成，其开设（需要卫生局审批）根本与区域规划无关：黄龙镇的社区卫生服务中心就在乡镇卫生院对面，形成直接的竞争关系；全县已批准的8家社区卫生服务中心中，仅青龙镇就有5家，使得上述布局难以落实。

2.7.2.3 卫生基建项目

2006—2008年各区县均实施了一定数量的基建项目。就建设数量而言，乡镇卫生院是基建项目建设的重点。投入资金来源主要有：一是上级财政的补助资金，二是项目业主单位的自筹资金，其中自筹资金是资金的主要来源（表2-29)。主要原因在于：本级财政没有投入能力，而上级财政资金带有一定的补助性质，下达拨付资金远低于项目建设所需要的资金。这对于项目的建设产生了一定程度的影响。例如大余县，2005年申报的项目全部成为烂尾工程，县级政府即认为资金投入的不足是直接原因。

表2-29 各调研区县卫生基建项目资金来源

	江津	大足	九龙坡	兴国	赣县	大余
项目资金总额（万元）	1424	—	18081	—	4476	—
其中：自筹资金比重（%）	60.5	—	21.0	—	75.0	—

与此同时，卫生基建项目还存在以下问题：第一，卫生项目的面积扩大和投资额增加现象明显，赣县对此反映强烈。第二，存在项目建设内容规定

较死的问题，进而导致县级按照上级意愿申报项目，并非按照县内的实际需要，这一点，江西省各县反映均较为强烈。

2.7.2.4 卫生事业负债

卫生系统普遍存在大量的负债，基建项目财政投资不足是卫生事业负债的主要原因。一方面由于医疗服务的可赢利性，中央财政的项目投入带有补贴性质，每个卫生院项目仅安排40—60万元；另一方面县级政府资金配套能力不足，其余需要卫生院自行解决，而医疗机构的经费也往往不足，造就了大量的项目负债。此外，也存在部分医疗机构负债搞建设的情况。但是，此类项目负债一般都不反映在政府债务表中，而只作为项目单位的负债。

2.7.2.5 卫生投入

存在以下几个方面的问题：

1. 卫生机构的财政投入力度不足

医疗卫生服务机构可以划分公共卫生机构、医疗卫生机构以及村级医疗服务机构，分别为全额预算单位、差额预算单位和自收自支单位。但是，无论是全额单位还是差额单位，财政投入资金均明显不足。例如兴国县全额预算单位财政拨款占其收入的比重不足30%，差额预算单位更是不足5%；赣县2006—2008年财政拨付医疗机构的卫生经费占医疗收入的比重仅为4.2%、7.4%和8.3%，大余县2006—2008年财政拨付比重也仅维持在7%左右。

2. 人才编制问题

这在江西省三个调研县表现得更为明显。江西省三个调研县普遍存在编制不足问题，卫生系统存在大量的临时工。例如赣县，卫生系统共有409名临时工。

此外，公共卫生项目内容与需求的匹配性也值的思考。赣县指出公共项目下发的设备要么太老，医疗机构用不到，要么太先进，医疗机构的人员不会使用。

2.7.2.6 卫生的区域布局

卫生资源的区域布局现状：尽管绝大多数的卫生基建项目在农村，但是主要资金投向却很显然是城镇而非农村（表2-30）。其中，村级卫生机构的投入更是接近于零。

表2-30　各调研区县卫生基建项目资金投向

	九龙坡	兴国	赣县	大余
城镇投入资金（万元）	16525	5598	3680	2180
农村投入资金（万元）	1556	924	796	197
城镇投入资金/农村投入资金	10.6	6.1	4.6	11.1
人均城镇投入资金（万元）	289.9	466.5	408.9	242.2
人均农村投入资金（万元）	70.7	14.4	15.6	9.4
人均城镇投入资金/农村投入资金	4.1	32.3	26.2	25.8

注：缺江津和大足数据。

与此同时，作为农村主要医疗机构的乡镇卫生院的医疗卫生资源，特别是人力资源流失严重。原因主要在于：一方面县城工作、生活条件好，待遇也要比乡镇卫生院高，乡镇卫生院很难留住人；另一方面，县级医院由于业务的增长和扩张，也不断从乡镇卫生院挖人。此外，私人医疗机构的冲击也是造成乡镇卫生院人才流失的重要因素，这一点在大余县表现得更为明显。表2-31给出了区直医疗机构和乡镇卫生院人员职称的比较状况。

表2-31　各调研区县区直医疗机构与乡镇卫生院人员素质的比较　单位：人

职　称	江津区			九龙坡区			大余县		
	高级	中级	初级	高级	中级	初级	高级	中级	初级
区直医疗机构	91	257	641	142	324	703	10	106	145
乡镇卫生院	13	112	954	0	4	85	0	10	98

而就医疗卫生设施的利用效果来看，县级医院要明显好于乡镇卫生院，表现在诊疗人次、业务收入、病床利用率等众多方面，而这与城镇卫生资源的良好不无关系，这将导致城镇医疗卫生资源进一步的优化和农村医疗卫生资源的进一步流失，促使城乡医疗卫生资源的差距进一步拉大，医疗卫生的公平性恶化。与此同时，与教育系统类似，城镇化的影响也不容忽视。

此外，江西省三县缺乏灵活性的政策对于布局也产生了不利的影响。根据服务辐射能力的不同，乡镇卫生院分为中心卫生院和一般卫生院两类，财政项目一般会在投资额等方面对中心卫生院有倾斜。但是，随着经济发展，有些中心卫生院的辐射功能减退甚至不如一般卫生院。但是，中心卫生院只有省卫生厅有资格调整，一般是确定后一直保留此资格。据卫生局人员估计不少乡镇卫生院已经不具备中心的资格。

因此，如何对城乡医疗卫生资源进行合理布局值得思考。在此方面九龙坡区已经做出了一定的努力。2008 年九龙坡区在经济较为发达的白市驿镇开展医疗卫生资源整合试点，在该镇重建了九龙坡区第五人民医院。以该所医院为核心，带动周边 5 个乡镇卫生院和 31 个村卫生室为网底的区镇村三级卫生机构一体化管理新模式。

2.7.2.7 私立医疗机构对公立机构发展的借鉴意义

医疗卫生服务具有明显的“属人”性质，这就意味着只要能够满足公众的需求，无论服务的提供者是公立机构还是私立机构都是可以的。在现实中，鉴于医疗卫生服务的公共性，政府财政往往对公立医疗机构提供了一定额度的补贴，期望其能更好地满足公众需求。但是，事与愿违的是，农村地区公立医疗机构的服务提供状况较差，甚至不如私立机构。这一点在大余县得到了充分的验证：乡镇卫生院的经营状况远差于私人投资的农村社区卫生服务中心。

总体上而言，财政对乡镇卫生院的扶持力度确实非常有限，医技人员的基本待遇没有保障，需要卫生院自行解决，人员编制、经费无落实，工资基本金、退休工资、公费医疗等方面的待遇缺失，确实需要增加对乡镇卫生院的财政投入力度，以增强其市场竞争力。但问题是，私立医疗机构与之相比，更没有任何财政支持，但发展状况却要好得多。可见，所谓增加财政投入可能根本就不是最关键的问题，经营管理方式和监管、激励机制可能更为重要。

2009 年 4 月发布实施的《医药卫生体制改革近期重点实施方案(2009—2011 年)》要求重点抓好 5 项改革：加快推进基本医疗保障制度建设，初步建立国家基本药物制度，健全基层医疗卫生服务体系，促进基本公共卫生服务逐步均等化，推进公立医院改革试点。这 5 项改革理应是改革试点的重要内容，应该在试点方案绩效评价指标的设计中予以充分考虑，作为试点项目部门绩效评价的考核依据之一。

2.7.3
文　化

2.7.3.1 基本情况

1. 服务机构

在所调研的区县都有同层次的机构来负责各自所辖范围内的文化事业活动。区县一级，在重庆是由文化广播新闻局（“文广新局”）来负责，在江西由文化局负责；乡镇一级和村一级分别由乡镇文化站和村文化室来负责。但是，对于乡镇文化站的人员编制问题，江西三县还没有很好地解决，并且由于文化站非县直管，所以乡镇随意抽调文化站长从事乡镇政府工作的现象非常普遍。另外，也不是所有的行政村都建立了村文化室（见表2－32）。

除了这些正式机构外，在所调研的区县也有一些群众自发组织的文化活动机构，它们在农村的文化事业活动中起着越来越重要的作用。

表2－32　　调研区县村文化室建设情况

调研区县（区）	重庆			江西		
	大足县	江津区	九龙坡区	兴国县[2]	赣县	大余县
村文化室个数	82	187	170	—	30	72
行政村个数[1]	292	264	195	304	276	105
所占比例（%）	28	71	87	—	11	69

注：1. 重庆三区县的行政村个数包括了居委会的个数；
2. 兴国县的村文化室个数数据缺失。

2. 工作人员

调研区县文化系统工作人员的学历状况比较理想，有相当一部分人的学历为大专及以上。但是，工作人员年龄结构老化，其年龄大都在四五十岁以上，并且人员的流动状况比较差，仅有的人员变动也大都是领导任职的变动。这些在一定程度上阻碍了文化服务机构功能的发挥。

3. 活动经费

调研区县开展文化活动所需的经费比较短缺。不管是从局机关的办公经费，还是从机关下属事业单位开展文化服务的活动经费都可以看出这一点，另外乡镇文化站和村文化室的活动经费更是严重短缺。

2.7.3.2 规划

调研区县的文化局都制定了“十一五”专项文化规划，制定的依据是上级的文化专项规划和本级的国民经济和社会发展规划。在规划的制定过程中，虽然也征求了各方意见，并有基层文化工作者的参与，但从规划的内容来看，基本上都是根据上级规划的口号或指标来编制的，规划与预算严重脱节。从实施的效果来看，规划指标基本落空。

2.7.3.3 基建项目

1. 城区

调研区县城区文化基建项目的资金主要来自于本级财政。在所调研的区县内，只有江津区的文艺中心项目有来自于中央的投资，并且这部分资金也只是占到了10%。这种状况就使得部分财力紧张的县在实施文化基建项目上有困难。另外，就项目建成后的运行来说，调研县（区）的情况也不会很理想。一方面，由于缺少日常运转资金，使得其公众服务性差；另一方面建成后的设施很有可能出现功能异化，成为办公楼。

2. 农村

在农村，所调研区县的文化基建项目主要有乡镇文化站的综合建设项目和村文化室的建设项目。下面着重介绍一下文化站建设项目的情况。

就文化站建设项目的进展来看，重庆三区县的大部分乡镇已开始并完成文化站的建设项目，而江西三县只是个别乡镇才开始（见表2－33）。

表2－33　　调研区县乡镇文化站建设项目情况

调研县（区）	进展情况	资金来源（万元）		
		中央	乡镇自筹[1]	其他
大足县	已建成16个	—	—	—
江津区	2006年开始实施19个	16	13	8
九龙坡区	2006年开始实施10个	16	50	8
兴国县	有5个乡镇开始实施	20	4	—
赣县	有5个乡镇开始实施	20	27	—
大余县	有3个乡镇开始实施	16	18	—

注：1. 大余县是指其中一个乡镇的实际筹资额，其余基本上都是每个乡镇的平均筹资额。

在项目资金来源方面，虽然都有来自中央的补贴，但基本上仍都是以地方投资为主（见表2－33）。中央对贫困县的补贴是每个乡镇20万元，对非贫困县是16万元。除去中央补贴，项目建设所需的剩余资金就主要靠项目所在乡镇自己来解决，而这部分资金也是非常地多（见表2－33）。这种状况就造成了地方政府在文化站建设项目上不是很积极，进而也就影响了项目的顺利实施。

在项目布局方面，调研区县力争对每个乡镇的文化站都进行综合设施建设。而受财力所限，江西三县只是个别乡镇开始了文化站的建设项目，之所以优先选取这些乡镇是基于以下几个方面的考虑：① 乡镇经济基础好。这样的乡镇愿意或能够配套所需资金。② 乡镇领导重视。比如有的乡镇在建文化站之前就已建了一个比较大的文化广场。③ 地理位置比较好。一般都是一些中心镇，平常在那赶集的人很多，也有些是城关镇，离城区比较近。④ 当地群众文化基础比较好。比如有的乡镇是有比较深厚的文化底蕴，也有的是有开展得比较好的农民业余剧团。⑤ 出于政治考虑[①]。比如有一个乡建有乡镇文化站就是因为它是省文化厅的挂靠单位。

客观地讲，对前四个方面的考虑在一定程度上有利于文化站功能的发挥，但并未体现公共服务的公平性，反而拉大了公平差距。而基于第五个方面的考虑则完全不利于文化站功能的发挥。

项目建设和运行中所存在的问题。目前各县所进行的文化基建项目主要面临以下问题：

① 土地使用的问题。根据上级的要求，文化站不能建在乡镇政府院内，并且要配有相应的文化广场。为达到此要求，土地的征用就是一个很大的难题。在实际中，文化站大都建在了乡镇政府院内，只是将门开向了外边，并且有些还是和计生服务站合建在一座楼上。这种情况很有可能导致文化站建成后功能异化，成为办公楼。

② 文化站设计的问题。在文化站的建设上，上级虽然设计了几套不同的方案供地方选择，但是由于这些方案都过于专业化，虽然设计了许多功能，但与农村的实际情况不符。

---

① 这一点在村文化室的建设项目上也表现得很突出，在所调研的区县，村文化室也只是在县领导蹲点的新农村示范村中稍好一些。

③ 建设的相关费用问题。在文化站的建设上，一些相关费用是比较高的，比如监理费、设计费等就大约有 2 万元。对非贫困县来说，这就占去了上级拨款的 15% 以上，使得本来就有限的上级拨款资金变得更为紧缺。

④ 部门之间的协调问题。文化站的建设一般会牵扯到文化、土地、建设、财政、发展和改革委员会等相关部门，而这些部门在文化站的建设上都有自己的意见，它们之间相互扯皮，这使得乡镇政府在具体操作上左右为难。

⑤ 因地制宜的问题。不同的乡镇由于地理环境的不同，在文化站的建设上所需的费用也就不同，比如江西大余县的吉村镇处于偏远的山区，它的建设费用就要高些，而该县的南安镇靠近城区，它的费用就相对要低些，但是上级的拨款都是 12 万元，这就会影响一些乡镇建设文化站的积极性。

⑥ 项目建后的运行问题。由于缺乏建后运行经费，很多乡镇文化站存在改变用途的危险。

2.7.3.4 农村文化服务形式

从上面的介绍可知，目前农村文化建设项目的主要形式是建文化站和文化室，并且力争要做到一个村一个文化室和一个乡镇一个文化站。但是，这种固定地点的、以硬件投入形式提供的服务对于农户来说服务的便捷性很差①，所统一采购和接受捐赠的图书及设备也很难满足农户的实际需求。

实际上，现在农户的文体、技术服务需求日趋多样化，农村公共服务的供给机制和供给形式必须作出相应的调整，而不仅仅是强调增加投资。在这一点上，应对农村中由民间自发组成的各种文化组织所发挥的越来越重要的作用给予重视。它们在一定程度上比正式机构提供的服务更能满足农户的文化需求，并且运行成本也很低。但是由于经费的问题，它们的发展也面临着限制。而政府对它们的重视程度不够，支持力度不强。因此，如果政府只作为文化公共服务的资金支持者出现，而具体的服务让各种非正式的民间机构

---

① 例如，在一个几万人口的镇里，几千人在赶集时利用镇文化站提供的一台可上网的电脑查找信息，是不现实的；同样的问题也存在于镇文化站提供的体育设施方面。

来提供，那么在农村文化公共服务的供给机制上就能做出改进。

2.7.4
民政

2.7.4.1　基本情况

服务机构。县一级有民政局，乡镇一级有民政所或民政办公室，另外在农村地区有敬老院（光荣院）提供对五保老人的供养服务。

总体服务状况。在低保服务方面，调研区县农村的低保标准为每人每月90元至140元之间，低保人数所占农业人口的比例为1.4%至4%之间，低于所在省市及全国的平均水平；人均月补差水都低于100元，但高于全国的平均补差水平（见表2－34）。在五保老人的供养方面，调研区县农村五保老人的集中供养率都没有达到所规定的80%，集中供养和分散供养的标准在江西三县都分别为每人每月155元和105元，在重庆的大足县和江津区都分别为184元和142元，在九龙坡区稍微高些，分别为208元和158元（见表2－35）。

表2－34　　调研区县农村低保服务情况

调研区县（区）	大足县	江津区	九龙坡区	赣县	大余县	重庆平均	江西平均	全国平均
低保标准（元/人月）	116	116	140	100	90	121	81	82
低保户	—	17647	1917	6957	—	9476	6714	7656
低保人数	17055	32649	3036	19596	8733	19500	15152	16630
占农业人口比例	2.2%	3%	1.4%	4%	4%	3%	5%	5%
人均月补差水平（元）	—	81	92	65	—	—	—	50

注：重庆、江西及全国平均是指平均每区县的情况，除农业人口来源于《中国卫生统计年鉴2009》（中国协和医科大学出版社2009年版），其他数据均来源于《中国民政统计年鉴2009》（中国统计出版社2009年版）。

表 2-35　　调研区县农村五保老人供养情况

调研区县	大足县	江津区	九龙坡区	兴国县	赣县	大余县	重庆平均	江西平均	全国平均
五保老人数	—	10362	1360	3735	4025	1532	3104	1503	1530
集中供养人数	1627	2041	590	2498	728	789	914	1213	461
分散供养人数	2688	—	—	—	2210	216	2190	291	1069
应供养未供养人数	—	—	—	—	1087	527	—	—	—
集中供养比例	—	20%	43%	67%	18%	52%	29%	81%	30%
集中供养标准（元/人月）	184	184	208	155	155	155	127	150	181
分散供养标准（元/人月）	142	142	158	105	105	105	119	100	135

注：重庆平均、江西平均及全国平均是指平均每区县的情况，数据来源于《中国民政统计年鉴2009》（中国统计出版社 2010 年版）。

2.7.4.2　基础设施

在农村地区，民政方面的基础设施主要就是供养五保老人的敬老院。下面就对调研区县敬老院的布局和建设情况进行说明。

布局。在调研区县，每个乡镇都有一所敬老院，有的乡镇更多，另外重庆的大足县和九龙坡区分别还有 119 所和 18 所五保家园（见表2-36）。但是现有的敬老院大都设施落后，因此急需改建，比如江西三县已分别改建 17 所、12 所和 4 所（见表 2-36）。为了更好地对敬老院设施进行改建，调研区县基本上按照一个乡镇一所敬老院的布局进行规划，比如赣县就计划将其 28 所敬老院合并改建成 19 所。

表 2-36　　调研区县农村敬老院布局及改建情况

调研县（区）	大足县	江津区	九龙坡区	兴国县	赣县	大余县
乡镇数	24	23	11	25	19	11
敬老院数	24	44	11	25	28	11
五保家园数	119	—	18	—	—	—
改建敬老院数	—	—	—	17	12	4

建设资金来源。在江西三县的敬老院改建项目中，兴国县和赣县的建设资金主要来自于县本级财政，而大余县则主要来自于省级以上财政（见表2-37）。其中省级财政资金为省民政厅“三院建设”补助金和福利彩票公益金，基本上是按照每平方米140元的标准补助的。另外，据估计，在改建的敬老院中，乡镇一般也会垫付3至5万元，而有的就多达10万元。

表2-37　江西三县敬老院建设资金来源情况

调研区县	兴国县	赣县	大余县
省级以上财政拨款（万元）	299	134	293
本级财政拨款（万元）	549	467	75
二者之比	1:1.8	1:3.5	3.9:1

投资建设中所存在的问题。（1）城乡布局的问题。在调研区县的农村，虽然每个乡镇的敬老院状况不一，但都做到了每个乡镇至少有一所敬老院，而在城区有些县目前还没有一所老年公寓，这与城区老人数逐渐增多的现状不符①。目前的民政资金更多地投向了农村地区的敬老院建设项目中②，而忽略了城市的需要。（2）建设资金不足的问题。由于上级财政的补助标准并没有变化，所以最终的资金压力就落到了乡镇政府③。

2.7.4.3　服务机构运行中所存在的问题

民政人才短缺。随着国家对民生问题的重视程度加大，民政部门的职能也在逐渐增加，但是民政系统的工作人员却没有随之增多。在民政局，一般都是几个股室共用一套人马；在民政所一般只有一个工作人员，并且还要兼作乡镇的其他工作，专职不专干的现象比较严重；在敬老院，大多都是由身体好的五保老人兼作管理人员，而并没有专门的护理人员。

---

① 据江西大余县民政局的工作人员反映，在大余县城区内的老人数已占到了人口数的11%，因此急需建一所老年公寓。

② 重庆的大足县计划投资800万元建一所老年公寓，并已争取到市民政局100万元的补助，但由于县级财政资金配套不足，所以目前该项目还未启动实施。另外，兴国县有一所建设得比较好的老年公寓也不是来自于财政资金，而是来自于捐赠资金。

③ 江西大余县的左拔镇在新建的敬老院项目中得到上级补助40万元，但要完成整个敬老院的建设还需80万元，因为这其中有一大部分要用于购买地皮及对原有建筑的拆迁补助，为此镇里已垫付资金40万元，但对于剩余所需的40万元目前还没有着落。

管理体制不畅。在民政的服务机构中，民政所隶属于乡镇政府，民政局不能对其直接管辖，只能对其进行业务指导，这对民政局在基层开展民政工作不利。另外，敬老院虽然已由乡镇管辖改为民政局直接管辖，但是敬老院的法人主体地位还没有确定。

敬老院工作人员的编制和待遇问题。敬老院工作人员的编制问题还未解决，院长多是以前村里的老干部，他们和一般工作人员都属于临时编制，其待遇都很低①。由于编制和待遇问题，敬老院并不能吸引专业的护理人员来工作，一般都是敬老院里的老人相互照顾，也没有专门的医务人员来检查老人的健康状况。

五保老人供养标准低。根据现有的供养标准，老人每餐相当于只有不到两元的生活费。这样低的标准，再加上比较落后的设施，五保老人一般都不愿来敬老院入住。

敬老院工作经费太低。根据目前的状况，敬老院的运转经费主要来自敬老院庭院经济的收入②。这既不公平，也存在一定的风险。

2.7.5 诊断小结

近年来，各级财政加大了对农村公共服务的投入力度。但是，由于基础薄弱，与现实需求相比，各区县农村公共服务的投入力度还需要进一步加强。公共服务基础设施质量还需要提高。

虽然各区县在教育、卫生、文化、民政方面都制定有规划，但是，规划的科学性和合理性往往存在问题；规划与财政能力之间往往缺乏衔接，规划目标的可实现性没有保障。另外一个普遍存在的问题是，无论是规划还是具体项目的实施，对城镇化所带来的挑战均应对不足，城乡资源布局中所面临的公平与效率矛盾越来越突出，而规划则缺乏足够的公平视角；规划制定和项目实施中的需求导向不足，更多的仍是“自上而下”的供给导向。

农村公共服务的运行还存在一定的问题。主要包括：如何保证农村中小学的公用经费并使之得到正确的使用；如何在医疗卫生服务中引入一定的市

---

① 江西三县敬老院的院长工资是每月600元，一般工作人员是每月500元。

② 除此之外，来自财政的工作经费在江西三县是按每个老人每年200元的标准拨付的。

场机制以加强竞争、提高服务效率；如何创新农村文化的财政支持方式和运行机制；如何确保农村敬老院的运行经费等。

“基本基础设施的良好覆盖”这一目标的达成还需要付出努力，这包括规划、投入和机制创新等多方面的工作。

2.8　招标与采购

目标A：“遵守采购规定，丰富的当地采购经验”

目标B：“采购的竞争性，经济性和控制”

2.8.1
政府招标采购体制

各区县实行“监、管、办”责任分明的运行体制：区县行政服务中心管理委员会履行县招投标市场管理委员会工作职责；区县发展和改革委员会、财政局（国资办、采购办）、建设局、国土局、交通局、水利局、林业局、矿管局、房管局等行业监管部门履行本县相关行业招标投标项目的行政审批职能；采购中心和招标投标中心履行各类招标投标活动执行交易职能。

2.8.2
有公开的招投标程序

具体的招标采购过程流程如下：采购机关编制招标文件→采购机构负责人审定→招标公告发布→发售招标文件并登记购买标书供应商名单→投标登记的供应商收取投标保证金→随机抽取评标专家→开标→评标→推荐/确定中标供应商→中标结果公告/公示→发出中标通知→采购文件备案→签订政府采购合同→政府采购合同备案→资金拨付→采购信息反馈→质保金退付。

2.8.3 采购投诉机制较为健全

以江西为例，有以下几个措施来保证：

第一，向采购办投诉。每次中标结果公示时都会公布采购办的监督电话并接受投诉，由采购办进行政府采购投诉的登记、调查及答复工作。有时也采取直接面谈的方式接受投诉。

第二，向财政部门投诉。质疑供应商对采购人、采购代理机构的答复不满意或者采购人、采购代理机构未在规定时间内作出答复的，可以向政府财政部门投诉。财政部门必须在规定期限内对投诉事项作出处理决定，并以书面形式通知投诉人和与投入事项有关的当事人。

第三，在监督方面，除了财政部门对政府采购活动的全过程进行监督外，县纪检监察、审计部门也参与监督，并在中标结果上签署意见。另外，对于大的采购项目还会邀请人民代表大会、政协等机关的工作人员进行现场监督。

2.8.4 采购、招投标信息及中标信息公开

江西各县要求采购信息在指定的三级政府采购网站上公布：县政府网、赣州市政府采购网、江西省政府采购网，大宗的采购项目还要在国家指定的媒体《中国财经报》政府采购信息周刊上发布。招投标信息必须在县政府网、赣州市招投标中心网站公布。

中标信息发布渠道与招投标、采购信息的发布渠道一致。

2.8.5 政府招标采购中心运行势头良好

虽然江西和重庆各县招标采购中心成立时间均不长，但从目前运行来看，制度比较健全，运行势头良好。以重庆江津为例，2008 年全年实施政府采购任务 11850 万元，为政府采购预算 8500 万元的 139%，较上年同期增长 55%。其中，区政府采购中心采购实施集中采购 826 批次，9650 万元，教育系统集中采购 1200 万元，镇街及部门批准的自行采购 1000 万元。实际支付采购款 10571 万元，节约资金 1279 万元，节约率 10.8%。

2.8.6
需要改进之处

反映的问题主要集中在以下方面：

（1）江津。采购预算约束不力，年初编制部门预算时，绝大多数部门都未编制详细的政府采购预算，中途执行时追加的随意性较大；各种专项资金本应进行政府集中采购而未能纳入；少数单位逃避政府采购。

（2）大足和九龙坡。政府招标与采购过程中存在对专家库所能起到的作用有限，专家资格的审定和专家意见的表达还不够专业和独立，整个招标采购过程中外部监督的渠道有限。

（3）兴国。招标程序比较复杂；招标环节成本高；政府公开采购与业主单位需求有冲突。

（4）赣县。投标的成本比较大。

（5）大余。县专家库的专家实力比较低；对于围标、串标的防范很难；有关招投标的一些政策法规仍不明晰。比如关于邀标就没有规定实施细则；一些人际关系很难处理（招标独立性）。

诊断小结：各区县均有较完备、系统和公开的招标采购政策，采购投诉机制较为健全，招标采购系统的运行较为有效，但是，在招标和采购政策的严格执行和监督方面普遍存在问题。目标A（“遵守采购规定，丰富的当地采购经验”）和目标B（“采购的竞争性，经济性和控制”）可以基本达到，但需要改进。

2.9　环境与社会影响能力

目标：“用于发展项目的环境和社会影响评估的强有力的系统和程序。”

2.9.1
环境影响评估

因本书所关注的主要是农村教育、医疗、文化和低保四类与环境评估关联不大的公共服务，因而未专门进行环境评估方面的访谈。基本情况是，根据《环境影响评价法》，各区县均有针对项目的环境影响评价，由环保局负责管理，根据项目的环境影响程度，出具不同要求的环评报告。所面临的最大问题是，当一个项目可以争取来上级资金时，“环评往往必须通过”，也就是说，环境影响评价的独立性还有待加强。另外，所有的区县在编制社会经济发展总体规划和专项规划时，均没有就规划的环境影响进行评估。

2.9.2 社会经济影响评估

有不同的部门在负责不同的社会经济影响评估问题。例如，区县扶贫办负责贫困问题的规划，区县民政局负责农村极端贫困人口的低保问题等，但地方政府并没有一个统一的部门负责开展计划项目的专门的社会经济影响评估。对于已经执行的项目，较少开展了专门的社会经济影响评估。尽管中国有专门的《社会评估指南》用以对计划项目的社会经济影响评估提供具体的指导或指南，但各县地方政府均没有使用具体的清单来评估社会和经济影响，也没有有效的机制确保这些指南被遵守。例如，江津县发展和改革委员会坦承没有针对具体项目的社会影响（包括贫困分析）方面的内容；对江西3县的分析表明，总体规划和专项规划的城乡布局观念都不强，对于如何统筹城乡发展、解决“三农”问题、扶持弱势群体等重点问题均一带而过，没有系统考虑，也没有一个明确的重点和措施。

2.9.3 诊断小结

“用于发展项目的环境和社会影响评估的强有力的系统和程序”这一目标尚未达到。除了环境影响评价外，就教育、医疗卫生、文化和农村低保四类公共服务而言，目前迫切需要加强规划和项目层面的社会经济影响评价，以科学规划公共服务资源的城乡布局，并重点评估目前的公共服务政策对贫困群体所可能产生的影响。

2.10　能力建设问题

目标：“地方政府有一个良好的战略系统用以提高在地方政府工作的人员和政治家的能力和资质。”

总体来说，调研区县并没有针对各部门的系统的能力评估和能力建设总体规划，也没有能力需求调查，因而，也就没有针对各部门能力缺陷和培训需求的能力培训计划。虽然有一些培训活动，但均是“被动式”的而不是“需求导向”的。就各部门来说，目前它们的能力建设需求也是不同的。

在发展和改革委员会系统内，除大余县比较重视学习和培训外，其余各区县都没有组织培训活动，也没有安排这方面的经费。目前，发展和改革委员会系统急需在规划的制定、项目的策划及管理等方面进行培训。

在财政能力建设方面，各区县的财政局都有自己组织的业务培训，并安排了相应的经费。在能力建设上，财政局目前迫切希望实行财政资金的计算机动态管理，以实现财政预算资金收支信息在财政、人民代表大会、审计、税务等部门的信息互通。另外，人民代表大会财政经济委员会也希望增加财务、经济方面的专职人员，以改进工作人员的知识结构，从而更好地对财政预算进行审查。

在审计方面，调研区县目前都缺乏绩效审计所需的专业审计人才，也缺乏专业的计算机审计人员，因此它们急需在这两个方面得到改进。另外，由于审计的范围越来越广，它们也急需引进其他行业的专业人才加入审计队伍中。

对教育系统来说，各区县都有对工作人员的系统培训，其中对学校校长和教师的培训已制度化和系统化，并且在这方面安排有一定的经费，比如江西三县就根据省教育厅的规定从学校公用经费中提5%作为培训的专项经费。但是，各区县对教育系统的管理人员培训不足，此外对农村学校的教师培训也应加强。

在卫生系统内，各区县都有包括行政人员培训、院长培训、业务人员培训在内的多层次培训活动。其中卫生局每年都会组织其下属机构一定数量的卫生技术人员到上级医院进修，并且这方面的培训经费也有保障，培训效果也不错。另外，也有些区县鼓励工作人员在职攻读硕士研究生学位，并报销一定的学费。目前，在卫生系统内，除了应对基础设施、医疗设备等方面继续加大投入外，对乡镇卫生院院长的管理能力的培训应是能力建设的一个重点。

在文化系统内，由于经费所限，基本上没有什么系统的培训，多是一些单位内的互相学习，因此文化系统急需组织工作人员出去进修学习。

在民政系统内，各区县虽也组织了各种形式的培训，但仍需加强对基层民政人员的基本素质培训，比如对民政所长的文化知识、写作能力及电脑知识等方面的培训。另外，也应加强民政系统内的信息化建设。

表2－38和表2－39归纳了六区县各部门的能力建设现状及能力建设需求。

表2－38　　调研六区县各部门能力建设现状

调研部门	大足县	江津区	九龙坡区	兴国县	赣县	大余县
发展和改革委员会	—	—	忙于协调各部门的利益	没有业务方面的培训计划和活动	市发改委曾组织过培训，但效果不好	积极参加省发改委和国家发改委组织的培训
财政局	有多种渠道的培训	—	虽有多种渠道的培训，但都是一般性的业务培训，缺少创新	现有培训多是法律和政策方面的	业务培训较少，对普通员工的培训少	多是一些政治性内容的培训
审计	缺少绩效审计的专业人才及计算机审计人员	缺少绩效审计的专业人才及计算机审计人员	—	—	有各种形式的培训	有各种形式的培训
教育局	有系统的培训	只有简单的较低水平的分散培训	有系统的分层次培训	培训已制度化	有系统化的培训，但仅限于教师	有系统的培训，但培训方式仍需改善

续表

调研部门	大足县	江津区	九龙坡区	兴国县	赣县	大余县
卫生局	多是以会代训，仅有个别的到上级医院进修学习	有系统的多层次的培训，并重视人才的引进	有年度常规培训计划	有系统的多层次的培训活动	有系统的多层次的培训活动	多是以会代训的培训形式
文化局	没有系统的培训计划	没有系统的培训计划	没有系统的培训计划	有个别的培训，但仍以政治理论培训为主	有个别的培训，但仍以政治理论培训为主	有多层次的培训活动
民政局	—	—	—	有各种形式的培训活动	有各种形式的培训活动	—

表2-39　调研六区县各部门能力建设需求

调研部门	大足县	江津区	九龙坡区	兴国县	赣县	大余县
发展和改革委员会	—	急需提高规划、项目策划及管理的能力	对宏观问题的研究能力	对项目申报、管理、开发、规划及监督执行的培训；对重大问题的研究能力	对规划、项目报告的编制，及对工程项目的咨询和设计	需提高业务人员的综合素质
财政局	加强政策理论方面的培训，加大对业务骨干的培训	实行财政资金的计算机动态管理，实现信息互通	增加创新性的系统培训	希望多一些业务培训，并扩大培训的对象	希望多一些专业技能的培训	希望多一些实用性的专业知识培训
人民代表大会	增加财务、经济方面的专职人员	—	—	引进专业人才充实人大财经工委	—	引进有其他部门工作经验的年轻人
审计	扩展审计人员的专业知识	—	—	加强电脑知识培训，及增加对新兴行业的知识培训	急需计算机辅助审计培训和一些工程方面的审计培训	急需计算机运用、法规、审计方法与技巧方面的培训

续表

调研部门	大足县	江津区	九龙坡区	兴国县	赣县	大余县
教育局	应加强对农村学校教师的培训	急需对管理人员的综合管理能力培训及对教师的专业培训	将培训内容与教学实践、课程改革结合起来	细化培训内容，提高学校服务学生的能力	加强对管理人员的培训，并尽快建立教育信息系统	加强对教职工职业精神认同的培训
卫生局	加强公共卫生机构的业务培训，提高乡镇卫生院长的管理能力及全科医生的业务能力	—	提高管理者在新形势下处理医疗问题的能力，同时提高医务人员的服务能力	加大对基础设施及医疗设备的投入，同时引进一些专业技术人员及懂计算机和医疗设备维修的人才	加强对管理人员的专业知识培训	加强对局机关的管理能力培训
文化局	—	—	—	加强业务知识培训，及引进专业的创造型人才	加强业务知识培训，及引进专业的创造型人才	以进修的形式多走出去学习
民政局	加强民政信息化建设，加大对基层民政人员培训	加强民政信息化建设，加大对基层民政人员培训	加强民政信息化建设，加大对基层民政人员培训	加强对基层民政工作者的培训	—	加强对基层民政工作者的培训

诊断小结：调研各县都缺乏针对各部门的系统的能力评估、能力建设总体规划和相应的专项经费，也没有能力需求调查；已有的一些培训活动均是“被动式”的而不是“需求导向”的。尽管能力建设需求不同，但显然各部门均迫切希望、也确实需要加强能力建设。本节所诊断目标（“地方政府有一个良好的战略系统用以提高在地方政府工作的人员和政治家的能力和资质”）没有达到。

2.11　监测和评价

目标：“通过连贯的年度工作计划、活动和绩效衡量来支持和监测预算数字。”

2.11.1
对项目的监测评价

各区县均制定了相应的项目监测和评价制度，例如，项目建设一般设有正式的公式制度，标明项目的投资、区域、内容、工期等；项目前期评价主要体现在项目的可行性研究报告；项目竣工验收则一般由发展和改革委员会或业务主管部门进行。

但是，项目的建后评价工作不开展或者仅进行定性的评估，缺乏深入的后评价，对项目的绩效掌握不够，有效的项目绩效评价尚未开展。而对应的社会监督更多的处于自发状态而没有制度化。

2.11.2
对业务管理机关的监测和评价

总体上来说，对业务管理机关有较为严格的考核制度。一方面，区县政府对各业务局应开展的工作进行考核，涉及政策、业务等方方面面，并且定有比较严厉的处罚政策，例如，江津区农村低保工作的相关政策规定，发现某乡镇中有超过10%不符合低保条件的，该镇在年度考核中不能评为一等奖，镇街主要领导、分管领导和相关责任人当年不能评为优秀；工作突出的，由区政府予以表彰奖励。另一方面，上级业务局也会对业务局进行相应的考核，主要是业务方面的考核，而通常的做法是以分项的指标形式进行。

但是，缺乏普通公众的广泛，无法反映公众的满意程度，而情况相对较好的大余县公众参与的程度也极为有限。

2.11.3
对政府公务人员的监测和评价

各区县均认同应建立对人员的激励机制。目前，各区县也对政府公务进行系统的考核和激励：每年年底，人事部门均对机关公务人员进行年终考核，但是这种考核不与或者鲜少与物质奖励挂钩，虽然考核可能会对职务升迁产生影响，但这种影响是不确定的和间接的。

2.11.4
业务局对下属单位的监测和评价

业务局一般根据政府或者上级业务局的考核指标，制定下属单位的考核指标，涵盖下属单位管理、业务等方方面面，例如，各县教育局对各学校的监测评价内容包括：学校管理、学校资料、教学质量、校容校貌、安全等。主要采取查资料、走访、听汇报等方式。

绝大多数的业务局对下属单位制定有一定的奖罚措施，但是由于经费问题，奖励措施的力度不是很大。另外，目前的考核多是采取一次性集中考核的形式，并不是一种长期的、跟踪的考核形式，而更加完善的、有群众参与的社会评价制度仍然有待开发。

此外，还有少部分的业务局缺乏对下属机关的激励措施，例如大余县卫生系统。也有部分业务局制定了监评效果较佳的监评制度，例如大余县教育系统。教师方面，教育局计划开展绩效工资制，即对全体职工的津贴集中支配，以调动职工工作积极性。局机关干部方面，教育局正在着手制定《机关干部工作考核办法》，其考核结果将直接与年终福利、职称晋升进岗、职务调整挂钩。

2.11.5
诊断小结

项目绩效评价还没有有效开展，项目评价更多集中在投入环节，产出和绩效环节的监测评价很薄弱；对公共服务机构、管理部门和公共服务人员的监测和评价已经有了一定的基础，但是效果如何并不确定，监评机制和监评指标体系有待完善和进一步开发；公众对监测评价工作的参与度还很不够，更加完善的、有群众参与的社会评价制度仍然有待开发。

总体来说，有效的监测评价体系还没有建立起来。本节所诊断的目标（“通过连贯的年度工作计划、活动和绩效衡量来支持和监测预算数字”）尚未达到。

2.12　诊断结论及其分析

2.12.1

诊断结论

本章旨在以6个区县为案例，就拟实施的“基于绩效的财政转移支付计划”在县级层面进行先期诊断。诊断的主要目的，是判断调研区县是否有有效实施该计划的能力，以及该计划合适的资金投向。为此，根据事先确定的诊断问卷，需要就调研区县下述7个方面的状况进行诊断：

（1）财政。调研区县是否有整体上良好的财政平衡稳定性，以确保有实施试点的基本的财政能力？

（2）规划。调研区县是否有良好的社会经济发展规划，并且能够把规划与财政能力有效结合起来，以确保试点项目的实施有科学依据并落到实处？

（3）财务管理。调研区县是否有较强的项目/资金管理能力，包括良好的财政预算制定和管理系统、严格的财务管理系统、招标采购制度和审计制度，以确保试点资金能被正确使用？

（4）治理结构。调研区县是否有充分的公众参与机制，通过在项目规划、实施和监测中的公众参与，确保项目实施的需求导向而不是供给导向、以提高供给效率？

（5）监评体系。调研区县是否有有效的监测和评价体系，能否确切反映项目的绩效而不仅仅是投入和产出状况？

（6）基础设施状况。调研区县拟开展试点的公共服务领域的基础设施覆盖状况如何？需要加强哪些方面？

（7）能力建设。调研区县公共服务部门及公共服务人员的能力状况如何？需要加强哪些方面的能力建设和激励制度建设，以确保试点的顺利开展？

在6份分县诊断报告的基础上，本章对调研区县的总体状况进行了诊断。诊断结果表明，尽管各区县之间在上述7个方面存在一定的差异，但是，各调研区县所具有的共同点显然要远大于它们之间的差异；甚至可以说，相对于它们所表现出来的共同点，6区县之间的差异是如此之小，以至于在诊断结论中可以不作描述。

具体来说，对6区县的诊断结果可归纳如下：

（1）调研区县整体上的财政平衡稳定性较差，财政能力普遍不足。各县非税收入在预算收入中均占有较高比重；尽管程度不一，但都严重依赖上级财政的补助收入；外部补助收入中专项转移支付的比重呈上升趋势。这些均表明财政收入的稳定性和自主性有待进一步提高。

尽管教育、社会保障和农业等重要的公共服务领域一直是财政投入的重点，但是，“吃饭财政”的特征非常明显，更多的资金投入到了保人头和保机构运转方面，资本性支出，特别是基本建设支出很少。

（2）调研区县的规划编制和规划执行状况普遍较差，并且在规划与财政能力之间均缺乏必要的结合。虽然各区县都有为数众多的各类规划，也有年度计划，但是规划的科学性、参与性非常不足；不同规划之间衔接性很差；规划与财力预算（本级的和上级的）之间缺乏联系，从而使规划的实施缺乏相应的财力保证；另外，区县发展和改革委员会的规划能力也值得怀疑。

由此导致各区县虽然能够及时批准发展规划，但是规划的权威性和严肃性较差，规划难以紧密指导实际工作，实施状况较差。

（3）调研区县都建立了较为严格和有效的财务管理系统。但是，在预算制定的参与性、透明性，预算的完整性和可信度方面均存在较大不足；招标采购制度和审计制度也有较大的改进余地。

尽管仍存在一些问题，但各区县财政资金的使用均有一套较为完整、规范的财务管理制度；各地的税收系统均很完善，税收征管是有效的。

在财政支出管理方面，有较好的支出控制和采购制度；内部审计对资金的监控起了一定的效果；各区县均有较系统的外部审计体制和审计政策，审计跟进政策较为严格，人民代表大会有明确的预算草案审查机构和审查程序。但是，各县确保采购制度的严格执行方面和政府债务管理普遍需要加强；在审查能力和对审查结果的处理手段方面都还存在薄弱之处。

预算方面是最大的问题。预算制定中的公众参与很弱，透明度和公开性很差；由于高度依赖上级财政而上级财政的转移支付额（特别是专项转移支付）高度不确定，上级财政转移支付资金、特别是专项转移支付资金在年初编制预算时难以估计，导致预算编制不完整；中央对县级政府预算外收入的控制以及预算支出的控制并不严格。

（4）调研区县在项目规划、实施和监测中的公众参与不足，政府信息公开性不够，难以确保项目实施的需求导向。

尽管有些信息是公开的，部门项目有公示，也部分开展了公民满意度调查，但是，在重大决策、规划制定方面基本排斥了普通公民的参与，对公民需求考虑不足，对财政预决算、审计结果和公共建设项目方面的重要信息公开不够。总体来说，“让公民参与决策制定和信息交流的强大的透明的系统和程序”的目标难以达到。

（5）调研区县普遍没有建立有效的项目资金和公共服务机构绩效评价体系，有群众参与的社会评价制度仍然有待开发；对规划和项目的环境与社会影响评价不足。

项目绩效评价还没有有效开展，项目评价更多集中在投入环节，产出和绩效环节的监测评价很薄弱；对公共服务机构、管理部门和公共服务人员的监测和评价已经有了一定的基础，但是效果如何并不确定，监评机制和监评指标体系有待完善和进一步开发；公众对监测评价工作的参与度还很不够，更加完善的、有群众参与的社会评价制度仍然有待开发。总体来说，有效的监测评价体系还没有建立起来。

农村公共服务规划和项目的层面的环境影响评价和社会经济影响评价迫切需要加强，以科学规划公共服务资源的城乡布局，并重点评估目前的公共服务政策对贫困群体所可能产生的影响。

（6）各区县农村公共服务的规划、投入力度、设施质量和有效运行还需要进一步加强；城镇化背景下农村公共服务供给中的“公平与效率”问题日益突出。

由于基础薄弱，与现实需求相比，各县农村公共服务的投入力度还需要进一步加强；公共服务基础设施质量还需要提高；农村公共服务的运行还存在一定的问题。

各区县在教育、卫生、文化、民政方面的规划的科学性和合理性往往存在问题；规划与财政能力之间往往缺乏衔接，规划目标的可实现性没有保障。另外一个普遍存在的问题是，无论是规划，还是具体项目的实施，对城镇化所带来的挑战均应对不足，城乡资源布局中所面临的公平与效率矛盾越来越突出，而规划则缺乏足够的公平视角；规划制定和项目实施中的需求导向不足，更多的仍是“自上而下”的供给导向。

（7）各区县均在不同程度上存在对能力建设的需求，但均缺乏对公共服务部门及公共服务人员的系统的能力评估和能力建设规划，也缺乏相应的专项经费支持。

调研各区县都缺乏针对各部门的系统的能力评估、能力建设总体规划和相应的专项经费，也没有能力需求调查；已有的一些培训活动均是“被动式”的而不是“需求导向”的。尽管能力建设需求不同，但显然各部门均迫切希望、也确实需要加强能力建设。

总体来说，调研区县在财政能力、规划、预算制定和执行、公众参与、能力建设、监测评价体系方面与期望达到的目标相比均存在较大差距；农村基础设施（教育、医疗卫生、文化和低保）建设方面以及招标采购和审计制度方面有了一定的基础，但还需要进一步加强；而在财务管理系统方面则相对完备和健全（表 2－40）。

表 2－40　诊断结果一览表

诊断内容	诊断目标	诊断结论		
		可以达到	基本可以达到，但需要加强	难以达到
1. 财政能力	总目标：整体上良好的财政平衡稳定性			•
	目标 A：在收入构成多元化的同时，自有来源的收入稳定增加，以保证地方政府对规划的财政影响			•
	目标 B：整体上良好的外部来源收入构成；外部来源收入的稳定性			•
	目标 C：制定总体上科学的行政和服务部门支出比例，同时特别强调以提供服务为重点		•	
	目标 D：各种不同支出的适当的平衡，保证充足的资金用于资本投资和运行/维护支出			•
	目标 E：核心财政管理职能的有能力的人员		•	

续表

诊断内容	诊断目标	诊断结论		
		可以达到	基本可以达到，但需要加强	难以达到
2. 规划	目标A：及时批准发展规划，与年度工作计划和预算正确地结合起来			•
	目标B：公民社会、政治家和公务员按照立法和行政管理框架参与发展规划的制定，并与其他各级政府的规划相结合			•
	目标C：在计划和执行项目的设计功能方面的能力强			•
3. 财政管理				
3.1 预算可信度	目标A：预算支出非常可信、符合实际、而且按照计划执行时实际支出和预算数字相差不大			•
	目标B：自有收入预算预测可靠，按计划执行，而且实际和预计自有收入差别不大	•		
	目标C：相对于总支出额，支出的支付欠款总数小			•
3.2 预算的完整性和透明度	目标：对预算和财政风险的监督全面、透明，公众可以得到财政和预算信息			•
3.3 预算制定	目标A：预算制定必须符合中央政府的规定、地方政府政策，并且按照中期支出框架		•	
	目标B：多年框架必须全面，支出与符合实际的中期收入预测、部门战略目标和预算平衡			•
3.4 预算执行的可预测性和控制	目标A：地方政府有适当的规划、管理、征收和控制税收的系统和机制	•		
	目标B：地方政府预算以一种有条理、可预测的方式执行，有对公共资金的使用、监督和管理有控制和调整方面的安排		•	
3.5 会计、记录和报告	目标：对检查地方政府财政和活动进行合适安排，有一个可以操作的政治家和行政官员的跟进程序		•	
3.6 外部检查和审计	目标：撰写记录和资料，并保管和分发，以满足正确、及时的决策控制、管理和报告的需要		•	

续表

诊断内容	诊断目标	诊断结论		
		可以达到	基本可以达到，但需要加强	难以达到
3.7 外部财政放权要素	目标：使中央政府有效影响地方政府实际政府间财政转移支付（拨款）、收入动员和管理、外部预算控制			•
3.8 固定资产	目标：建立适当的固定资产管理和记录的系统		•	
4. 治理问题	目标：让公民参与决策制定和信息交流的强大的透明的系统和程序			•
5. 农村基础设施状况：教育、卫生、文化、民政	目标：基本基础设施的良好覆盖			•
6. 招标采购	目标 A：遵守采购规定，丰富的当地采购经验		•	
	目标 B：采购的竞争性，经济性和控制		•	
7. 环境与社会影响评价	目标：用于发展项目的环境和社会影响评估的强有力的系统和程序			•
8. 能力建设	目标：地方政府有一个良好的战略系统用以提高在地方政府工作的人员和政治家的能力和资质			•
9. 监测评价	目标：通过连贯的年度工作计划、活动和绩效衡量来支持和监测预算数字			•

2.12.2
诊断中所发现的问题对试点的可能影响

2.12.2.1 PBGS 顺利推行并取得成效的条件

PBGS 试点的核心是调研试点县能够根据本县的实际情况配置转移支付资金，并以实施绩效作为下一年度转移支付资金多寡的拨付依据。PBGS 的顺利推行以及取得预期成效，在赋予试点县灵活安排资金和灵活实施项目的同时，有赖于以下几个条件：

（1）良好的试点项目规划。规划必须充分反映当地公共服务的实际情况和本地居民的需求；规划必须系统考虑各渠道资金来源，对资金安排作出通盘统筹。从中国政府管理制度的实际出发，在给予了地方政府灵活安排资金和灵活实施项目的权力的情况下，良好而严格的规划既是实现规划与财力之间有效衔接的前提，也是确保试点资金不被滥用的保障，它最终也是评判试点绩效的重要依据。

（2）有效的监测评价。不仅要开发科学、合理、易于操作的绩效评价指标体系，明确反映项目实施的产出（output）、成果（outcome）或者影响（impact）；而且要建立独立、客观、公正的监测评价体系。有效的监测评价是确保试点核心——绩效激励——的关键性要件。

（3）充分的公众参与。只有这样，才能使试点资金的配置反映当地居民的真正需求，提高民众对试点项目和政府行为的监督力度，降低权力滥用的可能性。

（4）足够的机构和人员能力。能力建设如果跟不上，再好的规划、再好的监测评价体系以及再好的项目，都难以真正实施，因此能力保障也非常重要。

2.12.2.2　影响试点的因素

从对调研区县的诊断结果来看，由于多方面原因，目前中国县一级的政府在上述四个环节中存有的一些问题，有可能会影响到试点的顺利开展：

（1）多头规划以及基建投资预算的不完整将对规划的完整性产生挑战。一方面，各区县都有为数众多的各类规划，既有本级政府制定的各类规划（横向规划），也有各业务部门的上级主管部门要求制定的各类规划（纵向规划），横向规划和纵向规划之间衔接性很差，制定一个系统、完整、能够囊括本地农村社会事业建设全貌且不受干扰的试点规划需要有较强的行政支持。

另一方面，同时也是更大的挑战在于，即便制定了试点规划，确保规划与财力之间的匹配也存在一些难点。首先，各类专项转移支付资金确定和下达时间过迟，且具有不确定性。其次，虽然国家发展和改革委员会主管基本建设投资，但是有两部分与基本建设投资有关的资金游离于发展和改革委员会系统之外。一是有些部门专项资金实际上也用在了固定资产投资即基本建设方面，但不经过发展和改革委员会系统申报；二是各县均有庞大的政府债务资金（包括通过政府融资平台筹集但未进入政府债务统计的隐形或有负债），其中的很大比例也用于了公共基础设施建设。

（2）监测评价体系的构建和完善既涉及技术难点，也有体制问题。从技术层面来说，绩效指标的设计是一个难点。目前虽然各区县均零星开展了项目绩效评价，但是多集中在投入（input）环节，最多涉及了一些产出（output）指标，而对项目的真正绩效，即成果（outcome）和影响（impact），则缺乏合适的指标体系。由于成果和影响的衡量可能需要多年度的数据，并且要考虑多因素的影响（固定其他因素的影响）。另外一个客观的困难在于，进行 outcome/impact 的调查往往需要付出很高的成本。即便在开展了政府预算绩效评价多年的 OECD 国家，绩效指标的设计和数据收集中也一直是一个难点。

试点项目监测评价体系的构建还涉及体制问题。从诊断结果来看，各区县目前已有的监测评价体系存在以下共同问题：

① 各个部门之间的监测评价工作协调性不强，信息共享不足；

② 作为财政资金审查的重要部门，人大和审计机构的独立性和审查力度有待加强；

③ 缺乏外部监测评价体系，特别是社会监测和社会评价。

尽管 PBGS 试点方案强调必须建立一套项目监测评价体系，但是，由于试点资金仅涉及教育、卫生、文化和民政四个部门，而完善的监测评价体系则还应把对预算审查、审计等多个综合性管理部门现有监测评价体系中存在的问题也一并加以修正，这已经超出了试点所能控制的范围[①]。而如果不建立完善的监测评价体系，则难以保证对 PBGS 试点的绩效进行科学、客观的评估，“以绩效为基础”的转移支付的合理性也就缺乏保障。

（3）各利益相关者的参与与分工不够明确。就公众这一主体来说，各县各部门对哪些信息可以公开、哪些决策需要听取公众意见以及以何种形式实现公众参与，差异较大，也比较随意，缺乏规范而细致的规定。这种状况

---

① 例如试点工作不可能改革现行审计体制。

在试点中必须加以改变。在赋权于地方政府之后，充分的公众参与将显得更加重要。

各级政府与政府机构之间的分工需要进一步明确。从诊断情况来看，有两个问题尤其不够清楚。一是乡镇一级在农村公共服务中应起什么作用？现在的状况是乡镇政府基本被排除在规划和项目实施之外，基本充当了一个配合工作的角色；二是政府主管机构与服务提供者之间应该是什么关系？例如，对于公立医疗机构，卫生局的管理和指导应到什么程度？如何对待私立医疗机构等，在现实中都有需要探讨和改进之处。

（4）需要明确能力建设的重点和难点。诊断结果显示，各部门均迫切希望、也确实需要加强能力建设。各公共服务机构业务能力的提高固然应该成为能力建设的一个重要方面，但是就本试点来说，政府主管机构的规划和管理能力的培训则更为重要，应该成为能力建设的重点。具体来说，应加强政府主管机构的以下能力建设：

规划能力。规划不仅应有操作性，而且要特别注意如何兼顾城乡均衡？如何兼顾公平与效率？如何与国家宏观政策相一致？应该说，各县发改委和公共服务管理机构在这方面的能力非常不足。

管理能力。具体包括：如何实行财政资金的计算机动态管理？如何以实现财政预算资金收支信息在财政、人民代表大会、审计、税务等部门的信息互通？如何加强教育系统管理人员素质？如何加强卫生局管理干部和乡镇卫生院院长的管理能力？如何实现低保人群的动态监测？如何设计适应新形势的农村文化活动形式？等。

2.12.3
对　策

上述问题从性质上可分为三种情况。一是各县可以自己解决的问题；二是需要外部支持加以解决的问题；三是涉及宏观体制问题，试点工作无法解决的问题。试点项目应把重点放在解决前两个问题上。

2.12.3.1　试点县应主动着力解决的问题

（1）从本县实际出发，在充分调研的基础上，确保乡镇政府对试点工作的充分参与，明确乡镇政府在试点中的职责与分工；明确公共服务管理机构在农村公共服务提供中的职责。

（2）确保县属各部门之间的配合与协调机制畅通，实现部门信息的共享。

（3）就公众参与决策、信息公开及公众监督拟定详细、可操作的实施细则。

（4）建立有各部门参与、但具有相对独立性的试点项目监测评价体系。

（5）构建本级基本建设财力（包括政府负债）的完整预算。

2.12.3.2　国家发展和改革委员会试点办公室应协助各县解决的问题

（1）协调各类规划，以便于各县制定完整的试点规划。

（2）及时下达（最迟于当年年初）试点县可获得的基本建设转移支付资金，以促进年度试点规划与可用财力之间的衔接。

（3）开展有效的规划培训和管理培训，提高试点县给相关部门的规划和管理能力。

（4）聘请有经验的专家开发合适的监测评价指标，设计监测评价数据收集机制。

2.12.3.3　以下问题涉及宏观环境，试点工作无力加以改观

（1）强化人民代表大会预算审查职能。

（2）改革审计体制。

（3）改革预算体制。

（4）整合各类资金来源，实现财政资金的全预算。

附表　　“十五”规划以来中央政府改善农村公共服务（教育、卫生、文化及社保）的主要政策

1. 农村义务教育

项目名称	起始时间	政策目标	政策内容
“农村义务教育学校布局调整”	2001 年	按照小学就近入学、初中相对集中、优化教育资源配置的原则，合理规划和调整学校布局	农村小学和教学点要在方便学生就近入学的前提下适当合并，在交通不便的地区仍需保留必要的教学点，防止因布局调整造成学生辍学；在有需要又有条件的地方，可举办寄宿制学校

续表

项目名称	起始时间	政策目标	政策内容
“一费制”	2001 年	采取有力措施，坚决刹住一些地方和学校的乱收费，控制学校收费标准，切实减轻学生家长特别是农村学生家长负担	在国家扶贫开发工作重点县等农村贫困地区义务教育阶段，实行由中央有关部门规定杂费、书本费标准的“一费制”收费制度；杂费收入应全部用于补充学校公用经费的不足，不得用于教师工资、津贴、福利、基建等开支
《关于对全国部分贫困地区农村中小学生试行免费提供教科书的意见》	2001 年	保证贫困地区农村家庭经济困难的学生接受义务教育，切实减轻农民负担	从 2001 年秋季开始，为国家扶贫开发工作重点县中，到 2000 年底未普及初等教育县的全部农村小学生和未通过“两基”验收县农村初中学生中家庭经济困难的学生，以及特殊教育学校（特教班）的学生试行免费提供教科书
“两免一补”	2001 年	解决好农村义务教育阶段贫困家庭学生上学难，让每一个适龄儿童都能够接受义务教育	对农村义务教育阶段贫困家庭学生免书本费、免杂费、补助寄宿生生活费
《关于在全国义务教育阶段学校推行“一费制”收费办法的意见》	2004 年	进一步规范中小学收费管理，治理教育乱收费，切实减轻学生家长的经济负担，落实政府对义务教育的投入责任，确保义务教育持续、健康发展	从 2004 年秋季新学年开始，在全国政府举办的普通小学和普通初中（含义务教育阶段的特殊教育学校及特教班）推行“一费制”收费办法；国家扶贫开发工作重点县的农村小学和初中继续按照原规定的收费范围和标准实行“一费制”
“农村寄宿制学校建设工程”	2004 年	保障“两基”攻坚县扩大义务教育规模的需要，安排好西部地区新增 130 万初中生和 20 万小学生的学习和生活；加大对西部地区现有学校的改造力度，使确需寄宿的山区、牧区、高原和边远地区学生能进入具备基本办学条件的寄宿制学校学习	在继续实施“国家贫困地区义务教育工程（二期）”和“中小学危房改造工程”的基础上，中央和省级人民政府共同实施“农村寄宿制学校建设工程”。中央重点补助“两基”攻坚县农村寄宿制学校建设，帮助新建和改扩建一批寄宿制初中和小学

续表

项目名称	起始时间	政策目标	政策内容
“农村中小学现代远程教育工程”	2004 年	不断推进义务教育的均衡发展，缓解西部农村地区教育资源短缺和师资不足的矛盾	在 2003 年试点工作的基础上，争取用 5 年左右的时间，在西部地区逐步实施“农村中小学现代远程教育工程”，在农村小学教学点基本配备教学光盘播放系统，在农村小学基本建设卫星教学收视点，在农村初中建设计算机教室
《关于加快国家扶贫开发工作重点县“两免一补”实施步伐有关工作的意见》	2005 年	促进农村税费改革，减轻农民负担，加快贫困地区脱贫致富步伐，巩固农村义务教育“以县为主”的管理体制，加快农村义务教育事业的发展	从 2005 年春季学期起，中央对国家扶贫开发工作重点县的农村义务教育阶段贫困家庭学生全部免费发放教科书，地方政府对这些学生要相应落实免杂费、并逐步补助寄宿生生活费的责任
《国务院关于深化农村义务教育经费保障机制改革的通知》	2006 年	逐步将农村义务教育全面纳入公共财政保障范围，建立中央和地方分项目、按比例分担的农村义务教育经费保障机制	全部免除农村义务教育阶段学生学杂费，对贫困家庭学生免费提供教科书并补助寄宿生生活费；提高农村义务教育阶段中小学公用经费保障水平；建立农村义务教育阶段中小学校舍维修改造长效机制；巩固和完善农村中小学教师工资保障机制
“中西部农村初中校舍改造工程”	2007 年	推动未纳入“两基”攻坚计划实施范围的中西部地区农村初中进行校舍改造，重点加强农村初中学生薄弱生活设施建设，改善食宿条件，提高农村初中巩固率和寄宿率	重点支持大约 7000 所独立设置的农村初中学校新建或改造学生宿舍、食堂和厕所等生活设施，使项目学校寄宿学生生活设施达到或接近《农村普通中小学校建设标准》，基本消除“大通铺”和校外租房现象

2. 农村医疗卫生

项目名称	起始时间	政策目标	政策内容
《中共中央　国务院关于进一步加强农村卫生工作的决定》	2003年	到2010年，在全国农村基本建立起适应社会主义市场经济体制要求和农村经济社会发展水平的农村卫生服务体系和农村合作医疗制度	加强农村公共卫生工作；推进农村卫生服务体系建设；加大农村卫生投入力度；建立和完善农村合作医疗制度和医疗救助制度；依法加强农村医药卫生监管；加强对农村卫生工作的领导
《关于建立新型农村合作医疗制度的意见》	2003年	到2010年，在全国建立基本覆盖农村居民的新型农村合作医疗制度，减轻农民因疾病带来的经济负担，提高农民健康水平	由政府组织、引导、支持，农民自愿参加，个人、集体和政府多方筹资，以大病统筹为主的农民医疗互助共济制度。从2003年起，各省、自治区、直辖市至少要选择2—3个县（市）先行试点，取得经验后逐步推开
《关于加快推进新型农村合作医疗试点工作的通知》	2006年	2006年，使全国调研县（市、区）数量达到全国县（市、区）总数的40%左右；2007年扩大到60%左右；2008年在全国基本推行；2010年实现新型农村合作医疗制度基本覆盖农村居民的目标	从2006年起，中央财政对中西部地区除市区以外的参加新型农村合作医疗的农民由每人每年补助10元提高到20元，地方财政也要相应增加10元，农民个人缴费标准暂不提高
《关于做好2007年新型农村合作医疗工作的通知》	2007年	从2007年开始，全国新型农村合作医疗由试点阶段进入全面推进阶段，覆盖全国80%以上的县（市、区）	从实际出发积极稳妥地推进扩面工作；调整并完善中央财政补助政策
《关于做好2008年新型农村合作医疗工作的通知》	2008年	增加补助、全面覆盖、巩固提高新型农村合作医疗制度	从2008年开始，各级财政对参合农民的补助标准提高到每人每年80元，农民个人缴费由每人每年10元增加到20元；同时开展大病统筹与门诊统筹相结合、地市级统筹、新型农村合作医疗与城镇居民基本医疗保险相衔接以及开展巡回医疗和远程医疗等试点

续表

项目名称	起始时间	政策目标	政策内容
《关于在省级和设区市级新型农村合作医疗定点医疗机构开展即时结报工作的指导意见》	2010年	争取3年内以省为单位实现参合农民在大部分省市级新农合定点医疗机构住院都能即时结报新农合补偿费用的目标	从2010年起，分别选择1—2家省级和设区市级新农合定点医疗机构开展试点工作
《关于巩固和发展新型农村合作医疗制度的意见》	2010年	巩固和发展与农村经济社会发展水平和农民基本医疗需求相适应的、具有基本医疗保障性质的新农合制度，逐步缩小城乡居民之间的基本医疗保障差距	逐步提高筹资标准和待遇水平，进一步调整和完善统筹补偿方案，强化基金监督管理，让参合农民得到更多实惠，增强新农合的吸引力，继续保持高水平的参合率
《关于推进乡村卫生服务一体化管理的意见》	2010年	通过实行乡村一体化管理，合理规划和配置乡村卫生资源，规范服务行为，提高服务能力，促进新农合制度的巩固和完善，推动农村医疗卫生事业健康持续发展，满足广大农村居民的医疗卫生需求	在县级卫生行政部门统一规划和组织实施下，以乡镇为范围，对乡镇卫生院和村卫生室的行政、业务、药械、财务和绩效考核等方面予以规范
《关于开展提高农村儿童重大疾病医疗保障水平试点工作的意见》	2010年	各省（区、市）要在试点基础上逐步探索实施新农合重大疾病医疗补偿办法，进一步缓解农村居民重大疾病的经济负担	优先选择几种危及儿童生命健康、医疗费用高、经积极治疗后较好的重大疾病开展试点，通过与新农合和医疗救助等各项医疗保障制度的紧密结合，探索有效的补偿和支付办法，提高对重大疾病的医疗保障水平

3. 农村文化

项目名称	起始时间	政策目标	政策内容
《关于进一步实施农村电影放映“2131工程”的通知》	2000年	力争“十五”期间基本实现农村电影放映“2131”目标：即“一村一月放映一场电影”	从2000年到2004年，国家设立“2131工程”专项资金，帮助解决贫困地区的农村电影放映问题；中西部地区要筹集相应的配套资金，其他地区该工程建设所需资金由地方自行解决
《送书下乡工程实施方案》	2003年	直接面对老少边穷和中西部地区，重点解决贫困地区县图书馆、乡镇图书馆（室）藏书贫乏、购书经费短缺的问题，努力满足人民群众对知识、信息的需求	自2003年至2005年，文化部、财政部向300个国家级扶贫开发工作重点县图书馆和3000个乡镇图书馆（室），赠送农村适用图书390万册；财政部每年为送书下乡工程安排专项经费2000万元，3年共安排6000万元
《中共中央办公厅 国务院办公厅 关于进一步加强农村文化建设的意见》	2006年	按照建设社会主义新农村的要求，经过5年的努力，基本形成适应社会主义市场经济体制、符合社会主义精神文明建设规律的农村文化建设新格局	县、乡、村文化基础设施相对完备，公共文化服务切实加强。农村文化工作体制机制逐步理顺，现有文化资源得到有效利用。文化队伍不断壮大，农民自办文化更加活跃。文化产业较快发展，看书难、看戏难、看电影难、收听收看广播电视难的问题基本解决
《关于进一步做好新时期广播电视村村通工作的通知》	2006年	进一步加快发展农村广播电视，以缩小与农民群众日益增长的精神文化需求之间的差距	进一步巩固农村广播电视建设成果，完善农村广播电视基础设施建设，大力提高农村广播电视无线覆盖水平，逐步消除“盲区”，增加收听收看广播电视节目套数，丰富服务“三农”的广播电视节目内容，建立健全推进“村村通”工作的长效机制，构建农村广播电视公共服务体系

续表

项目名称	起始时间	政策目标	政策内容
《“十一五”全国乡镇综合文化站建设规划》	2006 年	到 2010 年，全国所有农村乡镇建立具备综合服务功能的文化站、具有较高专业素质的文化站工作队伍、合理有效的农村乡镇文化管理体制，乡镇公共文化服务能力有显著改善	加强乡镇综合文化站设施建设，改善农村公共文化服务条件，提高农村公共文化服务能力
《“农家书屋”工程实施意见》	2006 年	切实解决广大农民群众“买书难、借书难、看书难”问题，从提高农民文化素质入手，促进新时期农村经济社会协调发展。通过 5—10 年的建设，在全国农村逐步建立起“供书、读书、管书、用书”的长效机制，有效解决农村出版产品和服务供给不足问题	工程建设坚持政府扶持、社会捐助、统一规划、分头实施的方针。多渠道吸收资金，整合各种资源。“十一五”计划在全国建立 20 万家“农家书屋”，2015 年基本覆盖全国的行政村
《关于做好农村电影工作意见的通知》	2007 年	不断扩大农村电影覆盖面，到 2010 年基本实现全国行政村一村一月放映一场电影的公益服务目标	加强农村题材影片创作的规划和生产，推进农村电影放映工程，普及数字电影放映技术，提高放映质量，完善放映基础设施建设，培育农村电影放映的新主体，建立公益放映补贴的新机制，推动露天放映与室内放映相结合、免费放映与有偿放映相结合、胶片放映与数字放映相结合并逐步向数字放映过渡

4. 农村社会保障

项目名称	起始时间	政策目标	政策内容
《中共中央　国务院关于进一步加强农村卫生工作的决定》	2003年	到2010年，在全国农村基本建立起适应社会主义市场经济体制要求和农村经济社会发展水平的农村卫生服务体系和农村合作医疗制度	加强农村公共卫生工作；推进农村卫生服务体系建设；加大农村卫生投入力度；建立和完善农村合作医疗制度和医疗救助制度；依法加强农村医药卫生监管；加强对农村卫生工作的领导
《关于实施农村医疗救助的意见》	2004年	各省、自治区、直辖市在全面推行农村医疗救助制度的同时，可选择2—3个县（市）作为示范点，通过示范指导推进农村医疗救助工作的开展。力争到2005年，在全国基本建立起规范、完善的农村医疗救助制度	农村医疗救助制度是政府拨款和社会各界自愿捐助等多渠道筹资，对患大病农村五保户和贫困农民家庭实行医疗救助的制度
《民政部关于农村五保供养服务机构建设的指导意见》	2006年	到“十一五”期末，在我国农村基本建成以县、乡人民政府兴办的五保供养服务机构为骨干，社会力量举办的五保供养服务机构为补充，布局合理、设施配套、功能完善、管理规范的五保供养服务机构网络，初步满足农村五保供养对象的供养需要，并逐步开展对农村其他老年人、残疾人和未成年人的供养服务	以加强五保供养服务机构基础建设和提高供养服务水平为重点
《“农村五保供养服务设施建设霞光计划”实施方案》	2006年	有重点、有步骤地建设一批农村五保供养服务设施，改善农村五保分散供养对象居住条件，解决农村五保供养对象的住房问题，提高供养服务水平	自2006—2010年，从中央到地方，各级民政部门要从本级留用的彩票公益金中，划拨一部分资金资助农村五保供养服务设施建设，同时积极争取地方政府加大投入，总投入力争达到50亿元左右。其中，部本级每年安排资金不少于1亿元

续表

项目名称	起始时间	政策目标	政策内容
《国务院关于在全国建立农村最低生活保障制度的通知》	2007 年	通过在全国范围建立农村最低生活保障制度，将符合条件的农村贫困人口全部纳入保障范围，稳定、持久、有效地解决全国农村贫困人口的温饱问题	建立农村最低生活保障制度，实行地方人民政府负责制，按属地进行管理；与扶贫开发、促进就业以及其他农村社会保障政策、生活性补助措施相衔接，坚持政府救济与家庭赡养扶养、社会互助、个人自立相结合
《关于进一步完善城乡医疗救助制度的意见》	2009 年	用 3 年左右时间，在全国基本建立起资金来源稳定，管理运行规范，救助效果明显，能够为困难群众提供方便、快捷服务的医疗救助制度	进一步完善医疗救助制度，筑牢医疗保障底线
《国务院关于开展新型农村社会养老保险试点的指导意见》	2009 年	2009 年试点覆盖面为全国 10% 的县（市、区、旗），以后逐步扩大试点，在全国普遍实施，2020 年之前基本实现对农村适龄居民的全覆盖	探索建立个人缴费、集体补助、政府补贴相结合的新农保制度。社会统筹与个人账户相结合，与家庭养老、土地保障、社会救助等其他社会保障政策措施相配套，保障农村居民老年基本生活
《关于做好农村最低生活保障制度和扶贫开发政策有效衔接扩大试点工作的意见》	2010 年	通过探索两项制度的有效衔接，充分发挥农村低保制度和扶贫开发政策的作用，保障农村贫困人口基本生活，提高收入水平和自我发展能力，从而稳定解决温饱并实现脱贫致富，为全面实施两项制度有效衔接、实现到 2020 年基本消除绝对贫困现象的目标奠定基础	中西部地区应将试点范围扩大到 80% 以上的国家扶贫开发工作重点县，有条件的地区可以扩大到非国家扶贫开发工作重点县；东部地区可根据实际情况自行确定试点范围

第三章
试点方案设计

3.1　试点方案关键点概览

1. 试点区域

是否有兴趣参与试点由县首先提出来，然后由国家发展和改革委员会予以确定。

2. 试点资金

目前尚没有关于试点资金方面的明确的动议和决定。

本章建议在不减少试点区县存量转移支付资金的前提下，由中央财政安排增量资金，将增量资金和存量资金捆绑进行试点（总量试点）。

3. 试点目标

提供激励措施以改善地方政府在农村义务教育、医疗卫生、文化、低保领域内的绩效，缩小支出需求和获得收入之间的差距；并且为向基础设施和服务提供资金，实现支出需求和地方政府的财政能力之间的平衡。

4. 试点活动的范围

本项试点由国家发展和改革委员会主持，试点活动仅限于上述四个领域的基建项目，不包含各类通过业务部门下达的财政专项资金（非基建项目资金）；试点方案不对整体财政体制和税收制度的调整、预算和审计体制的改革作出规定，也无力改变地方政府的其他规划。

5. 绩效指标

涵盖总体绩效和部门具体绩效两个方面，以提高地方政府机构的总体绩效以及具体农村社会事业公共服务部门绩效。

本章建议，试点中的绩效指标可选用过程类指标而非产出/结果/影响类指标，后面这些指标可在后续工作中逐步引入。

6. 试点方案总体设计思路

构建以试点区县统筹和灵活实施项目为中心，以科学系统的项目规划为前提，以有效的监测评价和激励机制为制约，以公众广泛参与为保障，以能力建设为支撑的五位一体的转移支付资金使用方案。

7. 与现有法律框架的关系

总体而言，试点方案与现行法律框架不冲突。但是，能力建设转移支付资金和发展性转移支付资金中的设施维护资金，均不属于中央财政性建设资金，从而难以纳入国家发展和改革委员会的试点资金中，必须寻求其资金来源的渠道。

8. 转移支付规模

资本投资转移支付的总规模将以试点区县往年在农村义务教育、医疗卫生、文化和农村低保领域所能获得的人均中央财政基建投资为基数，给予一个 25% 的增量投入。

为平滑年度波动，试点区县往年在农村义务教育、医疗卫生、文化和农村低保领域所能获得的人均中央财政基建投资，应采用该试点年份前三年的平均数。

能力建设转移支付规模可定为（增量）发展转移支付规模的 15%。

9. 试点区县配套资金

设定为发展性转移支付资金额的 10%，主要用于支付试点项目的管护和运营成本。具体的使用比例以试点实施时的详细估算为依据。

10. 资金使用

资本性转移支付资金必须用于以下途径：

（1）投入到农村义务教育、医疗卫生、文化和低保四个领域；

（2）只能用于项目固定资产建设，不能用于管护性支出；

（3）包含投资服务成本（包括项目规划、设计、报批等）预算在内；

（4）限制在购置办公家具、车辆等用于改善办公条件方面的支出；

（5）必须以科学系统的项目规划为先决条件。

能力建设转移支付资金的使用方向包括培训、咨询服务/技术援助以及开展试点所必要的办公设备等。不在此方案和经费预算范围之内的支出均属于禁止性支出。使用能力建设转移支付资金必须首先要有根据需求主导原则制定出来的能力建设规划。

地方配套资金可以用于支付试点项目的管护和运营成本。

11. 转移支付资金的横向分配

资本性转移支付资金基本数量的分配公式将考虑三个因素：

（1）等额因素。即给予每个试点区县等额的资金量，占20%权重；

（2）人口因素。占50%权重，其中人口总量因素40%，人口结构（农村人口比重）因素10%；

（3）贫困因素。占20%权重；

（4）面积因素。占10%。

引入绩效激励机制后的资金分配。设定基本拨款为资本性转移支付资金基本数量的60%，另外40%作为绩效激励拨款资金来源，试点区县可获得的具体金额由各县的绩效评价得分决定。

能力建设转移支付资金以某县可获得的资本性转移支付资金基本数量的15%来计算，而不以最终可获得的资本性转移支付资金额的15%来确定。

12. 获取转移支付资金的最低条件

资本性转移支付获取的最低条件，除了各国试点时通行的在审计、财政、招投标、财务管理等方面的系列规定外，还特别强调两点：

（1）有足以形成农村社会事业公共服务包的科学的专项试点资金投入规划；

（2）已经建立起专门的试点机构。

能力建设转移支付资金的获取条件是各试点区县提供合格的能力建设方

案。

13. 能力建设问题

核心需求可参见诊断总报告的表 2 - 39。

14. 机构安排

试点机构可包括三大部分：

（1）试点工作管理机构，包括试点项目中央领导小组及其项目办、各县试点项目领导小组及其项目办。

（2）试点工作专家组。

（3）试点工作监测评价组。

3.2 试点项目目标和本章基本内容

3.2.1 项目目标

根据已经实施或正在实施以绩效为基础的拨款的国家的经验，试点方案必须解决以下设计问题：

（1）确定系统的目标或目的；

（2）政府间财政转移支付的法律框架以及新系统在整个拨款结构中的作用；

（3）地方政府能力发展的总体情况，包括对供应方面的研究；

（4）资金安排：资金来源；

（5）符合新的拨款计划要求的地方政府的类型和数量；

（6）对地方政府资本/发展和能力建设支持（拨款）的规模；

（7）资本/发展拨款的使用以及能力建设支持（拨款）的使用和模式；

（8）横向安排拨款的公式（将资金在不同的符合要求的地方政府之间分配）；

（9）绩效指标——最低达标条件、绩效衡量、公布的条件和评估手册；

（10）机构安排；

（11）监测和评价标准，其他绩效监测系统与公信力的联系。

这些问题中的每一个都必须在资本/发展和能力建设支持（拨款）设计中予以解决。一些系统只是以绩效为基础的资本（或发展）拨款系统，没有能力建设资金。但是，对地方政府提供足够的支持使其改进所需的绩效是非常重要的。这通常是通过能力建设拨款来帮助地方政府实现确定的目标的。最后，应该注意的是以绩效为基础的拨款系统尤其被用于资本/发展拨款，因为这个系统不能对地方政府保持服务提供的能力产生影响。

3.2.2
关于本章

本章是在实地调研以及已经完成的分析工作的基础上，针对本项试点所撰写的试点方案。本方案仅针对国家发展和改革委员会社会发展司拟在若干区县开展的农村社会事业（包括农村义务教育、医疗卫生、文化和低保四项特定服务）转移支付试点。本章共分为 16 节。除第 1 节和第 2 节外，第 3 节和第 4 节概述了本项试点的总体目标以及试点方案设计的总体思路；第 5 节分析了试点方案与现行法律框架的关系；第 6 节和第 7 节讨论了试点资金来源和试点区域问题；第 8—15 节对试点中的关键性问题进行了规定，包括转移支付规模、配套资金、资金的使用与分配、绩效评价和监测指标、能力建设以及机构安排问题等；第 16 节是对试点方案关键点的小结。

3.3　系统的总体目标

越来越多的人已经认同：强化政府间财政转移支付（拨款）同地方政府在特定领域的绩效之间的联系可以对改进绩效产生显著的激励作用。为了产生最佳影响，详细的设计很重要，而且应该全面详细地制定支持系统的目标。以下是试点方案设计时需要首先决定的两个主要问题。

3.3.1 拨款系统的总体目标

拨款系统可能有数个目标，一般来说，系统的目标应该是：提供激励措施以改善地方政府在特定的关键领域内的绩效（典型的主要目标），缩小支出需求和获得收入之间的差距；并且为基础设施和服务提供资金，实现支出需求和地方政府的财政能力之间的平衡。根据中国国家发展和改革委员会的意图①，在中国农村公共服务部门实施此项改革试点的目标具体包括以下几个方面：

（1）探索采用“改进的项目拨款”方式，使试点县根据当地实际将资金投入到最急需的领域。

（2）在“改进的项目拨款”方案中引入绩效激励机制，增加制度化的机构问责体系，补充目前高度依赖个人责任制的问责体制，达到改善资金分配方式、提高财政资金使用效率的目标。

（3）建立独立、高效的监测评价体系，发现资金分配、使用中的问题，明晰公共服务支出任务与责任，完善公共服务的基础信息。

（4）建立制度化的扩大参与、信息披露和信息分享机制，提高规划水平。围绕达到上述目标的试点内容，结合试点区县的能力现状，对试点工作的相关方如县（区）、乡、村干部、工作人员、消费者进行有针对性的培训。

（5）另外，试点还应探索各试点（区）县建立以区域布局规划为基础的农村公共服务包，作为申请中央财政转移支付资金的基础性依据。

事实上，最后一点目标可以看做是前述目标的一个概括。

3.3.2 绩效的类型

绩效的类型可以分为两大类。一是总体绩效和/或部门具体绩效；二是过程绩效指标和产出/结果/影响绩效指标。

---

① “提高中国农村社会部门公共服务效率的改革试点建议”，国家发展和改革委员会内部政策报告，2008 年 6 月。

首先必须明确的是，本项试点由国家发展和改革委员会社会发展司主导，目的是提高其所主管的农村社会事业类公共服务（涉及教育、医疗、文化、低保四个部门）中央转移支付的绩效。从这个意义上来说，绩效指标应为部门具体绩效。但是，诊断报告也表明，试点区县在规划、财政、审计、治理、能力建设等方面均存在较大的不足，提高对这些部门的绩效水平并对其进行绩效评价非常重要，它们是提高具体部门绩效的基础。所以，本试点的绩效类型可以考虑一种双轨体系，即：财政拨款的绩效应涵盖总体绩效和部门具体绩效两个方面，以对不同的示范方面予以不同的重视：

（1）一种总体性的以绩效为基础的非部门（不分类别）的拨款，重点用来提高地方政府机构的总体绩效；

（2）以具体农村社会事业公共服务部门绩效为基础的拨款，以配合部门的权力下放。

绩效指标的构建和监测、评价依赖于执行部门较强的能力和条件。从各试点区县目前的现实情况出发，本书在此建议，在试点中，绩效指标可选用过程类指标而非产出/结果/影响类指标，后面这些指标可在后续工作中逐步引入。

3.4　试点方案的总体设计思路

3.4.1 目前试点区县农村社会事业中央转移支付资金使用中存在的突出问题

实地调研对部分区县农村公共服务的状况进行了详细诊断。农村社会事业中央财政转移支付资金的使用中存在一些突出问题①：

3.4.1.1　项目实施缺乏足够的灵活性

多区县反映，在申报中央财政基建项目的过程中，一般应根据上级部门的要求“被动”上报项目及项目金额，“主动”申报的项目则很难成功。这

① 详细信息可参看各区县调研报告和调研总报告。

一方面产生了需求与供给的匹配问题，即批准的部分项目并不满足当地需求的优先序；另一方面，项目单位投资额和项目设计内容往往与当地实际情况不符，由此容易造成项目资金使用效率的低下。

项目实施的灵活性差与中央专项资金使用的决定权过于向上集中有直接关系。

3.4.1.2　规划状况较差

主要表现在：

（1）规划的科学性不足，权威性和严肃性较差；

（2）不同规划之间衔接性和统筹很差；

（3）规划与财力预算（本级的和上级的）之间缺乏联系，缺乏相应的财力保证；

（4）普遍缺乏以区域布局规划为基础、兼顾公平和效率的农村公共服务包。

3.4.1.3　公众参与和政府信息公开不足

预算制定中的公众参与很少，透明度和公开性很差。由于高度依赖上级财政而上级财政的转移支付额（特别是专项转移支付）高度不确定，在对区县级财政提供转移支付方面，目前最大的问题在于上级财政转移支付资金、特别是专项转移支付资金在年初编制预算时难以估计，预算编制不完整。

尽管有些信息是公开的，部门项目有公示，也部分开展了公民满意度调查，但是，在重大决策、规划制定方面基本排斥了普通公民的参与，对公民需求考虑不足，对财政预决算、审计结果和公共建设项目方面的重要信息公开不够。

3.4.1.4　普遍没有建立有效的绩效监测评价体系和激励机制

项目绩效评价还没有有效地开展，项目评价更多地集中在投入环节，产出和绩效环节的监测评价很薄弱；对公共服务机构、管理部门和公共服务人员的监测和评价已经有了一定的基础，但是效果如何并不确定，监评机制和监评指标体系有待完善和进一步开发；公众对监测评价工作的参与度还很不够，更加完善的、有群众参与的社会评价制度仍然有待开发。总体来说，有效的监测评价体系还没有建立起来。

3.4.1.5　能力评估和能力建设规划缺乏

调研各区县都缺乏针对各部门的系统的能力评估、能力建设总体规划和相应的专项经费，也没有能力做需求调查；已有的一些培训活动均是“被动式”的而不是“需求导向”的。各部门均迫切希望、也确实需要加强能力建设。

3.4.2 试点方案设计总体思路

对问题的诊断是方案设计的出发点。基于上述问题，试点方案设计的总体思路是：构建以试点县统筹和灵活实施项目为中心，以科学系统的项目规划为前提，以有效的监测评价和激励机制为制约，以公众广泛参与为保障，以能力建设（包括培训和技术支持）为支撑的五位一体的转移支付资金使用方案。

3.4.2.1　给予试点县充分的项目实施灵活性

目前，由于高度依赖上级财政，本级财政能实施哪些项目，在很大程度上并不取决于规划的要求，而取决于上级转移支付资金的“争取”和到位情况。

另外，由于项目实施主要取决于中央的专项资金，而专项资金的投资标准、实施内容等均由中央各主管部门加以规定，因此导致批复的项目与本区县项目需求优先序之间往往不一致。

事实上，中国地区经济发展的不平衡，使不同地区各有不尽相同的急需投入的社会公共服务领域，完全依靠地方财力短期内无力解决这些困难，而按照目前由上级政府决定服务项目的资金分配模式，则面临项目供求不均衡的问题。

因此，在试点中，对于中央政府的转移支付资金，应尽量将项目决定权下放，由当地基层政府根据实际需要，统筹将这部分资金投入当地最急需的领域中去，赋予试点县充分的项目实施灵活性，从而有利于提高资金的使用效率。其具体实施方法就是所谓的“改进的项目拨款”方式，即①：在决定

① 参见“提高中国农村社会部门公共服务效率的改革试点建议”，国家发展和改革委员会内部政策报告，2008年6月。

下年度项目和分配资金时，可由发展和改革委员会给试点县预先确定“项目拨款”额度，由试点县按资金额度自主决策项目，再向国家发展和改革委员会申报。国家发展和改革委员会将申报的项目和项目资金列入下年的投资计划中。

这一方案与现行管理办法的不同之处在于，并不是由国家发展和改革委员会决定项目，再按项目建设需要确定项目的资金规模，而是先确定“项目拨款”额度，再由试点县根据县里的实际需要确定项目。在最终确定投资计划时，则将项目拨款和县里决定的项目结合，既达到“政府投资资金按项目安排”的要求，又确保了试点县对资金的灵活安排。

3.4.2.2　以科学系统的项目规划作为项目灵活实施的前提

财政转移支付资金统筹使用的关键其实并不在于资金的统筹使用，而是资金的使用是否遵循了统筹的项目规划。所以，事先系统、科学、目标明确的项目规划是统筹和灵活使用资金的依据，也是试点资金是否可能发挥整体效益的关键。如果没有这样的规划，那么，资金的投向就缺乏依据，容易产生随意性。否则的话，选择哪些项目、投到什么方向，将主要体现县政府主要领导的意图，而不一定合乎试点区县真正的需要。

实践表明，不重视规划、不首先拿出科学的规划，恰恰是导致中国大量政府公共投资低效率的重要因素。如果把项目的灵活实施作为试点区县的一项权利的话，事前科学系统的项目规划则是获得这一权利的一项必要义务。

科学系统的项目规划应满足以下条件：

（1）试点规划应与试点区县的其他规划相衔接；

（2）规划应与财力预算（本级的和上级的）建立联系，确保规划实施的财力保证；

（3）规划应以区域布局规划为基础，规划本身即为一个兼顾公平和效率的农村公共服务包；

（4）规划必须具有权威性和严肃性，应作为项目实施的依据和项目实施绩效的评价依据。

3.4.2.3　对试点资金的使用实施有效监测评价，并建立与评价结果相挂钩的激励机制

从国际经验来看，任何上级财政对下级财政的转移支付资金，都必须建立严格的监测评价机制，以确保资金的有效使用。将资金使用的决定权交给

地方政府并不意味着可以放松对资金使用的监管；相反，资金使用方应更加明确和严格地按照项目规划来使用资金，并确保资金使用达到预期效益。否则资金使用权的下放将意味着资金的滥用。这就需要一个强有力的监测评价系统，针对试点资金进行专门的监测评价，以监测资金使用效益，并作为下一年度转移支付资金的确定依据。

3.4.2.4 确保公众在试点各个环节的广泛参与

之所以把公众的广泛参与作为试点资金使用效率的保障，是因为如果缺乏在各环节的公众参与，那么，就难以确保项目规划的合理性和科学性，也难以确保监测评价结果的公平性，试点效果也就难以保障。

因此，一方面，要求在规划编制、项目实施、监测评价过程中，要充分听取农村居民对公共服务的需求意愿，充分发挥全社会各方面的作用，通过调研、公示、听证、征求意见等多种形式，扩大公众参与，使试点规划和项目最大限度地体现全县公众的意愿。

另一方面，试点县各个部门应实行信息公开和信息共享。信息公开的主体为与试点工作相关的机构；信息公开的重点内容为试点全过程和试点结果的信息，包括与试点内容相关的公开的法规和规范性文件、主要参与人员、试点程序、主要活动、试点结果；信息共享则包括社会公共服务各个领域、领域内部各个方面，以及社会公共服务与其他公共服务之间的信息共享，还包括县、乡、村之间的信息共享，以及县、市、省、中央政府之间的信息共享。

3.4.2.5 加强机构和人员的能力建设，为试点活动的顺利开展提供支撑

能力建设如果跟不上，再好的规划、再好的监测评价体系以及再好的项目，都难以真正实施，因此能力保障也非常重要。从调研区县的情况来看，目前各区县并没有针对各部门的系统的能力评估和能力建设总体规划，也没有能力需求调查，因而，也就没有针对各部门能力缺陷和培训需求的能力培训计划。虽然有一些培训活动，但均是“被动式”的而不是“需求导向”的。各部门均迫切希望、也确实需要加强能力建设。

上述总体思路可以图 3－1 所示。

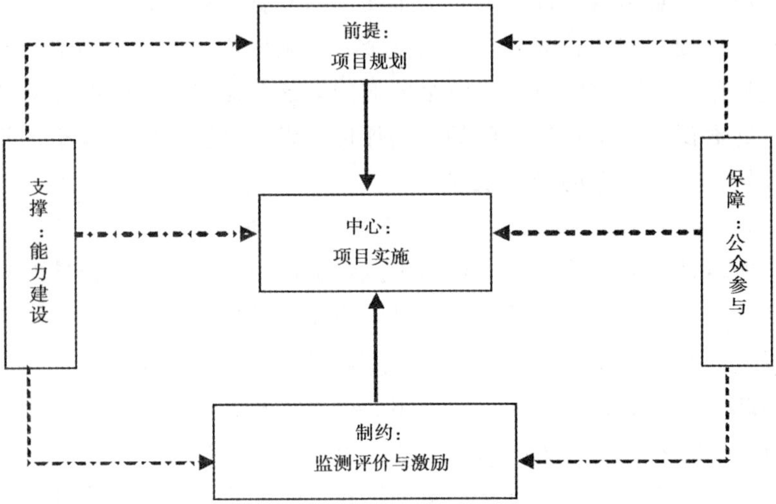

图3－1 五位一体的试点方案总体思路

3.4.3
方案设计必须考虑的限制因素

结合试点的具体情况，试点方案的设计必须考虑以下两个具体限制因素：

3.4.3.1 试点资金的使用范围

本项试点的主要目的是改进试点县中央财政转移支付资金在农村义务教育、医疗卫生、文化及低保领域的使用绩效。因此，发展性转移支付资金仅限于用于此四个领域；为确保试点能力，能力建设转移支付资金的使用范围，除此四个领域的主管部门外，则可以扩展到规划、财政管理、审计、招投标等业务的管理机构。

3.4.3.2 试点活动的范围

在中央层面，本项试点由国家发展和改革委员会主持。根据中国的制度规定，发展和改革委员会负责基建项目的规划、申报和实施，因此，试点活动仅限于上述四个领域的基建项目，试点活动难以整合各类通过业务部门下达的财政专项资金（非基建项目资金），只能加强与这些项目的协调，以达到资金统筹使用的目的。

另外，由于本质上属于部门资金试点而非政府改革试点，因此，试点方案无力对整体财政体制和税收制度的调整、预算和审计体制的改革作出规定，也无力改变地方政府的其他规划。这是试点方案设计必须注意的问题。

3.5　法律框架

3.5.1
政府财政支出类型

按照中国现行的财政政策，政府部门的支出预算划分为基本支出预算和项目支出预算，其中基本支出预算是行政事业单位为保障其机构正常运转、完成日常工作任务而编制的年度基本支出计划；项目支出预算是行政事业单位为完成其特定的行政工作任务或事业发展目标，在基本支出预算之外编制的年度项目支出计划。项目按照其性质分为基本建设类项目、行政事业类项目和其他类项目。其中基本建设类项目是指按照国家关于基本建设管理的规定，用基本建设资金安排的、具有固定资产投资性质的项目；行政事业类项目是指中央级行政事业单位由行政事业费开支的项目，它主要包括国家批准设立的有关事业发展专项计划、工程、基金项目，专项业务项目，以及大型修缮、大型购置、大型会议和其他项目；其他类项目是指除上述两类项目之外的项目。

上述政府财政支出的划分可用图 3－2 来表示。

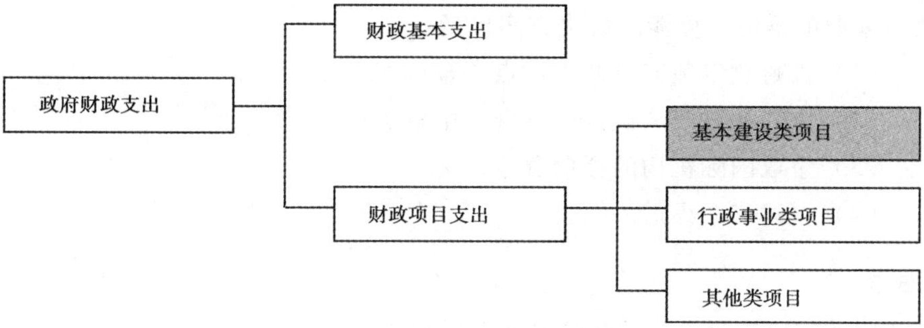

图 3－2　政府财政支出分类

3.5.2 国家发展和改革委员会在试点转移支付中的角色

本项试点的主持机构为国家发展和改革委员会社会发展司。根据中国第十一届全国人民代表大会第一次会议批准的国务院机构改革方案和《国务院关于机构设置的通知》（国发〔2008〕11号），国家发展和改革委员会为国务院组成部门，其主要职责有15项，其中的职责之一是：拟订全社会固定资产投资总规模和投资结构的调控目标、政策及措施，衔接平衡需要安排中央政府投资和涉及重大建设项目的专项规划；安排中央财政性建设资金。

上述职责界定了国家发展和改革委员会在中央地方财政转移支付中的角色，即在中央对地方的财政转移支付中，由国家发展和改革委员会决定和安排的，是“中央财政性建设资金”。从项目角度来说，也就是附图3－2中所列示的“基本建设类项目”资金。

本试点拟将对试点区县的转移支付资金分为发展转移支付（DG）和能力转移支付（CG）两部分。从上述政策界定来说，发展转移支付资金中用于固定资产投资的资金可以划入中央财政性建设资金，从而纳入国家发展和改革委员会的资金计划；而严格来说，能力转移支付资金（无论是用于公共服务人员的能力培训还是用于公共服务机构的能力建设）和发展转移支付资金中的设施维护资金，均不属于中央财政性建设资金，从而难以纳入国家发展和改革委员会的试点资金中。

因此，必须寻求解决能力转移支付资金和发展转移支付资金中设施维护资金来源的渠道。可能的解决方案包括：

（1）由财政专项安排此类试点资金；

（2）由地方财政从试点配套资金中解决；

（3）争取国际机构的援助资金；

（4）上述三个渠道的综合。

3.5.3 关于财政转移支付中的绩效评价和激励机制

本试点中引入财政绩效评价机制和激励机制不存在法律上的问题，是中国现有相关政策的具体化。

2003 年，中国共产党的十六届三中全会提出了“建立预算绩效评价体系”的要求，为此，财政部于 2004 年出台了“关于开展中央政府投资项目预算绩效评价工作的指导意见”（财建〔2004〕729 号），要求主管部门负责具体实施本部门中央政府投资项目预算绩效评价工作，包括项目前期绩效评价、项目建设期绩效评价、项目竣工运营期绩效评价，并且要求对于一般项目，财政部要依据绩效评价的结果作为今后年度预算安排和资金拨付的参考依据；对于重点项目，在财政投资评审复核的基础上，作为今后年度预算安排和资金拨付的重要依据。

2009 年，财政部又出台了《财政支出绩效评价管理暂行办法》，该办法对财政支出绩效的对象和内容、绩效目标、绩效评价指标、评价标准和方法、绩效评价的组织管理和工作程序等进行了规定。该办法规定，绩效评价的对象包括部门（单位）预算管理的财政性资金和上级政府对下级政府的转移支付资金；明确财政部门和各预算部门（单位）是绩效评价的主体，要求将评价结果及时反馈被评价部门（单位），作为改进预算管理和安排以后年度预算的重要依据，评价结果未达到规定标准的，可在一定范围内予以通报并责令其限期整改，也可相应减少其以后年度预算。

对于激励机制，近年来也出台了许多相关政策。以普遍采用的以工作绩效为基础的“以奖代补”政策为例，在社会事业领域出台的政策包括（但不限于）：

（1）《缓解县乡财政困难工作绩效评价暂行办法》，财政部，2005 年；

（2）《关于开展政府购买社区公共卫生服务试点工作的指导意见》，财政部，2009 年；

（3）《中央财政现代农业生产发展资金使用管理暂行办法》，财政部，2008 年；

（4）《关于加强农村最低生活保障资金使用管理有关问题的通知》，财政部、民政部，2007 年；

（5）《西部地区农村寄宿制学校建设工程实施方案》，教育部　国家发展和改革委员会　财政部，2004 年；

（6）《农村文化“以奖代补”专项资金管理暂行办法》，财政部，2008 年。

3.5.4
关于项目拨款

《国务院关于投资体制改革的决定》（国发〔2004〕20号，以下简称《决定》）文件规定，“政府投资资金按项目安排”。用于社会公共服务的投资资金为“政府投资资金”，这部分资金的使用按照《决定》的规定，应该“按项目安排”。

在本试点中拟采用的“改进的项目拨款”方式，既能使区县级政府自主决定资金用途，又能保持与《决定》的一致性。因为[①]这种拨款方式对试点区县而言是一种综合拨款，这笔资金的具体用途由试点区县决定，而不是如以往那样由国家发展和改革委员会决定；对国家发展和改革委员会而言，下拨的这笔“项目拨款”符合《决定》中“政府投资资金按项目安排”的要求。国家发展和改革委员会对这些试点区县报上来的项目实质上行使类似于备案的职能，而不是审批或核准。

3.6 试点资金来源

关于试点资金的来源，目前尚没有明确的动议和决定。供选择的方案及其优缺点可归纳为下表（表3－1）。

表3－1 可能的资金来源方案及其优缺点

资金渠道	优点	缺点
方案A：不减少试点区县存量转移支付资金，中央财政安排增量资金进行试点（纯增量试点）	易于对试点区县提供强大激励	面临一定的预算压力；难以对增量投入与存量投入资金统筹规划并单独核定增量资金的绩效

① 参见“提高中国农村社会部门公共服务效率的改革试点建议”，国家发展和改革委员会内部政策报告，2008年6月。

续表

资金渠道	优点	缺点
方案 B：以中央财政往年对试点区县存量转移支付资金为基础，按照绩效调整下年度转移支付额（纯存量试点）	不增加中央财政支出压力	试点区县面临较大风险，激励不足
方案 C：在不减少试点区县存量转移支付资金的前提下，由中央财政根据绩效考核调整安排增量资金，将增量资金和存量资金捆绑进行试点（总量试点）	易于对试点区县提供激励；可以将增量投入与存量投入资金统筹规划并资金绩效	试点区县面临一定风险
方案 D：争取国际组织赠款	对中央和地方均有激励	来源不确定且金额不可能大
方案 E：鼓励和支持民间资金进入	有利于筹资渠道多元化并提高资金使用效率	需要有较灵活的政策安排，对监管水平的要求更高

在此建议，本项试点应以方案 C 为主，即：中央财政为试点提供增量资金，将包括增量资金在内的所有社会事业财政转移支付资金均纳入试点范围；与此同时，以方案 D 和 E 作为补充方案，大力争取国际组织赠款，并积极鼓励和支持民间资金进入。

3.7 试点区域

试点县的选择应基于前期国家发展和改革委员会与地方政府的沟通，主要以地方政府对此试点项目的积极性为基础。

全国范围内的推行将取决于各试点的效果。

3.8 转移支付规模

3.8.1 发展（资本性投资）转移支付[①]的规模

理论上来说，发展转移支付的规模取决于以下重要因素[②]：

（1）试点计划可以从已有的转移支付系统获得的资金量——供给方面；

（2）包括国际援助资金在内的额外资金来源的可能性；

（3）典型地方基础设施和公共服务的标准单位成本；

（4）地方政府的配套能力，包括为新建基础设施提供运营和维护资金的能力；

（5）确保此项试点计划长期可持续性所需要的资金；

（6）为地方政府提高绩效所需要的最低限度的激励。

最后一项因素取决于地方政府可获得的其他渠道的资金的规模；而前五项因素则必须统筹考虑，以确定最优的人均资金额。

但如前所述，关于本项试点资金的来源及其规模，目前尚没有展开讨论。实际转移支付规模的确定，更多的是一个“政治的”或“政策的”考虑，而不是计算的结果。尽管如此，仍然可以预先根据一定的依据测算一个规模，以作为政策参考。

必须明确的是，本项试点由国家发展和改革委员会主持实施。国家发展和改革委员会负责中央财政建设性资金、即资本性资金的分配，因此，本试点的发展转移支付仅指资本性投资的中央对地方转移支付，不包括虽然属于发展性资金但不属于资本投资的设施运营和维护资金。这部分资金建议从地

① 本处以及本章以下各处所提到的发展性转移支付资金，未有特别说明的，均指对农村义务教育、医疗卫生、文化以及低保四项社会事业的发展性转移支付资金，不包括对其他农村公共服务事业的投入。

② *Issue paper on performance - based Grants system design: Questions and Emerging Design Features.* Jesper Steffensen, April 9, 2009.

方试点配套中予以保证。

根据中国对建设投资项目投资估算的有关规定，投资服务成本（包括项目规划、设计、报批等）属于建设投资的一部分，理应包含在建设投资预算中。而对若干调研区县的诊断分析表明，由于投资服务成本往往不能在申请建设投资中央转移支付项目资金预算中，给项目单位造成了很大的财务压力。因此，建议在本试点中，资本性转移支付预算应包含投资服务成本在内。

根据第6节中所提出的方案C，资本投资转移支付的总规模将以试点县往年在农村义务教育、医疗卫生、文化和农村低保领域所能获得的人均中央财政基建投资为基数，为实现对地方政府的充分激励，借鉴菲律宾开展此项试点在试点方案中所提出的做法[①]，给予一个25%的增量投入[②]。

为平滑年度波动，试点县往年在农村义务教育、医疗卫生、文化和农村低保领域所能获得的人均中央财政基建投资，应采用本年试点之前3年的平均数。

其计算公式为：

假定有6个县参与试点，某试点县人均财政基建投资（农村社会事业领域，下同）基数

=（该县本年试点前第1年中央财政基建投资额÷该年该县常住人口数量 +该县本年试点前第2年中央财政基建投资额÷该年该县常住人口数量+该县本年试点前第3年中央财政基建投资额÷该年该县常住人口数量）÷3　（公式1）

试点县总体的人均中央财政基建投资基数

= 6个试点县人均中央财政基建投资之和÷6　（公式2）

试点县资本性转移支付资金总额（T）=试点县总体的人均中央财政基建投资基数×6个试点县人口之和×（1+25%）　（公式3）

为此，6个试点县必须提供完整的相应年份的相关数据作为计算依据[③]。

---

① *Preliminary Analytic and Design Work for the Development of a Performance Grant System for LGUs*, Final Report, Submitted by Nordic Consulting Group, DK, January 31, 2008.

② 这是一个主观设定的比例。实际比例应由国家发展和改革委员会与相关试点区县根据实际情况协商而定。

③ 实地调研曾要求调研区县提供2006—2008年的相关数据，但很遗憾并不完整。

3.8.2
能力建设转移支付

3.8.2.1 能力转移支付规模

参考菲律宾试点方案①，能力建设转移支付规模可以暂定为（增量）发展转移支付规模的15% ②。实际所需的资金量应根据各试点县在开展试点时递交的详细预算（须经国家发展和改革委员会审定）来确定。

3.8.2.2 能力建设方案的确定

从对各调研区县的诊断情况看，各部门公共服务人员培训中存在的主要问题之一是培训供给难以适合培训需求。能力建设转移支付的具体使用，宜采用“地方主导型”为主的模式而非“中央政府供给型”模式。

具体做法是：

（1）由参与试点的各县级机构分别报送培训和能力建设需求；

（2）县发展和改革委员会汇总形成本县能力建设需求大纲和经费预算；

（3）试点专家组根据实地诊断情况和试点区县上报材料，形成最终能力建设方案和经费预算方案；

（4）国家发展和改革委员会试点小组审批确定方案。

在此过程中，第一个环节（各县级机构分别报送培训和能力建设需求）应该作为核心环节，必须充分尊重各部门的意愿，只有这样，才能体现需求主导原则。

3.8.2.3 能力建设转移支付资金来源

能力建设转移支付资金不属于财政建设性资金，难以从国家发展和改革委员会建设资金预算中解决。建议来源渠道有二个：

（1）由财政部安排财政专项资金解决；

（2）争取国际组织赠款。

---

① *Preliminary Analytic and Design Work for the Development of a Performance Grant System for LGUs*, Final Report, Submitted by Nordic Consulting Group, DK, January 31, 2008.

② 必须指出，这也是一个主观设定的比例。具体的比例应根据能力建设资金的实际需要量而定。

3.9 试点区县配套资金

3.9.1 试点县提供适当配套资金的理由

从其他一些试点国家的情况来看，开展 PBGS 试点会由试点的地方政府提供一定量的发展性资金作为配套。这样做的好处是：

（1）提升试点县的主人翁意识和参与程度；

（2）增加试点资金量；

（3）增加地方政府试点的自有财力，利于地方政府根据本地实际需求自主安排资金；

（4）增强试点效果的可持续性。

3.9.2 地方配套比例

从理论上说，地方配套资金量应由试点县的财力状况以及是否能对试点区县提高试点绩效产生足够的激励来决定。诊断报告表明，试点县的财力均比较紧张，需要严重依赖转移支付资金来进行公共建设，本级财力主要用于工资、公用经费等维持运转的支出方面。因此，试点县配套资金的比例不宜过高。

参考其他多数国家的试点方案①，可将地方配套资金比例设定为不低于发展性转移支付资金额的 10%，不同试点县的具体比例可根据各试点区县财力而定。此处所说的发展性转移支付，是指试点的增量转移支付资金。

---

① Annex 2 of *Performance Based Grant System - Concept and International Experience* (Final Report), by Jesper Steffensen, 2008.

3.9.3

地方配套资金的使用方向

10%的地方配套资金主要用于支付试点项目的管护和运营成本。具体的使用比例应以试点实施时的详细估算为依据。

3.10 资金使用

3.10.1

资本性转移支付资金的使用

3.10.1.1 专项资金还是跨/多部门资金?

本书所涉及的试点是关于农村社会事业服务的，具体涉及农村义务教育、医疗卫生、文化和低保四个领域。为此，资本性转移支付资金将投入到这四个领域中去。因此，试点资金的性质属于多部门而非单部门专项资金。

3.10.1.2 纯资本性投资还是资本性投资+管护性支出?

由国家发展和改革委员会下达计划的转移支付资金只能用于项目固定资产建设。因此，试点中的资本性转移支付资金属于资本性投资，不能用于管护性支出。

但是，诊断分析表明，目前在调研区县的农村社会事业项目中，重投资轻管护、有投资资金而缺乏管护资金的现象比较突出，严重影响了项目的建后有效运行和项目效益的发挥，因此，可以将地方配套资金（资本性转移支付资金的10%）用于支付试点项目的管护和运营成本。

3.10.1.3 关于投资服务支出

如3.8.1节所言，投资服务成本（包括项目规划、设计、报批等）属于建设投资的一部分，理应包含在建设投资预算中。因此，在本试点中，资本性转移支付预算应包含投资服务成本在内。

3.10.1.4 关于限制性支出

根据诊断报告，调研区县各部门绝大部分都未反映在部门办公条件方面需要作太多的改善。因此，应限制试点资金在购置办公家具、车辆等用于改善办公条件方面的支出。

3.10.2 能力建设转移支付资金的使用

3.10.2.1　能力建设转移支付资金的使用方向

能力建设资金的使用方向包括培训、咨询服务/技术援助以及开展试点所必要的办公设备等。能力建设资金的具体使用依据是国家发展和改革委员会试点小组审批确定的最终能力建设方案和经费预算。不在此方案和经费预算范围之内的支出均属于禁止性支出。

3.10.2.2　能力建设转移支付资金使用的最低要求（先决条件）

按照本章3.8.2节程序制定出最终能力建设方案和经费预算方案，是能力转移支付资金使用的先决条件。简要地说，使用能力建设转移支付资金必须首先要有根据需求主导原则制定出来的能力建设规划。

3.11　转移支付资金的横向分配

3.11.1 资本性转移支付资金的分配

3.11.1.1　分配原则①

公开、透明、公正的分配原则是PBGS成功的关键性因素。转移支付资金在各试点县之间的分配必须与转移支付资金的总体目标一致。理论上来说，分配方案必须以各试点县的支出需要以及财政能力等基本因素为基础，根据支出绩效评估结果加以调整（调增或调减）。基本的分配原则包括：各试点县的人口总量、贫困人口数量、其他一些贫困指标（例如文盲率、儿童死亡率等）、试点区县面积和其他一些影响支出的因素，以及试点县本级

① *Issue paper on performance - based Grants system design: Questions and Emerging Design Features.* Jesper Steffensen, April 9, 2009.

财力状况。

然而，考虑到数据的限制，可采用更为实用和简单的方法，定义一个清晰、简单和公平的基本分配公式。基于公式的资金分配方案，应该贯彻高度透明性、可预测性、稳定性和客观性原则，这些原则的优点在许多国家的实践中已得到体现。当然，具体的公式必须建立在试点方案的总体目标和试点国的特定条件基础之上。

试点的主要目的是聚焦于资金使用绩效。因此，尽管 PBGS 更关注于财力薄弱的区县，但不应期望 PBGS 承担起改善试点县总体财政状况的责任，也不应把 PBGS 作为消除地区间财力不平衡的唯一工具。试点县贫困人口的数量必须作为因素之一考虑进去，并且给予一定的权重，例如 20%，对试点区县面积的处理也是如此。但是无论如何，最基本的原则都是试点县的人口数量。

另外，根据基本分配公式所计算出来的分配金额还要根据试点地区的绩效评估结果进行足够的调整，以达到为试点县提供改进资金使用绩效的必要激励的目的。

3.11.1.2 基本分配公式

表 3-2 **调研区县人均财力** 单位：元/人

	人均总财力	人均本级财力	人均预算内财力
江津	2289.0	927.4	1631.8
大足	1933.1	987.5	1406.2
九龙坡	2180.9	1231.3	2113.1
兴国	1315.1	372.0	1209.5
赣县	1907.4	813.2	1609.0
大余	2208.6	1142.4	1901.9

数据来源："重庆市与江西省 6 个调研区县农村公共服务状况与绩效诊断（总报告）"，林万龙等，2009 年 10 月。

在此，可以所调研的 6 个区县为例加以说明。从表 3-2 可以看出，无论以人均总财力、人均本级财力还是人均预算内财力来衡量，6 个调研区县中，除兴国县外，其他 5 个区县均较为接近，而兴国县则显著低于其他 5 区县。事实上，6 个区县中，兴国县属于国家扶贫开发工作重点区县。因此，资本性转移支付资金的分配，除了应考虑人口因素外，贫困发生率也是应重点考虑的因素之一。另外，由于各县面积差异较大，而区域面积显然会影响到公共服务成本，因此，区域面积也应成为衡量因素之一。

参考其他一些国家的试点做法①，我们在此提出，本项试点资本性转移支付资金的基本分配公式可考虑四个因素：

（1）等额因素。即给予每个试点县等额的资金量。其根据在于，在一定范围内，公共服务具有明显的固定规模效应，其投资需要量与服务人口并没有很大的关联性。

（2）人口因素。在弥补了公共服务的固定成本（固定规模效应）之后，公共服务的资金需要量则显然与服务人口有直接关系。这包括两个方面，人口总量与人口结构。所谓人口结构，在此指农村人口占总人口的比重。由于农村人口居住相对分散，因此，为农村人口提供公共服务的单位成本会更高一些。因而，对人口结构的考虑实际上体现了服务公平性因素。

（3）贫困因素。考虑到已有基础的不同，对贫困人口较多的县，理应给予一定的资金倾斜。这也是政策设计中贫困视角的具体体现。

（4）面积因素。因为6个试点县地域面积差距较大，而地域面积大小也会带来农村公共服务需求数量上的差异。

根据我们自己的判断并结合其他国家的经验，上述四个因素在资金分配公式中的权重可依次定为：20%、50%、20%和10%。其中，在50%的人口因素中，人口总量和人口结构各占40%和10%。即，资金基本分配公式为：

某县可获得的资本性转移支付资金基本权重Ai

=1/6×20%+（该县人口占6个试点区县总人口的比重）×40%+（该县农村人口比重占6个试点县农村人口比重之和的比例）×10%+（该县贫困发生率/6个试点县贫困发生率之和）×20% （公式4）

某区县可获得的资本性转移支付资金基本数量Bi

= 试点资本性转移支付资金总额（T）×Ai （公式5）

T的计算可参见公式1至公式3。

3.11.1.3 引入绩效激励机制后的资金分配公式

3.11.1节所确定的某县可获得的资本性转移支付资金基本数量（B）的

① Annex 2 of *Performance Based Grant System - Concept and International Experience* (Final Report), by Jesper Steffensen, 2008.

计算公式，没有引入绩效激励机制，只能作为试点县资金分配的基础性依据。试点县可获得的资金额必须在 B 的计算公式基础上，结合上一年度绩效评价的结果给予调整：绩效评价好的县，可以获取更多的资金；而绩效评价差的县，则必须削减可获得的资金量。为起到真正的激励作用，可将 B 分为两部分：基本拨款（C）和绩效激励拨款（D）。考虑到各县财力均较为紧张，可设定基本拨款为 B 的 60%，另外 40% 作为绩效激励拨款资金来源，试点县可获得的具体金额由各县的绩效评价得分决定。

设 6 个试点县根据公式 2 计算的资本性转移支付资金基本数量分别为 B1、B2、B3、B4、B5 和 B6，绩效评价得分分别为 X1、X2、X3、X4、X5 和 X6。如果以每县资本性转移支付资金基本数量的 40% 之和作为绩效激励拨款的总额，则：

$$D = (B1 + B2 + B3 + B4 + B5 + B6) \times 40\% = B \times 40\% \qquad \text{（公式 6）}$$

某县可获得的绩效激励拨款额 Di 既与其绩效评价得分 Xi 有关，也与其资本性转移支付资金基本数量 Bi 有关，为此，构建一个双重权重的计算公式，即可计算出某县的绩效激励拨款额：

$$Di = (Xi \times Bi) / (X1 \times B1 + X2 \times B2 + X3 \times B3 + X4 \times B4 + X5 \times B5 + X6 \times B6) \times D \qquad \text{（公式 7）}$$

$(i = 1, 2, 3, 4, 5, 6)$

很显然，有：

$$D1 + D2 + D3 + D4 + D5 + D6 = D \qquad \text{（公式 8）}$$

因此，某试点县 i 最终可获得的资本性转移支付资金额

$$Ei = Bi \times 60\% + Di \qquad \text{（公式 9）}$$

$(i = 1, 2, 3, 4, 5, 6)$

其中，Bi ×60% 确保了考虑人口、均等化和贫困因素后，试点县可以获得的稳定的拨款；Di 则是以该县稳定拨款为基础，考虑了绩效得分后可获得的绩效激励拨款。某县绩效评价得分越高，则绩效激励拨款越高；反之，则绩效激励拨款越低。最极端地，如果某县绩效评价得分为 0，那么，它将只能获得资本性转移支付资金基本数量的 60%。因此，该机制既确保了试点县获得最低限度的转移支付资金，又对试点县改进试点绩效提供了强大激励。

3.11.2 能力建设转移支付资金的分配

原则上来说，能力建设转移支付资金的分配公式应该考虑能力建设所应该达到的目标、为此需要支持的项目活动及其成本、可获得的资金量及最低限度的资金需要量等方面的因素。然而，基于简单易行的考虑，能力建设转移支付资金的分配可以下程序：

（1）以资本性转移支付资金总量的15%作为能力建设转移支付资金的上限（参见3.8.2.1节）。

（2）对具体试点县来说，不宜以最终可获得的资本性转移支付资金额Ei的15%来确定能力建设转移支付资金量，而宜按该县可获得的资本性转移支付资金基本数量Bi的15%来计算能力建设转移支付资金量。这是因为，Ei的计算包含了该县绩效评价得分因素在内，绩效评价得分越高，Ei越大；反之，Ei越小。而绩效评价得分往往又与该县的能力建设状况相关。因此，以Ei为基础的计算意味着能力越差的试点县，可获得的能力建设拨款也会越少，这显然不利于平衡各试点县之间的能力差距。而以Bi为基础的计算，则不仅避免了这一缺陷，而且使得对试点县能力建设拨款的计算公式中包含了该县人口、贫困和均等化等合理因素在内（参见公式4和公式5）。

因此，对某县的能力建设转移支付资金

$$Fi = Bi \times 15\% \qquad \text{（公式 10）}$$

$(i = 1, 2, 3, 4, 5, 6)$

3.12 绩效指标和评价程序

3.12.1 资本性转移支付资金的获取条件

3.12.1.1 本试点中资本性转移支付资金绩效评价的几个特点

（1）由于资本性转移支付资金既包含稳定拨款又包含绩效激励拨款

(分别为 3. 11. 1 节中的 Bi×60% 和 Di，具体可参见该节)，因此，必须设定获得稳定拨款的最低条件（Minimum Conditions，MCs）和绩效衡量（Performance Measures，PMs）。前者决定了试点县是否可获得稳定拨款，后者则决定了试点县可获得的绩效激励拨款的数额。

(2) 本试点既涉及农村社会事业类公共服务（涉及教育、医疗、文化、低保四个部门），又涉及规划、财政、审计、治理、能力建设等综合性部门，因此，试点绩效包括总体绩效和部门具体绩效两个方面（参见 3. 3. 2 节），因而，绩效评价指标也应涵盖一般性指标和具体部门指标两个方面。

(3) 对于绩效评价指标，由于涉及不同部门，不同指标的权重难有衡量标准，因此，宜采用简单平均方法，将具体指标的得分加总为总体绩效得分。

(4) 绩效评价指标的构建和监测、评价依赖于执行部门较强的能力和条件。从各试点县目前的现实情况出发，本章在此建议，在本试点中，绩效指标可选用过程类指标而非产出/结果/影响类指标，后面这些指标可在后续工作中逐步引入（同 3. 3. 2 节的表述）。

(5) 绩效评分由试点绩效评价机构给出，但是，根据绩效激励拨款的计算公式（参见 3. 11. 1 节），某试点县绩效激励拨款数额实际上既与该县绩效评价得分的绝对值有关，也与该县与其他试点县之间的得分比较有关。

3. 12. 1. 2 资本性转移支付资金获取的最低条件（MCs）

最低条件是基本的条件，为了得到拨款，地方政府必须 100% 达到要求。这些是“是 / 否”的问题，例如，一份正确的审计报告或者按时提交财务报表。最低达标条件的目的是为了在有效地处理资金和吸收资金方面有足够的保障。这些最低条件包括在规划、预算、财政管理等方面的需求。其他试点国家的案例可以提供关于最低条件的一些参考①，但从对 6 个调研区县的实地诊断调研来看②，仅仅把那些国家的最低条件作为试点的最低条件

---

① *Issue paper on performance - based Grants system design: Questions and Emerging Design Features.* Jesper Steffensen, Senior Partner in Dege Consult APS, April 9, 2009.

② 具体参见林万龙等对 6 个试点县试点调研后所撰写的分县调研报告。

没有意义。结合诊断报告所发现的问题，本项目制定最低条件还要特别注重以下几个方面的问题：

1. 农村社会事业公共服务包：规划问题

事前的科学规划、项目的严格执行和运行、项目资金效益的监测评价，是确保转移支付资金使用效益的三个密不可分的环节。各调研区县目前在项目规划方面的工作很薄弱，主要表现在：规划的论证不够科学、严谨；规划中的公众参与较差；规划与财力之间缺乏衔接；规划之间缺乏统筹；规划的贫困视角缺乏。这些缺点导致规划难以对实际工作起到指导作用，形同虚设。这不仅使得资金投入随意性较大、缺乏科学性，而且由于缺乏预设的投入目标，从而难以对资金使用效果进行有效监控。

一般会认为，规划问题是在满足最低条件、确定开展试点之后的工作，本身不构成最低条件之一。但是，实践表明，不重视规划、不首先拿出科学的规划，恰恰是导致中国大量政府公共投资低效率的重要因素。因此，必须把“有科学的专项试点资金投入规划”设定成为试点县开展本项试点的一项关键性最低条件。

试点效果这一规划的最终成果，必须形成一个“农村社会事业公共服务包”。具体来说，判断是否有形成“农村社会事业公共服务包”的“科学的专项试点资金投入规划”，应包括以下方面的要素：

（1）该规划应专门针对本试点而制定；

（2）该规划包括试点期总体规划及年度规划在内；

（3）该规划应包括农村义务教育、医疗卫生、文化和低保 4 项专项试点规划，明确试点的资本性资金的使用方向；

（4）该规划应充分明确农村义务教育、医疗卫生、文化和低保 4 项公共服务的城乡区域布局，特别是应考虑到城镇化趋势所带来的布局的“公平”与“效率”问题①；

（5）该规划应充分体现贫困视角，有对规划实施的贫困影响的专门评估；

---

① 目前，大量农村人口向城镇集中，从效率角度来说，应加强对城镇的投入，以取得投入的规模效应。但是，留在农村的人口大部分是相对贫困人口，增加对农村地区的投入显然具有“公平性”。具体分析可参见分区县调研报告和调研总报告。

（6）规划的制定有各利益相关者（相关部门、乡镇政府、村民、公众）的充分参与（需有充分证据证明）；

（7）必须充分说明本规划是如何与其他相关规划以及相应的财力保障衔接和统筹的。

只有上述7项条件同时满足，该规划才可判断为“是科学的专项试点资金投入规划”。

2. 试点协调机构问题

建立专门的试点协调机构应作为开展试点的最低条件之一。虽然本试点的目的意在推广，这意味着必须充分发挥和加强已有政府机构的能力和职责而非建立新的机构，但是考虑到本项试点既涉及公共服务业务部门（教育、医疗、文化、民政），又涉及一般性职能部门（规划、财政、审计、招标采购、人事及编制、人民代表大会）。只有建立了专门的试点协调机构，明确其各自的职责，才有可能制定专项的试点规划，各项试点工作才可能开展。通过试点探索和证明了能有效确保PBGS运行的各部门的职责分工，将具有推广价值。

试点协调机构的设置应由试点县政府牵头，有上述10个相关部门的参与。

总结起来，本项试点的MCs可归纳如下：

（1）地方政府负责人、财政主管和内部审计主管的职位完全遵照法律要求委任；

（2）各部门有内部审计制度，有定期的内部审计报告；

（3）各部门编制前一财年的最终账目，并及时交给审计部门；

（4）对部门的基建支出项目均出具审计报告；

（5）最终审计报告不是负面的，之前的审计报告所提出的问题得到解决；

（6）人民代表大会有明确的预算审查时间，能及时批准预算，符合预算指导原则；

（7）依法组成招标委员会／采购部门并运转；

（8）各部门有健全的财务管理制度和财务管理报表；

（9）各部门有适当的固定资产管理和记录的系统；

（10）有足以形成农村社会事业公共服务包的科学的专项试点资金投入

规划；

（11）已经建立起专门的试点协调机构；

（12）财政预决算、审计、招投标、规划、项目建设信息都能及时、有效公开；

（13）财政预算、规划、项目建设中有充分的公众参与。

3.12.1.3　资本性转移支付资金获取的绩效衡量（PMs）

与最低条件（MCs）的"是/否"条件相反，绩效指标通常是更加详细的地方政府绩效指标。它们用于对地方政府绩效的渐进式的衡量（"评分"），并根据绩效调整拨款。绩效指标的主要目标是确保地方政府有足够的动力持续地改善绩效。

项目绩效评价指标设计中应注意几个问题，其中，前三个问题已在3.11.1节强调过：

（1）绩效评价指标应涵盖一般性指标和具体部门指标两个方面；

（2）宜采用简单平均方法，将具体指标的得分加总为总体绩效得分；

（3）在本试点中，绩效指标可选用过程类指标而非产出/结果/影响类指标，后面这些指标可在后续工作中逐步引入；

（4）应该特别注意，绩效评价指标应尽量选用那些其效果可主要由试点区县控制而非主要受试点县无力控制的外力（上级部门；既有的、试点难以改变的政策和体制等）影响的指标。例如，"试点区县自有财政收入比重增加"就不是一个好的绩效评价指标。这是因为，试点县既无力改变政府间财政分配关系，也无权调整税收政策。

3.12.2
能力建设转移支付资金的获取条件

能力建设拨款应该是用来支持地方政府改善绩效，强化以绩效为基础的投资拨款所带来的效益。能力建设拨款的获得条件应该足够灵活，使得有决心的地方政府可以参与并改善它们的绩效。

3.8.2节已经提供了能力建设方案的确定程序。由各试点区县提供合格的能力建设方案是试点区县获取能力建设转移支付的最低条件。"合格的能力建设方案"应包括以下要素：

（1）该方案应包括教育、卫生、文化、低保、发展和改革委员会、财政、审计、招标采购、人事及编制、人民代表大会总计10个部门的能力建设专项规划，并明确试点各部门能力建设资金的使用方向；

（2）该方案应由各部门在部门员工充分参与的基础上自主制定而非县政府制定或上级部门指定；

（3）各部门应在方案中提出能力建设优先序以及相应的财政预算。

3.12.3
评估手册和程序

评估手册和程序方面的工作将有专门的专家完成，不在本章讨论的范围之列。根据国际咨询专家的意见①，本章仅提出项目评估手册和程序设计中的三个重要节点以供参考。

3.12.3.1 概述

关于评估系统本身，简单的指标系统可以使用简单的清单和定义，包括最低达标条件和绩效指标；更加先进的系统需要精心制作的评估手册，手册清楚地描述指标、要求以及评分系统，还有一个关于整个评估程序的详细的概括。

一个有关的设计问题是评估时机、所需时间以及阶段问题。评估应该在财年开始之前进行，以便地方政府可以在一个熟悉的预算对象内计划和预算，并且应该与预算程序同步。还应该确定评估的频率。这需要进一步分析中央和地方政府的预算程序以及不同选择的优劣。

3.12.3.2 需要考虑的问题

（1）是否需要评估手册？

（2）为了将其融入预算周期，评估的最佳时机是什么时候？

（3）评估的频率应该如何？（例如，年度评估？）

（4）应该如何建立评估系统？包括评估主体/小组的组成，从而保证中立和公正？

3.12.3.3 新的设计参数（因素）

非常需要一本清楚的评估手册，手册反映出以绩效为基础的拨款系统的

---

① *Issue paper on performance - based Grants system design: Questions and Emerging Design Features.* Jesper Steffensen, Senior Partner in Dege Consult APS, April 9, 2009.

主要目标。手册还应该包括获得拨款的最低达标条件，绩效指标，评分以及各指标权重，以及为了整个评估而设立的程序和机构。

评估应该与地方政府预算程序同步，每年进行，以便对拨款进行年度调整。评估的可信度高对系统的成功非常重要，因此需要有一个中立的、客观的、独立的机构。

3.13 能力建设问题

能力建设支持的设计对地方政府能否对拨款体系所引入的激励机制作出反应非常重要。然而，对各调研区县的诊断分析[①]表明，虽然调研各区县的各个部门都有一些培训活动，但是很显然存在一些严重的不足：

（1）各区县都缺乏针对各部门的系统的能力评估、能力建设总体规划和相应的专项经费；

（2）没有能力需求调查。已有的一些培训活动大多是“被动式”的（上级指定）而不是“需求导向”的（部门需求）；

（3）能力建设更多地针对了部门领导，对部门工作人员的培训不足；

（4）缺乏能力建设的质量保证系统，能力建设效果缺乏监测评估。

尽管能力建设需求不同，但各部门均迫切希望、也确实需要加强能力建设。诊断分析还表明，各区县在能力建设方面更多的是缺乏开展各项业务工作所需要的培训和人才，而不是办公设备等硬件设施。因此，能力建设更多应侧重于人员培训和人员配备方面。各县能力建设的核心需求可参见诊断总报告的表2－39。

① “重庆市与江西省6个试点区县农村公共服务状况与绩效诊断（总报告）”，林万龙等，2009年10月。

3.14 机构安排

合适的试点机构安排对于试点工作的顺利开展非常重要。机构安排的重点可分别置于上下两个层面，即中央部门层面和县一级。试点机构可包括三大部分：试点工作管理机构、试点工作专家组和试点工作监测评价组。

具体构想如下：

3.14.1 试点工作管理机构

3.14.1.1 试点项目中央领导小组

组长应由国家发展和改革委员会社会发展司领导担任，财政部、审计署、民政部、教育部、卫生部、文化的相关部门的负责人参与。其职责：

（1）明确试点政策；

（2）确定试点资金额度及年度计划；

（3）协调试点项目与各部门（教育、卫生、民政、文化）专项项目之间的关系；

（4）明确资金使用与监测评价方案及政策；

（5）试点项目的其他重大事项。

3.14.1.2 试点项目中央领导小组办公室（中央项目办）

它是试点项目中央领导小组的办事机构。设在国家发展和改革委员会社会发展司综合处。办公室具体落实试点工作。其职责如下：

（1）组织编制试点方案；

（2）审查整体项目的年度工作计划和预算；监督项目实施进度，汇总各县项目办上报的项目进度报告；

（3）监控和评价项目整体执行情况；

（4）聘用、监督和管理咨询专家；

（5）就项目绩效监督和管理方面提供必要的培训等。

中央项目办将设项目经理一名，负责协调项目前期准备以及项目的具体实施和管理的工作。中央项目办将配备合格的专门人员，负责项目的日常工作。

中央项目办应配备专项项目管理资金。此项资金不从试点经费中列支。

3.14.1.3　各县试点项目领导小组

组长由试点县主管副区长、副县长（或副书记）担任，发展和改革委员会、财政、审计、人事、招投标、民政、教育、卫生、文化部门的相关负责人参与。其职责：

（1）明确本县的具体试点政策；

（2）确定试点配套资金额度及年度计划；

（3）协调试点项目与各部门（教育、卫生、民政、文化）专项项目之间的关系；

（4）试点项目的其他重大事项。

3.14.1.4　各县试点项目领导小组办公室（县项目办）

各县项目办设在县发展和改革委员会，项目办主任由县发展和改革委员会主任担任。

试点项目管理资金可从能力建设转移支付资金中列支。

县项目办的主要职责是：

（1）负责辖区内整个项目的前期准备工作；

（2）编制本县项目详细试点方案；

（3）制定项目管理的各项规章制度；

（4）编制项目总体规划和年度实施计划；

（5）参与协调各有关单位的工作；

（6）提供各种资料报表；

（7）安排项目需要的各种科研和技术培训；

（8）建立项目监测评价体系和例行报告制度，开展监评工作。

3.14.2
试点工作专家组

在中央层面成立试点工作专家组（专家组）。专家组在中央项目办领导下工作，应包括项目规划专家、项目管理专家、PBGS 专家、培训专家各 1 名，为试点的开展提供专业咨询服务。试点工作专家组的具体职责如下：

（1）具体设计项目试点方案细则；

（2）拟定项目培训计划；

（3）为试点项目实施中面临的专业技术问题提供咨询。

3.14.3
试点工作监测评价组

在中央层面成立试点工作监测评价组（监评组）。监评组的主要职责为：

（1）汇总试点区县上报的相关监测评价数据并开展监测评价案头工作；

（2）对试点区县开展实地监测评价；

（3）对试点区县的试点工作给出监测评价结论。

监测评价方案的设计、监评组的人员构成、工作机制等内容由另行聘请的项目监测评价专家设计。

3.14.4
省、市（地级市）发展和改革委员会的工作配合

为简化管理环节，建议省级发展和改革委员会及试点区县所在地级市发展和改革委员会不设项目管理机构，仅在试点工作中起上下衔接作用。

项目机构安排可用图 3－3 表达。

3.14.5
各利益相关者在试点中的职责

1. 中央政府

多年来形成的行政管理上的条块分割，使信息采集与利用也存在一定程度的条块分割，某个层级的政府部门主要为本级政府和上一级部门服务，各部门横向的信息资源共享有限，这使不同部门对同一指标的统计数据常常存在较大出入，给决策带来困难。为此，试点时需要中央、省级相关管理部门在信息共享、政策配套上密切合作。

2. 省级政府

对试点区县所在省级政府而言，他们面临的共同任务是要进一步规范省及省以下财政转移支付制度，通过优化财政支出结构，积极筹措资金，增加对财政困难县、乡的支持力度。

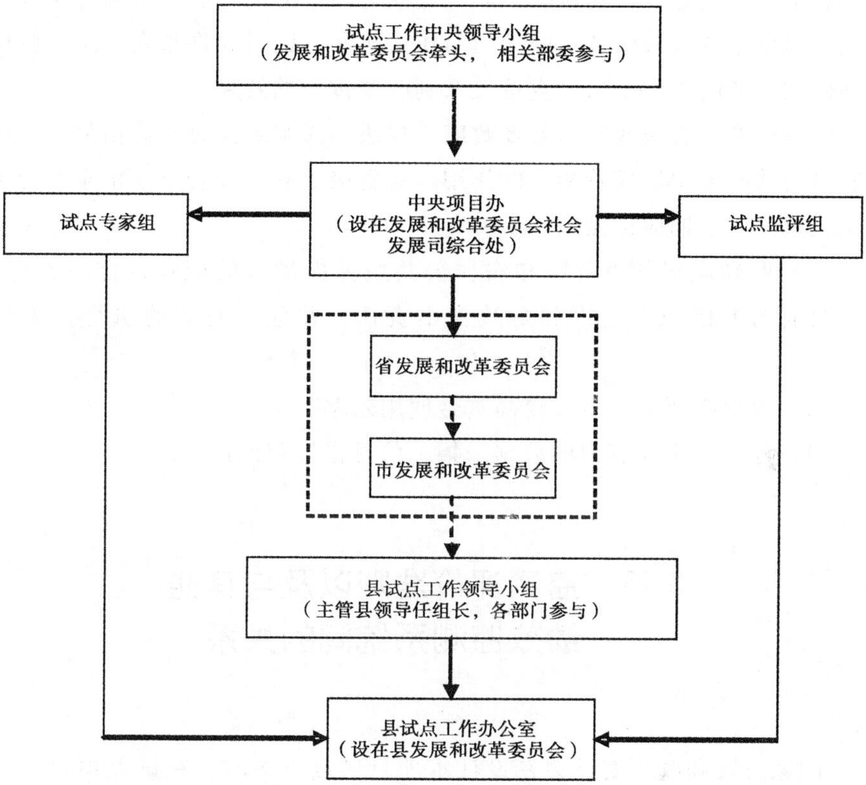

图 3-3　项目机构安排框架图

3. 县级政府

（1）县级政府应严格确保上级政府转移支付资金不挪作他用；（2）县级政府应通过制度设计、提供技术指导等途径，来提高公众参与范围和参与程度；（3）县级政府应重视农村公共服务需求正在和即将发生的变化，更好地设定服务目标群体和公共投资优先次序，建立、完善更加灵活有效的反应机制。

4. 乡镇政府

乡镇政府是直接面向农民的基层政府，推进乡镇机构、“乡财县管”等方面的改革，要考虑到与改进农村公共支出管理改革的相互促进问题。

5. 服务提供者

普遍存在的职责不清、管理分散、公共服务资金不足、绩效管理不严、缺乏竞争等，使它们在提供公共服务上缺乏足够的动力。如何完善这些事业单位在提供基本公共服务上的动力与压力机制，同时允许私人、民营机构参与到公共服务的提供中来，直接关系到改革试点的效果。

中央政府、省级政府、县乡政府、村级组织和农民等利益相关者，在改善农村公共服务中发挥着相应的作用。对省级、县级政府建立相应的约束机制至关重要。近期应该做到：

（1）明确规定各级政府和农村公共服务提供者的职责，合理界定省、县级政府的事权职责范围和财政支出责任，并建立有效的执行、监督机制。

（2）确保必要的资金，提高资金使用效率。

（3）建立一个强有力的数据采集、信息报告和评估系统。

3.15 监测评价准则以及与其他绩效监测系统间的关系

国家发展和改革委员会在设计本项目试点方案时，在试点项目的监测评价方面提出了若干重要的要点①，可以作为参考。详细的监测评价方案请见下一章。

3.15.1 指标体系

3.15.1.1 指标体系设计原则

目前衡量财政转移支付绩效最主要的难点是，缺乏科学、规范、针对性强的评价指标体系和一套能够提供用以衡量和评价项目绩效的客观的、量化的评价模型，而这与指标选取与模型构建所依据的原则密切相关。建议在构建财政转移支付绩效评价指标体系时应遵循以下原则：

---

① “提高中国农村社会部门公共服务效率的改革试点建议”，国家发展和改革委员会内部政策报告，2008年6月。

（1）科学性原则。评价指标体系设计应遵循转移支付自身特点，具体指标在范围、数据采集、权重确定、计算方法等方面要有充分的科学依据。

（2）导向性原则。构建指标体系应突出转移支付的导向作用，体现公平与效率。

（3）动态可比性原则。构建指标体系应遵循国际通用做法，并考虑我国的客观条件和可操作性；数据获取在确保科学性的前提下，应符合成本效益原则，保持数据获取的可行性、稳定性和数据的连续性。各试点区县在设计转移支付绩效评价指标时，可在遵循上述原则的前提下，在具体指标种类、数量、内容上，根据各区县实际略有差异。

（4）简明性原则。尽量选择最具代表性、最能反映评价要求的绩效评价指标，用较少的指标反映出更多的关键问题。

3.15.1.2　指标体系的内容

监测指标要覆盖试点全过程和试点结果，有客观指标也要有主观指标，有单项指标也要有综合指标，监测指标还要尽可能覆盖到相关利益方，包括政府官员、专家、社区和服务终端的消费者。在指标设计和指标权重上，应充分考虑到制度和机制建设方面的指标。更具体的指标设计、指标权重、数据汇总处理方法，将由负责监测评价的专家确定。各类数据应形成标准的数据报表与评价报告格式。监测指标应包括以下几个方面：

一是规划编制与实施全过程，包括需求调查的充分性、准确性；规划编制的社会参与及信息公开情况；投资项目和运行经费是否符合规划内容；规划实施的效果；规划调整的及时性等。

二是设施建设全过程，包括项目布局、相关设备配置的合理性；建设阶段的投资控制、质量控制、进度控制、安全控制、生态环境控制情况等。

三是运行经费使用全过程，包括是否符合各项经费支出的使用要求，是否及时足额地将各种来源的经费分配给了最终的服务提供者，是否在资金拨付的中间环节有不合理的扣留。

四是规划实施、投资项目和经费支出的结果，主要包括规划实施的结果（如多少人收益）、投资项目和运行经费的投入产出效益大小等。

五是制度建设，主要是相关领导和机构的责任划分、监督机制、奖罚机制，以及机构之间的工作协调机制（表3-3）。

表 3－3　指标体系应覆盖的四个方面

过程与结果	客观指标与主观指标	单项指标与综合指标	相关利益方
过程：如项目决策程序，项目建设的质量控制、造价控制、进度控制等 结果：如新增固定资产、多少人受益、效益大小等	客观：如新增达标校舍、新增医疗床位数等 主观：如农民对医疗卫生的满意度等	单项：如学校生均教室面积达标率等 综合：如升学率、辍学率，婴儿死亡率等	政府：如是否严格执行法规等 事业单位：人均运行经费支出等 专家：如规划的科学性、合理性等 消费者：如服务提供者回复意见的及时性、总体满意度等

3.15.2
数据采集、审核与更新

要使监测评价客观公正，必须建立不受任何参与方人为影响的独立的数据采集、审核与更新机制。

（1）独立的数据采集与审核。监测评价中涉及的数据，一是监测评价机构生成的数据，主要是地方政府遵循法律、法规和政策的情况，技术标准的执行情况等。这部分情况需要定量化。二是试点过程中自动生成的数据，主要是数据汇总计算时自动生成的数据。这部分数据要有审核，以便发现可能的计算错误和不合理的原始数据。三是人工报送数据，主要是资金拨付、经费分配、项目审批、建设进度、工程结算和决算数据等。这部分数据要有专人负责抽样审核。四是消费者问卷调查数据，主要是试点过程中信息公开、服务提供过程中的透明度、对公众意见的反馈与采纳情况、公众对服务供给的评价（如可用性、可靠性、质量、管理水平、总体满意度）、投诉处理情况等。这部分数据需要通过问卷调查获得，并应建立抽样审核机制。五是综合性产出数据，这部分数据来源于现有统计制度。对这部分数据也应审核，发现数据歧异时，应进行必要的调整。

（2）更新。上述数据需要进行年度、季度、月度更新，以满足事中和事后评估的需要。

（3）评价前的再次审核。所有监测数据在进行评价前，均需确定专人进行最终的数据审核。对有问题的数据进行及时更正，对问题原因进行分析，并提出防止问题再次出现的措施。

（4）数据管理。试点区县应指定专人（区县统计局的一名人员）对监测数据进行管理，管理的数据主要是自动生成数据、人工报送数据和综合性产出数据。监测评价机构生成的数据和消费者问卷调查数据，可由监测评价机构自己管理。

3.15.3
独立的监测评估体制

从以往的情况看，当绩效与奖惩挂钩时，数据的客观性往往会受到趋利动机的干扰，数据造假也可能会出现，这无疑会影响到监测评价的客观性。应对这种干扰的措施，一是由独立的第三方（研究机构或高校）承担监测评价工作。二是监测评价机构生成的数据、消费者问卷调查数据和综合性产出数据，由监测评价机构人员采集与更新；试点过程中自动生成数据和人工报送数据，由监测评价机构指定专人核查。三是不管采取外部评价还是内部评价，都应确保监测评价过程和结果的公开与透明。

3.15.4
监测评价体制的运作

由国家发展和改革委员会和世界银行在国内选择具备专业技术能力的监测评价机构，与其签订严格的合同。合同对双方的责、权、利应尽量明确和具体，如相关利益方对数据的合理性、抽样调查的科学性、评价结果等出现分歧时，国家发展和改革委员会、世界银行、试点区县和监测评价机构对监测数据的调整或不调整有无或有哪些权力等，都应在合同中尽可能明确。

监测评价机构和合同书一经确定，相关利益方必须严格执行合同。不管监测评价结果如何，试点区县都应该按合同规定，配合监测评价机构工作。

评价结果出来后，应该返回给试点区县征询意见。如果试点区县对评价结果有异议，应当允许试点区县对评价结果进行申诉，由国家发展和改革委员会试点领导小组受理申诉，对申诉作出结论并回复。如试点区县对结论仍有异议，应该以试点领导小组的结论为准。通过这种类似申诉的程序，使评价结果更加符合实际。

第四章 监测评价方案

4.1 本章主要内容

监测评价体系在 PBGS 的实施中至关重要。只有建立了有效的监测评价体系，才有可能收集 PBGS 实施的绩效数据，并对绩效进行客观的评价。“基于绩效”的政府间转移支付才有客观依据。因此，“建立一个强有力的监测评价系统，针对试点资金进行专门的监测评价”成为本项目试点方案中的重要一环。

试点方案要求为项目试点设计专门的监测评价方案。本章的任务即在于此。其中，4.2 节概要总结项目县目前监测评价体系的现状和问题；4.3 节提出本试点项目监测评价体系的主要目标和基本要点；4.4 节提出试点项目监测评价指标体系；4.5 节设计了试点项目监测评价流程；4.6 节将对开展项目监测评价工作所需要的制度与政策条件进行简要讨论。

4.2　调研区县监测评价体系现状

4.2.1
总体绩效监测现状

4.2.1.1　财政资金使用监测

诊断报告显示，虽然存在像“非正式贷款”这样的诸多挑战，但各调研区县都建立了较为系统的财务管理系统：

（1）财政管理。在财政管理层面上，区县政府对所属政府部门有较强的监督。各区县均在财政局设立了会计核算中心，对部门资金进行核算。行政、事业单位取消基本账户，由会计核算中心负责对账，对财政支出进行内部控制，以此监控部门资金的使用。

（2）财务制度。财政资金的使用均有一套较为完整、规范的财务管理制度。每个部门都有资产、资金收支的决算报表，年底决算后报财政局；财政部门内设科室对财政支出进行内部控制；审计机关和监察机关对财政资金的使用进行监督检查。

（3）人事管理。各区县在人事薪资管理方面均有较为严格的管理办法，工资支出控制比较有效，人事记录和工资支付数据吻合，记录更新及时。

（4）审计制度。各区县均有较系统的外部审计体制和审计政策，审计跟进政策较为严格；重点部门有内审机构和内审机制，对资金的监控起了一定的效果。

（5）预算审查。人民代表大会有明确的预算草案审查机构和审查程序，预算草案只有经过区县人民代表大会审批后才会成为具有法律效力的预算文件。

（6）招标采购。各区县均有较完备、系统和公开的招标采购政策，采购投诉机制较为健全，招标采购系统的运行较为有效。

4.2.1.2　公共服务质量监测和评价

对公共服务机构有一套考核制度。一方面，区县政府对各业务局应开展的工作进行考核，涉及政策、业务等方方面面，并且制定有比较严厉的处罚政策；另一方面，上级业务局也会对业务局进行相应的考核，主要是业务方面的考核。但这种考核制度也存在一定的缺陷，例如对各部门的债务并没有很好的控制。

公共服务管理机构一般根据政府或者上级业务局的考核指标，制定下属公共服务供给机构（如学校、医院）的考核指标，涵盖下属单位管理、业务等方方面面。绝大多数的业务局对下属单位制定有一定的奖罚措施①，但是由于经费问题，奖励措施的力度不是很大；此外，还有少部分的业务局缺乏对下属机关的激励措施。

各区县对政府公务员有系统的考核和激励：每年年底，人事部门均对机关公务人员进行年终考核，但是这种考核不与或者鲜少与物质奖励挂钩。

4.2.2 项目监测现状

4.2.2.1 项目的县级监测

各区县目前没有一个独立的、专门的项目监测评价体系。这一工作分散在不同的部门，由不同的部门承担不同的分工（表4-1）。

表4-1 调研区县监测评价体系参与部门

参与部门	监测评价内容
县发展和改革委员会	项目投资预算的控制；投资概算审查；竣工验收
财政局	项目资金使用进度与使用情况监测、检查；招投标监控
审计局	预算审计；资金使用审计；资金绩效审计
人民代表大会	投资预算及预算调整审查；项目绩效专项检查
建设局	工程实施质量监测

1. 投入监测

区县级发展和改革委员会负责项目投资预算的控制，有专门的投资概算审查制度，以控制项目预算与投资概算及可行性研究报告的投资估算不至于

① 例如如果年度考核落后连续两年，那么相关部门领导可能会失去晋升机会。

发生过大的差异。在有些情况下，项目预算的调整还要报区县人民代表大会批准。尽管从理论上说，区县发展和改革委员会应参与项目的全程管理，但是在项目立项和概预算审查之后，区县发展和改革委员会就退出了对项目的实际监测，仅在项目竣工时再组织项目的竣工验收。所以在项目实施过程中，发展和改革委员会并不能监测到项目的实际支出。

对于项目使用的财政资金，财政局内设各科分工负责资金的控制、拨付、核查、事后审查和监督检查；项目主管部门每月必须提供月度资金使用报告，作为下一笔资金拨付的依据，财政局在年终进行年度汇总，每个月实行一次银行对账；另外，审计机关和监察机关也对财政资金的使用进行监督检查。

在项目实施前、实施过程中及项目结束后，审计部门会对项目分别开展预算审计、跟踪审计及结算审计。但是否每个项目均进行审计，则各县情况各异。结算审计将作为资金拨付的依据。

2. 过程监测

项目工程质量和项目实施进度由建设局和监理公司予以监测。按规定，项目业主单位应聘请专门的工程监理公司监管项目工程的质量和进度；与此同时，区县建设局还负有建筑质量监督的功能。但是质量监管等职能需要专业的技术人才，根据目前的编制政策和薪资政策，此类人才在政府工作只能领取事业单位人员工资，远低于同等人才在企业中的报酬，结果造成大量专业人才的流失，严重削弱了政府部门相关职能的发挥。

3. 产出监测与评价

在项目监测评价方面存在的一个突出问题是缺乏对项目绩效的监测和评价。目前尚没有一个区县对政府基建项目开展绩效审计。财政部门和审计部门对项目的监测评价主要集中在资金拨付、使用而非绩效方面。尽管有些区县在项目竣工验收时要求对项目绩效进行评价，有少量项目应上级主管部门的要求开展了后评价，但都流于形式：既没有科学、严格的绩效评价指标，也缺乏评价数据。其原因包括：绩效评价指标的设计比较困难；项目绩效监测不易，数据收集困难；各个部门缺乏专门的经费和专业的人才；从机制上说，由于尚未实现项目绩效与项目拨款的挂钩，也缺乏进行绩效评价的足够激励。

4. 社会监测与评价

另外一个问题是，虽然有一些区县开展了公民满意度调查，但社会公众对项目监测评价的参与性仍然不足。尽管项目建设一般设有正式的公示制度，标明项目的投资、区域、内容、工期等，但是公众基本不能参与项目选择过程，项目审计报告也不公开。

4.2.2.2 上级机构监测评价

很多（但并非全部）基建项目会被上级机构审查。在项目竣工时上级机构，通常会要求当地政府先完成自评价。上级机构的审查主要关注资金使用和工程的形象产出。因为大部分项目刚投入使用就立即评价且几乎没有项目后评价，因此项目的实际影响很少被评估。由于下一年的财政转移支付与当年项目评价结果并没有很强的联系，所以当地政府缺乏提高项目绩效的激励。上级机构监测评价存在的另一个问题是，由于监测评价能力不足，监测评价有时流于形式。

4.2.3

对现有体系的评价

从现状看来，各区县实际已经建立了有各部门参与、覆盖政府公共服务各个方面的监测评价体系；财政资金的财务管理系统已经比较完备；日常数据的收集、处理和报告已经有多个部门各司其职；对公共服务机构和公共服务人员服务质量的监测评价体系已有了基本的框架。

但是这套监测评价体系存在的主要问题是：

（1）上级机构监测评价环节比较薄弱；

（2）监测评价机构之间缺乏统一和协调；

（3）绩效评价还没有有效开展，财政资金评价更多集中在投入环节，产出和绩效环节的监测评价很薄弱；

（4）监评机制和监评指标体系有待完善和进一步开发；

（5）公众对监测评价工作的参与度还很不够，更加完善的、有群众参与的社会评价制度仍然有待开发；

（6）信息反馈薄弱，从监测评价结果中学到的经验有限；

（7）监测评价对项目绩效提高的激励机制尚未建立。

总体来说，现有的监测评价体系可以为本试点项目的监测评价任务提供一般性的数据和信息。试点项目监测评价工作需要考虑的，一是如何协调和整合现有监测评价资源；二是如何收集本项目所要求而现有监测评价体系又无法提供的数据信息，特别是项目绩效信息；三是如何更好地引入公众参与；四是如何设计绩效评价方法，以将收集的数据信息用于本项目的“基于绩效的转移支付”政策；五是如何核实和确保所提供的数据质量。

4.3　项目监测评价体系的主要目标和基本要点

4.3.1 主要目标

监测评价体系的建立有各种各样的目标，包括：满足政府的法律和政策要求、为政府绩效评估提供基准信息、提供经验、提供政府转移支付的绩效激励依据、用于地方政府信用评价、确定政府公共服务能力建设需求以及加强政府问责等①。

不同的监测评价体系可能针对不同的目标。在本项目中，项目监测评价的主要目标是：为 PBGS 试点中国家发展和改革委员会“以绩效对各区县社会事业基建项目资金的拨付”提供依据，即试点目标并非提高总体绩效，而只是一些具体部门绩效（社会事业部门）。具体来说，需要达到以下目标：

（1）试点门槛。监测规划、财政、审计、治理、能力建设等综合性部门的运行状况，确定各试点县是否具备获取 PBGS 资金的最低条件（MCs），即是否具备试点门槛以确保其有充分的能力去运作资金；

（2）绩效激励。诊断各试点县在农村义务教育、医疗卫生、文化及低保方面转移支付资金的绩效状况（绩效衡量，Performance Measures，PMs），

① Jesper Steffensen, *International Experiences in Monitoring and Evaluation of Investment Projects - and Guidance and Design ideas on the Monitoring and Evaluation for Proposed Performance - Based Grant Systems*, consulting report for the project, January, 2011.

为下一年度 PBGS 资金的激励性分配提供依据，其目标是提高上述县级部门的绩效；

（3）能力建设。为试点县公共服务能力建设提供诊断基础。

4.3.2 基本要点

4.3.2.1 总体绩效监测还是具体部门绩效监测？

绩效的类型可以分为两个维度。一是总体绩效和 / 或部门具体绩效；二是过程绩效指标和产出/结果/影响绩效指标。

本项试点由国家发展和改革委员会社会发展司主导，目的是提高其所主管的农村社会事业类公共服务（涉及教育、医疗、文化、低保四个部门）中央转移支付的绩效。从这个意义上来说，绩效指标应为部门具体绩效。但是，诊断报告也表明，调研区县在规划、财政、审计、治理、能力建设等方面均存在较大的不足，而上述能力会影响所有部门的绩效。加强这些部门和跨部门的绩效水平并对其进行绩效评价非常重要，它们是提高具体部门绩效的基础。所以，本试点的绩效类型可以考虑一种双轨体系，即：财政拨款的绩效应涵盖总体绩效和部门具体绩效两个方面，以对不同的示范方面予以不同的重视：

（1）总体绩效。对于财政、发展和改革委员会、审计等综合部门，考察其总体绩效；

（2）部门绩效。对于具体农村社会事业公共服务部门，考察其部门具体绩效。

4.3.2.2 何种绩效评价指标？

绩效评价指标可以分为投入（input）指标、过程（process）指标、产出（output）指标、结果（outcome）指标和影响（impact）指标。项目投入和项目实施过程是确保项目绩效的基础，但是投入和过程并不必然代表项目绩效。产出指标显示了项目的具体产出，但产出仍无法直接体现项目的总体绩效。严格来说，一个项目在必要投入、合理实施以及有效产出之后，其结果和影响才是项目的真正绩效。因此，结果指标和影响指标可以较好地衡量项目的绩效。

但是，具体绩效指标的构建和监测、评价依赖于执行部门较强的能力和条件。在现实中，结果和影响指标的确定与数据收集存在许多技术难题。例如，许多财政支出的结果难以在预算年度显现出来，而是要经过若干年才能实现；要区分出一笔支出的结果和影响有时非常困难，因为项目效果往往受多种因素影响，而有些因素并不受项目经理的控制①，这也就意味着不容易对项目的绩效进行客观考核；另外一个客观的困难在于，进行项目结果/影响的调查往往需要付出很高的成本②；即便对于产出，在实践中也往往难以衡量③。这些技术性的问题会对 PBGS 的实施造成很大影响。

从各试点县目前的现实情况出发，在本试点中，绩效指标可主要选用过程类指标和产出类指标。

4.3.2.3　独立体系还是已有体系？

各调研区县已经有一套监测评价体系，只是具体的监测评价工作分散在不同的部门，由不同的部门承担不同的分工。本试点不是对一县级政府公共服务管理体系的全面改革，只是对局部工作的改良，不宜推倒已有的监测评价体系而进行重建。从监测评价体系的现状看，主要应解决的是：

（1）已有监测数据、信息之间的共享机制；

（2）需要补充收集的新数据（特别是绩效评价数据）和信息的任务分配；

（3）已有监测数据和信息客观性状况的核实机制（及外部机制）；

（4）科学的监测评价指标体系、方法和监测评价机制，包括公众参与机制；

（5）足够的数据以确保其适应影响未来财政转移支付的年度评估。

---

① Pollitt C, 2001, Integrating Financial Management and Performance Management, *OECD Journal on Budgeting*, 1 (2) 7 – 38.

② Steffensen, Jesper, 2010, *Performance – Based Grant Systems: Concept and International Experience*, forthcoming UNCDF publication, April 2010.

③ Srithongrung, A. 2009, *The Effects of Results – Oriented Budgeting on Government Spending Patterns in Thailand*, International Public Management Review, Volume 10, Issue 1, 2009.

4.4 项目监测评价指标体系与评价方法

4.4.1
设计原则

除应遵循科学性、导向性、动态可比、简明等一般性原则外，最主要的是，监测评价指标的设计应与本项目的试点内容和试点方案协调一致。总体来说，指标设计应：

(1) 既涵盖区域及项目规划、财政、审计等总体性绩效评价指标，又包含教育、文化、卫生及低保四部门的专项绩效评价指标；

(2) 以过程和产出监测评价指标为主；

(3) 包括实施项目的最低条件指标，用来评价跨部门基本试点条件，又包括绩效指标，用来监测跨部门绩效；

(4) 兼具可操作性和客观性。

从上述设计原则出发，所设计的指标体系应该分为以下两个层面：总体绩效层面和部门绩效层面。两个层面指标体系的目标及主要内容如表4－2所示。

表4－2 监测评价指标体系的两个层面

绩效层面	目标	被监测部门	主要内容	指标性质
总体绩效	项目县是否具备最基本的试点资格?	财政、发展和改革委员会、审计、人民代表大会	试点县是否具备合格的规划、财政管理及审计制度与能力	最低条件指标（是/否）
部门绩效	具体项目的实施是否规范?	教育、文化、卫生及低保部门基建投资项目	项目规划及实施过程	过程指标：实施过程是否达到要求（是/否）
	试点之后各部门与项目直接相关的公共服务的绩效是否有所提高?	教育、文化、卫生及低保部门	各部门公共服务规划、提供过程及供给水平的改进	过程与产出指标：定量、可比指标

4.4.2
总体绩效指标

在本章中，总体绩效是指规划、财政、审计、治理、能力建设等综合性部门的（跨部门的）运行状况。本章对总体绩效的衡量采用最低条件（MC）指标，以确定各试点县是否具备获取PBGS资金的最低条件。

之所以不对总体绩效采用数量化的、具体的衡量指标，是由本试点的性质所决定的。本试点是一种局部试点，是由国家发展和改革委员会社会发展司主导的、仅仅针对农村社会事业基建投资财政转移支付资金的分配机制所作的创新，试点工作既无权也无力改变试点县在规划、财政、审计、治理等方面的体制安排，但是试点工作可以要求各县必须在这些方面应具备的基本条件，以提供试点工作开展的基本保障。

本项试点的MCs指标可以从以下4个层面加以考察：

（1）试点县是否具备健全的财政资金管理与审查能力？

（2）试点县是否有科学的一般规划和与之协调的试点规划？

（3）试点县是否有开展试点的机构能力？

（4）试点县是否具备建立了基本的公众参与机制？

上述4个层面的具体指标可细化为8项，均为是/否指标。具体见附件1。

4.4.3
部门绩效指标

部门绩效指标涵盖了对试点县农村义务教育、医疗卫生、文化及低保四个领域的绩效评价。部门绩效指标可细分为两个层次：一是项目绩效指标，二是对部门公共服务绩效的考察。对项目绩效衡量可采用投入和过程指标，主要考虑是因为本试点的绩效评价通过部门绩效来体现。在指标设计上，具体可以从以下两个层面加以考察：

（1）过程指标：各部门（指教育、医疗卫生、文化及低保部门，下同）公共服务项目的实施过程是否规范？公共服务支出的管理是否规范？

（2）投入/产出指标：各部门公共服务投入和产出水平是否有所改善？

上述两个层面的具体指标因部门不同而有差异。具体的指标体系见附件2。

4.4.4
总体绩效评价指标最低条件（MC）得分的计算

MCs 是基本的条件，为了得到拨款，地方政府必须100%达到要求。因此，附录1所列的8项指标只有两个评价结果：

A：达标——所有8项指标的评价结果均为“是”；

B：不达标——至少有1项指标的评价结果为“否”。

4.4.5
部门绩效指标 PM 得分的计算

1. 基本评分方法

为避免主观随意性，宜采用简单平均方法，将具体指标的得分加总平均为该部门绩效得分。

设 Ai 为第 i 个农村社会事业服务部门，i＝1，2，3，4，A1、A2、A3、A4 分别代表教育、医疗卫生、文化和低保部门；

设 Aij 为第 i 个部门第 j 项评价指标的得分，$0 \leqslant Aij \leqslant 100$；

则第 i 个部门的得分为：$SAi = \sum Aij / \sum j$，i＝1，2，3，4；

某县部门绩效指标的最终得分为：$Xc = \sum SAi / 4$，i＝1，2，3，4。

2. 过程指标得分的计算

过程指标分为两类。一类是是/否指标，其得分计算依据简单：“是”者得100分，“否”者得0分；另一类是更定性的指标，其得分的多少由监评专家根据试点县提供的相关材料主观打分。为确保客观性，过程指标以第一类指标为主，辅以必要的定性评分指标。

3. 投入/产出和结果指标得分的计算

考虑到部门绩效衡量的是试点开展后各部门公共设施水平的改善和公共服务水平的提高，产出和结果绩效的计算原则上采用增量计算法，即计算与基期相比，报告期该指标值的变化程度。

产出指标得分计算的难点在于：尽管可以根据监测评价数据计算出指标

值，但是难以消除基期绩效水平不同对本期真实绩效的影响[①]以及根据指标值赋予在不同县之间可比的分数。在此，可以采用以下标准化方法：

（1）设 X_{i1} 和 X_{i2} 分别为县 i 绩效评价指标 X 在期初和期末的值，$i=1, 2, 3, 4, 5, 6$。

（2）则：某县该项指标期末与期初相比的变化值

$\triangle X_i = X_{i2} - X_{i1}$，针对上行指标，即指标值趋于增加的指标；

或：$\triangle X_i = |X_{i2} - X_{i1}|$，针对下行指标，即指标值趋于降低的指标。

（3）为降低不同县基期绩效不同所带来的影响，对 $\triangle X_i$ 进行如下矫正处理：

$\triangle X_i' = \triangle X_i \times X_{i1}/AVE(X_{i1})$，针对上行指标

或：$\triangle X_i' = \triangle X_i \times AVE(X_{i1})/X_{i1}$，针对下行指标

其中，$AVE(X_{i1})$ 是各县期初值的平均值，即：$AVE(X_{i1}) = \sum X_{i1}/6$，$i=1, 2, 3, 4, 5, 6$。

（4）找出各县 $\triangle X_i'$ 中数值最高者 $\triangle X_j'$，即县 j 的该值最高。

（5）在评分时，赋予县 j 的该绩效指标得分为 100 分。

（6）其他各县该绩效指标的得分为：

$S_i = \triangle X_i' / \triangle X_j' \times 100$

现分别以一个上行指标和一个下行指标为例，解释该计算方法。

①上行指标：农村低保覆盖率。计算过程如下（其中：各县期初和期末农村低保覆盖率是已收集数据）：

区县代码	1	2	3	4	5	6
期初覆盖率 X_{i1}	60%	65%	50%	55%	40%	70%
期末覆盖率 X_{i2}	82%	85%	78%	73%	70%	85%
覆盖率变化 $\triangle X_i$	22%	20%	28%	18%	30%	15%
期初平均覆盖率 $AVE(X_{i1})$	57%					
加权的覆盖率变化 $\triangle X_i'$	23%	23%	25%	17%	21%	19%
最大的加权覆盖率变化值 $\triangle X_j'$			25%			
各县绩效评价得分 S_i	93	92	100	70	85	74

① 例如在其他条件相同的情况下，一般来说，一个基期孕产妇死亡率较高的县可能会比另一个基期孕产妇死亡率较低的县更容易降低同等百分比的孕产妇死亡率。

②下行指标：城乡孕产妇死亡率之比。

区县代码	1	2	3	4	5	6
期初住院分娩率之比 X_{i1}	120%	115%	150%	130%	125%	110%
期末住院分娩率之比 X_{i2}	110%	105%	130%	111%	110%	102%
住院分娩率之比的变化 ΔX_i	10%	10%	20%	19%	15%	8%
期初平均住院分娩率之比 AVE（X_{i1}）	125%					
加权的住院分娩率之比变化 ΔX_i'	10.4%	10.9%	16.7%	18.3%	15.0%	9.1%
最大的加权住院分娩率之比变化 ΔX_j'				18%		
各县绩效评价得分 S_i	58	60	93	100	83	51

显然，尽管存在一定的缺陷，但这种得分计算法降低了基期值不同对绩效评价的影响，且可以实现不同县之间的绩效对比，从而为绩效拨款提供依据。

如果某县某些指标的数据没有收集，则该县该项指标得分为0。

4.5 试点项目监测评价流程

4.5.1 监测评价机构及其工作程序

1. 中央层面

由国家发展和改革委员会社会发展司项目试点办公室设立试点工作监测评价组（监评组）。监评组的主要职责为：

（1）汇总试点县上报的相关监测评价数据并开展监测评价案头工作；

（2）对试点县开展实地监测评价，核实上报数据的真实性；

（3）对试点县的试点工作给出监测评价结论。

监评组成员由国家发展和改革委员会和世界银行在国内聘请独立的第三方（研究机构或高校）专家组成，与其签订严格的合同，合同对双方的责、权、利应尽量明确和具体，如相关利益方对数据的合理性、抽样调查的科学性、评价结果等出现分歧时，国家发展和改革委员会、世界银行、试点县和监测评价机构对监测数据的调整或不调整有无或有哪些权力等，都应在合同中尽可能明确。质量保证体系和结果的协调也应建立。该评估将每年进行一次，以适应县年度规划和预算周期。

2. 试点县层面

根据试点方案，试点县应设立专门的试点协调机构。在该协调机构中，应有专人负责试点的监测评价工作。该人员具体承担以下工作：

（1）汇总收集试点县相关部门收集的、中央监评组所要求的监测评价数据；

（2）根据中央监评组的要求协调布置有关部门收集试点项目所需要的新的监测数据；

（3）协调安排中央监评组有关专家的实地监测评价；

（4）在县发展和改革委员会网站等公开媒体上公布监测评价结果。

该人员不承担具体的监测评价的质量确保工作，以确保项目监测评价的客观性。

4.5.2
监测评价指标数据的采集

要使监测评价客观公正，必须建立不受任何参与方人为影响的独立的数据采集、审核与更新机制。

1. 独立的数据采集与审核

监测评价中涉及的数据，一是监测评价机构生成的数据，主要是地方政府遵循法律、法规和政策的情况，技术标准的执行情况等。这部分情况需要定量化。二是试点过程中自动生成的数据，主要是数据汇总计算时自动生成的数据。这部分数据要有审核，以便发现可能的计算错误和不合理的原始数据。三是人工报送数据，主要是资金拨付、经费分配、项目审批、建设进度、工程结算和决算数据等。这部分数据要有专人负责抽样审核。四是消费者问卷调查数据，主要是试点过程中信息公开、服务提供过程中的透明度、对公众意见的反馈与采纳情况、公众对服务供给的评价（如可用性、可靠性、质量、管理水平、总体满意度）、投诉处理情况等。这部分数据需要通过问卷调查获得，并应建立抽样审核机制。五是综合性产出数据，这部分数据来源于现有统计制度。对这部分数据也应审核，发现数据歧异时，应进行必要的调整。

2. 评价前的再次审核

所有监测数据在进行评价前，均需由每年签订合同的评估团队进行最终的数据审核，这项工作需要对每个区县进行实地作业。对有问题的数据进行及时更正，对问题原因进行分析，并提出防止问题再次出现的措施。

3. 数据管理

试点县应指定专人对监测数据进行管理，管理的数据主要是自动生成数据、人工报送数据和综合性产出数据。监测评价机构生成的数据和消费者问卷调查数据，可由监测评价机构自己管理。

监测评价数据的来源见附件3。

4.5.3 数据的确认和分析

数据的确认和质量保障比更详细的分析更重要。尤其是为基于绩效的资金制度服务的数据收集，其结果会对财政拨款的多少产生影响，以中立的制度和程序来保障数据质量就显得很重要，比如通过抽样检验和约束机制以防结果中存在数据造假。一些国家，如尼泊尔，对通过地方政府行为评估收集的数据作出质量保证已经制定出详尽的策略，其他国家也有各种委员会保障数据收集的质量，保证其不被操纵。国家发展和改革委员会下设的项目办公室会对年度评估进行随机抽查。

4.5.4 监测评价结果的运用

1. 绩效得分与PBGS拨款

绩效得分与PBGS拨款之间的关系可参看试点方案①第3.11节，即“转移支付资金的横向分配”中的规定。

2. 反馈

---

① “基于绩效的转移支付计划试点方案设计——针对重庆市与江西省6个试点区县农村公共服务”，递交给国家发展和改革委员会和世界银行的咨询报告，林万龙，2010年11月。

评价结果出来后，应该返回给试点县征询意见。如果试点县对评价结果有异议，应当允许试点县在一定期限内（例如两星期）对评价结果进行申诉，由国家发展和改革委员会试点领导小组受理申诉，对申诉作出结论并回复。如试点县对结论仍有异议，应该以试点领导小组的结论为准。通过这种类似申诉的程序，使评价结果更加符合实际。

4.5.5 监测评价中的时间节点

监测评价工作以年为单位，每年开展一次。关键性工作的分工和时间节点如表 4－3 所示。

表 4－3　监测评价指标工作的分工和时间节点

关键环节	负责机构	时间节点
监测数据收集工作的布置	试点县试点协调机构	上年年底
数据采集和上报	试点县各相关部门	随时采集，每月底上报
监测数据收集情况检查和数据真实性的确认	中央试点工作监测评价组	随机
数据汇总	试点县试点协调机构	本年 12 月底
监测评价结果的计算和公示	中央试点工作监测评价组	下一年 1 月上中旬
监测评价结果的正式确认	中央试点工作项目办公室	下一年 1 月底

4.6 开展项目监测评价工作所需要的制度与政策条件

4.6.1 部门配合

各试点县应由县级人民政府与国家发展和改革委员会社会发展司签订试点合作协议，明确规定双方在试点工作中的分工和责权、义务。该协议应有对试点县参与监测评价各部门应承担工作的明确界定，以确保各部门能及时、高质量地提供项目监测评价所需要的数据。

4.6.2
能力建设

应将参与监测评价工作的各部门的能力建设纳入试点项目能力建设方案之中，以确保各部门有足够的能力完成相应的工作。

4.6.3
经费保障

各部门参与此项工作新增的工作经费可列入能力建设转移支付资金预算中予以支持。

附　　件

附件 1
总体绩效指标（MC）

二级指标均为是/否指标。

总体绩效指标	指标属性 *
试点县是否具备健全的财政资金管理与审查能力？	
MC1：人民代表大会建立有专门的财政预算审查机构并有明确的预算审查时间	是/否
MC2：所有的政府性资金（包括财政资金和政府融资资金）均纳入了财政预决算审查范围	是/否
MC3：审计机构对各部门的基建支出项目均出具审计报告	是/否
MC4：之前的审计报告所提出的问题能得到解决	是/否
试点县是否有科学的试点规划？	
MC5：试点县已经编制了专项试点资金投入规划	是/否
试点县是否有开展试点的机构保障？	

续表

总体绩效指标	指标属性 *
MC6：试点县已经建立起专门的试点协调机构	是/否
试点县是否具备建立基本的公众参与机制？	
MC7：财政预决算、审计、招投标、规划、项目建设信息都能及时、有效公开	是/否
MC8：财政预算、规划、项目建设中建立有公众参与制度	是/否

备注：* 指所有 8 个指标均为“是”状态方具备试点的最低条件。MC 指最低条件。

附件 2

部门绩效指标（PM）

1. 文化部门

指　　标	指标属性	指标解释
1. 公共服务项目的实施与公共服务支出的管理		
C1：本部门的专项试点规划中包含了城乡布局规划	过程指标：是/否指标	该规划为总体试点规划的一个专项规划
C2：专项试点规划的制定充分听取了公众的意见	过程指标：主观评分指标	包括规划调研过程中充分的群众参与、规划草案的公开征求意见以及通畅的群众意愿表达及反馈机制
C3：本部门公共投资项目的申报和立项信息公开	过程指标：是/否指标	相关信息应在网站、媒体及项目点充分公开
C4：本部门公共投资项目的招标采购信息公开	过程指标：是/否指标	相关信息应在网站及媒体充分公开
C5：本部门公共投资项目审计报告公开	过程指标：是/否指标	审计报告应在网站及媒体公开；或者公民可向政府部门随意索取
C6：本部门有专门的公共服务满意度调查	过程指标：是/否指标	包括对公共服务内容及公共服务人员的满意度评价机制
2. 本部门公共服务投入和设施水平的改善情况		
C7：与基期 * 相比，财政农村文化服务支出的增长情况	投入指标	指用于乡镇及村（下同）的财政文化服务支出，包括固定投资支出及专项服务支出

续表

指　　标	指标属性	指标解释
C8：与基期相比，县、乡（镇）各类文化机构的财政经费年度增长情况	投入指标	各类文化机构包括文化馆、博物馆、图书馆及文化站等文化服务机构，不限于公立机构
C9：与基期相比，政府组织或参与的农村各类文化活动项目的增长情况	产出指标	包括政府文化部门组织或者给予财政资助的农村各类文化活动的数量

注：* 基期是指当期试点年开始点。

2. 教育部门（义务教育）

指　　标	指标属性	指标解释
1. 公共服务项目的实施与公共服务支出的管理		
E1：本部门的专项试点规划中有专门的城乡义务教育均衡发展规划内容	过程指标：是/否指标	该规划为总体试点规划的一个专项规划
E2：专项试点规划的制定充分听取了公众的意见	过程指标：主观评分指标	包括规划调研过程中充分的群众参与、规划草案的公开征求意见以及通畅的群众意愿表达及反馈机制
E3：本部门公共投资项目的申报和立项信息公开	过程指标：是/否指标	相关信息应在网站、媒体及项目点充分公开
E4：本部门公共投资项目的招标采购信息公开	过程指标：是/否指标	相关信息应在网站及媒体充分公开
E5：本部门公共投资项目审计报告公开	过程指标：是/否指标	审计报告应在网站及媒体公开；或者公民可向政府部门随意索取
E6：本部门有专门的公共服务满意度调查	过程指标：是/否指标	包括对公共服务内容及公共服务人员的满意度评价机制
2. 本部门公共服务投入和设施水平的改善情况		

续表

指　　标	指标属性	指标解释
E7：与基期相比，小学人均预算内财政拨款额的增长	投入指标	—
E8：与基期相比，初中人均预算内财政拨款额的增长	投入指标	—
E9：与基期相比，学前教育人均预算内财政拨款额的增长	投入指标	指财政对公立幼儿园按入园孩子数计算的拨款额
E10：义务教育教师人均工资相当于本县公务员平均工资的比例	投入指标	—
E11：城乡小学人均预算内财政拨款比例	投入指标	指县城与乡村小学的比较；该比例越低越好
E12：城乡初中人均预算内财政拨款比例	投入指标	指县城与乡村初中的比较；该比例越低越好
E13：城乡学前教育人均预算内财政拨款比例	投入指标	指县城与乡村学前教育的比较；该比例越低越好
E14：教育财政拨款与财政经常性收入增长率之间的比例	投入指标	指与基期相比，教育财政拨款增长率与财政经常性收入增长率之间的比例；该比例越高越好
E15：义务教育阶段人均教学用房面积（平方米）	产出指标	—
E16：小学实际人均校园面积与地方标准比率	产出指标	—
E17：中学实际人均校园面积与地方标准的比率	产出指标	—
E18：义务教育阶段教学设备增长率（与基期相比）	产出指标	—

3. 医疗卫生部门

指　　标	指标属性	指标解释
1. 公共服务项目的实施与公共服务支出的管理		
M1：本部门的专项试点规划中有专门的城乡医疗卫生资源均衡发展规划内容	过程指标：是/否指标	该规划为总体试点规划的一个专项规划
M2：专项试点规划的制定充分听取了公众的意见	过程指标：主观评分指标	包括规划调研过程中充分的群众参与、规划草案的公开征求意见以及通畅的群众意愿表达及反馈机制
M3：本部门公共投资项目的申报和立项信息公开	过程指标：是/否指标	相关信息应在网站、媒体及项目点充分公开
M4：本部门公共投资项目的招标采购信息公开	过程指标：是/否指标	相关信息应在网站及媒体充分公开
M5：本部门公共投资项目审计报告公开	过程指标：是/否指标	审计报告应在网站及媒体公开；或者公民可向政府部门随意索取
M6：本部门有专门的公共服务满意度调查	过程指标：是/否指标	包括对公共服务内容及公共服务人员的满意度评价机制
2. 本部门公共服务投入和设施水平的改善情况		
M7：与基期相比，城乡医疗卫生机构财政拨款额的增长	投入指标	医疗卫生机构：县直医疗机构、防疫站、保健院、乡镇卫生院及村卫生室
M8：医疗卫生财政投入在城乡之间的配置比例	投入指标	指在县城与乡村之间的比例；该比例越低，表明资源配置越均衡
M9：财政人均公共卫生服务经费标准	投入指标	指人均财政公共卫生投入额
M10：财政拨款在公立医疗机构总收入中的比重	投入指标	指财政事业性拨款，不含基建拨款

续表

指　　标	指标属性	指标解释
M11：每千人口医院和卫生院床位数	产出指标	即（医院床位＋卫生院床位）/人口数×1000。人口数系公安部门户籍人口
M12：居民两周就诊率	产出指标	是指调查前两周内居民因病或身体不适到医疗机构就诊的人次数与调查人口数之比
M13：城乡居民两周就诊率之比	产出指标	该指标越低，表明城乡居民医疗服务的可及性差距越小
M14：城乡孕产妇住院分娩率之比	效果指标	该指标越低越好
M15：城乡孕产妇死亡率之比	效果指标	该指标越高越好

4. 农村低保

指　　标	指标属性	指标解释
1. 公共服务项目的实施与公共服务支出的管理		
S1：本部门的专项试点规划有专门关于福利院、敬老院城乡布局的内容	过程指标：是/否指标	该规划为总体试点规划的一个专项规划
S2：专项试点规划的制定充分听取了公众的意见	过程指标：主观评分指标	包括规划调研过程中充分的群众参与、规划草案的公开征求意见以及通畅的群众意愿表达及反馈机制
S3：农村低保名单信息完全公开	过程指标：是/否指标	相关信息应在网站、媒体及村充分公开
S4：本部门公共投资项目的招标采购信息公开	过程指标：是/否指标	相关信息应在网站及媒体充分公开
S5：本部门公共投资项目审计报告公开	过程指标：是/否指标	审计报告应在网站及媒体公开；或者公民可向政府部门随意索取
S6：本部门有专门的公共服务满意度调查	过程指标：是/否指标	包括对公共服务内容及公共服务人员的满意度评价机制

续表

指　　标	指标属性	指标解释
2. 本部门公共服务投入和设施水平的改善情况		
S7：与基期相比，农村低保财政拨款额的增长	投入指标	—
S8：低保财政投入在城乡之间的配置比例	投入指标	指在县城与乡村之间的比例；该比例越低，表明资源配置越均衡
S9：农村低保覆盖率	产出指标	即应保尽保比例
S10：农村低保标准（元/月）	产出指标	—
S11：城乡低保标准之比	产出指标	指在县城与农村之间的比例；该比例越低，表明资源配置越均衡
S12：农村集中供养人数比例	产出指标	指集中供养人数与总供养人数之比

附件 3
数据来源

1. 总体绩效指标

指标	来源部门	来源材料
MC_1	县人民代表大会	相关政策文件
MC_2	县人民代表大会	相关政策文件
MC_3	县审计局	项目审计报告
MC_4	县审计局	各部门递交审计局的整改报告
MC_5	县发展和改革委员会	试点规划文件
MC_6	县政府办公室/发展和改革委员会	成立试点机构的政府文件
MC_7	各相关部门	信息公开的正式文件
MC_8	人民代表大会、财政局、发展和改革委员会	公众参与的正式文件

2. 部门绩效指标：文化部门

指标	来源部门	来源材料
C_1	县文化局（下同）	本部门试点专项规划
C_2		相关情况的材料说明
C_3		项目申报与立项相关规定
C_4		本部门项目招标采购文件
C_5		相关情况材料说明
C_6		本部门满意度调查方案
C_7		部门决算报表
C_8		部门决算报表
C_9		部门相关工作报告

3. 部门绩效指标：教育部门（义务教育）

指标	来源部门	来源材料
E_1	县教育局	本部门试点专项规划
E_2	县教育局	相关情况的材料说明
E_3	县教育局	项目申报与立项相关规定
E_4	县教育局	本部门项目招标采购文件
E_5	县教育局	相关情况材料说明
E_6	县教育局	本部门满意度调查方案
E_7	县教育局	部门决算报表
E_8	县教育局	部门决算报表
E_9	县教育局	部门决算报表
E_{10}	县财政局	部门决算汇总数据
E_{11}	县教育局	部门决算报表
E_{12}	县教育局	部门决算报表
E_{13}	县教育局	部门决算报表
E_{14}	县财政局	财政决算报表
E_{15}	县教育局	部门相关统计材料
E_{16}	县教育局	部门相关统计材料
E_{17}	县教育局	部门相关统计材料
E_{18}	县教育局	部门相关统计材料

4. 部门绩效指标：医疗卫生部门

指标	来源部门	来源材料
M_1	县卫生局	本部门试点专项规划
M_2	县卫生局	相关情况的材料说明
M_3	县卫生局	项目申报与立项相关规定
M_4	县卫生局	本部门项目招标采购文件
M_5	县卫生局	相关情况材料说明
M_6	县卫生局	本部门满意度调查方案
M_7	县卫生局	部门决算报表
M_8	县卫生局	部门决算报表
M_9	县卫生局	部门决算报表
M_{10}	县卫生局	医疗机构财务统计报表
M_{11}	县卫生局	部门相关统计材料
M_{12}	县卫生局	部门相关统计材料
M_{13}	县卫生局	部门相关统计材料

5. 部门绩效指标：农村低保

指　　标	来源部门	来源材料
S_1：本部门的专项试点规划有专门关于福利院、敬老院城乡布局的内容	县民政局（下同）	本部门试点专项规划
S_2：专项试点规划的制定充分听取了公众的意见		相关情况的材料说明
S_3：农村低保名单信息完全公开		项目申报与立项相关规定
S_4：本部门公共投资项目的招标采购信息公开		本部门项目招标采购文件
S_5：本部门公共投资项目审计报告公开		相关情况材料说明
S_6：本部门有专门的公共服务满意度调查		本部门满意度调查方案
S_7：与基期相比，农村低保财政拨款额的增长率		部门决算报表
S_8：低保财政投入在城乡之间的配置比例		部门决算报表
S_9：农村低保覆盖率		部门相关统计材料
S_{10}：农村低保标准（元/月）		部门相关统计材料
S_{11}：城乡低保标准之比		部门相关统计材料
S_{12}：农村集中供养人数比例		部门相关统计材料

第五章
结　　语

改善农村公共服务状况，一方面有赖于政府的投入力度，另一方面也需要提高投入的绩效。近10年来，中国政府对农村公共服务的投入力度持续加大，农村公共服务状况显著改善。而随着投入力度的增加，如何提高投入绩效也逐步成为一个越来越重要的课题。而在中国目前的财税体制下，政府的农村公共服务投入，特别是公共服务基础设施的投入，在很大程度上依靠的是中央政府的转移支付资金。因此，研究如何提高农村公共服务转移支付资金的投入绩效，是农村公共服务投入绩效问题的一个重点。

从我们对6个区县所开展的诊断调研来看，在县一级，财政资金的使用均有一套较为完整、规范的财务管理制度，审计政策总体而言可以发挥有效的监督作用。这些因素构成了确保财政资金绩效的有利条件。但是，毋庸置疑也存在不少问题。县级自主财力过弱，农村公共服务建设严重依赖转移支付资金当然是一个问题，但是，这一问题的解决显然涉及财税体制的重大改革，不是本书的研究目标。从转移支付项目的实施来看，存在的较普遍的问题是：（1）建设项目的内容和要求与地方的实际状况和实际需求存在一定的差异；（2）项目规划不够系统、科学和严肃，难以对建设项目的实施起到有效的指导作用。

造成上述两个问题的因素很多，但与地方缺乏对转移支付资金的灵活使用权有重要关系。正是基于此，一个很流行的主张是要求赋予地方政府更为灵活的权力来使用上级财政转移支付资金，这一观点往往更为地方政府官员所主张。从国际经验看，PBGS 的一个重要方面是对地方政府采取“综合拨款计划”，即给予地方政府一个转移支付资金总量，但不具体规定其用途，让地方政府根据当地实际需要将资金投入当地最急需的领域，其目的是增强地方政府使用资金的灵活度，以解决转移支付项目内容与当地实际需求不一致的状况。PBGS 的“综合拨款计划”体现了财政分权的一个重要思想，即地方政府更了解本地区居民的实际需要，从而能更为有效地配置财政资源。要求赋予地方政府更为灵活的权力来使用上级财政转移支付资金的主张正好体现了这一思想。

但是，一般性转移支付虽然给了地方政府自主权，但它对地方政府的政治和财政问责存有不足；而专项转移支付则由于限定了特定的项目内容和目的，在降低了地方政府灵活度的同时，也增强了其问责压力①。国际上的相关研究同时指出，简单的财政分权同样增加了地方精英支配财政资源、产生腐败行为的危险②。这种危险的程度极大取决于地方政府及其官员的问责状况，这种问责状况与地方政府的决策民主化程度密切相关③，其中，公众对公共服务和公共政策的参与程度是重要的一环④。因此，良好的公共参与是确保 PBGS 效果的重要条件。

从我国的实际情况来看，地方政府普遍存在“一把手说了算”和公众

---

① Shah Anwar, 2006, *Local Governance in the Developing Countries*, World Bank, Washington D. C.

② Pranab Bardhan and Dilip Mookherjee, 2005, *Decentralization, Corruption and Government Accountability: An Overview*, for *Handbook of Economic Corruption*, edited by Susan Rose - Ackerman, Edward Elgar.

③ Dabla - Norris, Era, 2006, *The challenge of fiscal decentralization in transition countries*, Comparative Economic Studies, Vol. 48.

④ Bird, Richard, 1999, *Transfers and Incentives in Intergovernmental Fiscal Relations, in Decentralization and Accountability of the Public Sector*, annual World Bank Conference on Development in Latin America and the Caribbean, 1999, The World Bank.

对公共事务参与不足的问题。在这种情况下，片面强调财政分权、赋予地方政府资金使用的灵活度会存在上述研究中提到的潜在风险。

因此，需要全面认识“综合拨款计划”。要使“综合拨款计划”在实践中发挥其理论上的功能，必须在赋予地方政府灵活度的同时，特别强调事前的科学规划、公众的充分参与以及有效的监测评价。否则，资金使用权的下放将意味着资金的滥用。

正是基于上述考虑，本书提出了“五位一体”的 PBGS 试点方案。一方面，通过“综合拨款计划”赋予地方政府根据本地实际需求规划安排和使用资金的灵活度；另一方面要严格规划、监测评价和能力建设，以确保地方政府不滥用所赋予的灵活权限。具体来说，试点方案设计的总体思路是：构建以试点区县统筹和灵活实施项目为中心，以科学系统的项目规划为前提，以有效的监测评价和激励机制为制约，以公众广泛参与为保障，以能力建设为支撑的转移支付资金使用方案。

根据上述“五位一体”的 PBGS 试点思路，在借鉴国际经验的基础上，本书提出了详细的试点方案，对试点资金的来源、试点目标、试点活动的范围、绩效指标、与现有法律框架的关系、转移支付规模、试点县配套资金、资金使用、转移支付资金的横向分配、获取转移支付资金的最低条件、能力建设问题及机构安排等问题提出了构想。

在“五位一体”的试点方案中，监测评价体系至关重要。只有建立了有效的监测评价体系，才有可能收集 PBGS 实施的绩效数据，并对绩效进行客观的评价，“基于绩效”的政府间转移支付才有客观依据。因此，建立一个强有力的监测评价系统，针对试点资金进行专门的监测评价成为项目试点方案中的重要一环。因此，本书专门对试点项目的监测评价方案进行了设计。

总体来说，现有的监测评价体系可以为试点项目的监测评价任务提供一般性的数据和信息。落实监测评价方案的关键在于明确各方在此项工作中的分工和责权、义务，并将参与监测评价工作的各部门的能力建设纳入试点项目能力建设方案之中，并且落实各部门参与此项工作新增的工作经费。

随着中国公共财政体制的逐步建立，建立财政资金、包括财政转移支付资金的绩效评价和激励机制的必要性和必然性越来越大。总体来说，本书提出了一套较为系统的 PBGS 项目试点的工作方案。不可否认，本书所提出的方案存在诸多的不足，一些设想过于笼统，一些设想过于理想化，也有一些监测指标的科学性和可操作性存在疑问，本书作者承认并意识到这些不足，但本书作者希望本书的研究成果能多少为推动中国财政绩效管理工作作出一些贡献。

—— 附录
6个区县调研报告（摘录）

6.1 江　津　区

6.1.1 江津区基本情况

江津位于重庆市西南部，是重庆市重点规划建设的六大区域性中心城市之一，1992年撤县建市，2006年12月经国务院批准撤市设区。

6.1.2 财政体制

中央与重庆市的财政管理体制按照中央的相关政策实行；重庆市从2004年起执行新的市对区县财政管理体制；2006年起，江津区对镇街（乡镇及街道）的财政管理体制也进行了调整。调整之后，江津区各主要税种的分配情况如附表 1-1 所示。可以看出，区县一级的财力有所增强，而镇街虽参与部分税种和非税收入的分成，但这些财源本身规模很小，因此镇街的本级收入非常有限。

附表 1-1　　江津区主要税种的收入分配比例：2006 年以来

税种	中央	重庆	区本级	镇街
1. 增值税	75%		25%	
2. 企业所得税	60%		40%	
3. 个人所得税	60%		40%	
4. 营业税		20%	80%	
5. 城建税、房产税、城镇土地使用税、土地增值税			100%	
6. 契税[a]			0—30%	70%—100%
7. 耕地占用税[a]			0—50%	0—50%
另：部分非税收入				
国有资产经营收益及罚没收入				100%
社会抚养费			10%	90%

注：a. 对不同镇街有不同规定。

6.1.3
规　　划

1. 规划的编制和各方的参与

为编制“十一五”规划，区政府成立了编制工作领导小组和规划专家咨询委员会；组织开展了“十五”计划实施情况中期评估，布置了 11 个“十一五”前期重点研究课题；先后主持召开了规划专家、党外人士等 10 多个系列专题和片区会议；听取和征求社会各界对《“十一五”发展纲要》讨论稿的意见和建议；市人民代表大会主任会和市政协常委会分别多次对“十一五”规划进行了讨论和协商；在全市范围内开展了“十一五”规划有奖征文活动，编制了“十一五”规划工作动态共 15 期，及时向市领导、市级各部门和镇街传递规划有关编制动态信息，并通过市政府公众信息网、《江津之窗》等媒体或发布公告等方式，为社会公众民主参与开辟畅通的渠道，共收到社会各界建议意见 1000 余条，被采纳的有 400 余条；与此同时，还多次与重庆市的“十一五”总体规划纲要草案进行了衔接；市委十一届八次全委会、市政府全体会、市委常委会和市人民代表大会常委会先后对《“十一五”发展纲要》进行了审议。应该说，规划的编制过程较为规范，且有一定的公众参与。

2. 规划编制和执行中存在的问题

主要存在的问题有：一是规划不实。部分规划文本只提了一些口号，项目策划方面较弱，使规划缺乏指导性和可操作性。二是专项规划的空间布局观念不强。如何统筹城乡发展及农村社会事业薄弱问题的重点难点在哪里、措施有哪些，不够具体、不够明确。三是规划之间的衔接亟待加强。每个规划基本都提了“十一五”时期的发展的目标，但不同规划之间的关联指标的具体数据差别很大，特别是经济指标，几乎每个规划都有，每个规划都不同。另外，实际工作并不完全遵循规划内容。除了规划本身与实际的吻合度和规划的执行因素外，部分原因在于外界环境，包括国家政策的变化大，使得难以完全按照规划内容开展实际工作。

3. 规划与财政预算的衔接

从总体上来说，规划只对未来的财政收入作一个大致的判断，对规划内容与财政预算的衔接性考虑不足，因此，列入规划的投资项目不一定能获得财政支持，对规划内容所需要的财政资金的来源状况如何，也缺乏明确的分析。

4. 基建项目的申报

各业务局每半年向发展和改革委员会申报一次拟投资的项目清单，发展和改革委员会与财政部门协商后报区常务会讨论确定。发展和改革委员会下属的经济信息咨询中心负责项目的前期评估和评审。项目必须列入专项规划、进入储备库，才有可能申报。但是，可研报告是否批复，不仅取决于项目的可行性程度，还取决于财力的限制。

5. 项目管理

在项目管理上有一套较为系统的项目管理制度，包括招投标制度、投资概算审查制度、工程监理制度、竣工验收制度、安全监察制度等。对于不同项目，有单位投资成本标准，作为投资概算审查的依据。但是，在总投资概算中不考虑运行维护费，有可能会对项目的建后运行造成影响。

6. 项目评价与监督

项目建设有正式的公示制度，标明项目的投资、区域、内容、工期等。但发展和改革委员会承认，对项目的建后总结评价工作开展较弱，更多的是定性的评估，缺乏深入的后评价，因而对项目绩效掌握不够。对项目产出缺乏监测，虽然有社会监督，但更多的是自发状态而没有制度化。

7. 环境影响和社会影响评价

有针对项目的环境影响评价，由环保局负责管理，根据项目的环境影响程度，应出具不同要求的环评报告，但是，没有针对具体项目的社会影响评价，包括贫困分析方面的内容。

8. 能力建设

全区并没有针对各部门的系统的能力评估和能力建设总体规划，也没有能力需求调查，因而，也就没有针对各部门能力缺陷和培训需求的能力培训计划。虽然有一些培训活动，但均是“被动式”的而不是“需求导向”的。就发展和改革委员会系统来说，目前所反映的能力建设需求主要是如何适应政府部门由管理型向服务型职能转变，在规划、项目策划、项目管理方面的能力能得到提高。

6.1.4

财政管理

1. 税收征管

为确保税收征收，税务局对各税务所布置有税收征收计划，同时对企业开展纳税评估，如果纳税评估结论与企业实际纳税相差过大，则开展税务稽查。对发现问题的企业按税法规定予以处罚，目前的处罚率不足1%。税务部门每个月要出具一份税收征收情况报告；财政部门也可以每天从国库数据库中看到即时的税收征收情况。

2. 预算规划

财政局有中长期预算规划，对财政预算收支进行预测，10—20 年规划仅做“展望”，5 年规划相对具体些，但仍比较粗略，准确性不高。5 年规划提供给发展和改革委员会，供制定一般性规划参考。但如前所述，预算规划与发展规划间的衔接性和关联性是不足的。

3. 预算编制

采取“两上两下”程序。预算编制存在的一个问题是预算批准的时间。

下一年度的财政预算必须要在该年度人民代表大会期间审议。人民代表大会会议一般在3月份召开，此时本年的政府实际收支已经运行了近一个季度，至于上级财政转移支付的到位时间，则更为靠后；人民代表大会会议召开的确切时间也缺乏明确的法律规定。这些都降低了预算的严肃性，对政府工作的开展也会带来一定的不利影响。

4. 预算的完整性

本级财政预算实际上并不是一个完整的预算。表现在以下三方面：

一是在编制预算时，由于无法确定上级转移支付的数额，因此预算中并不包含上级补助收入。虽然可以在年初得知上级的财力性转移支付金额（有一定的支付标准），但各渠道的专项转移支付资金则难以估测，而专项转移在转移支付和县级财政收入中的比重恰恰越来越高。而且由于专项资金往往需要地方提供配套，因此，配套资金在年初预算时也就难以安排。

二是将大量的预算外资金调入预算内使用。而这笔资金在年初时是未纳入预算的。2006—2008年，江津区调入预算内使用的预算外资金占一般预算资金决算数的比重分别为13.8%、13.9%和7.8%。

三是政府债务没有在预决算报表中反映。这主要是由于《中华人民共和国预算法》的相关规定造成的，但这也造成了预决算报表无法反映政府收支的真实情况。附图1－1显示，政府债务规模非常巨大。

由于预算的不完整，使得年终的预算内决算收入要大大高于年初预算收入（见附图1－2）。从公共财政的角度来说，这将使得预算资金的安排和规划的实施之间的衔接性变差，也会加大财政预算审查监督的难度。据审计局的反映，超预算安排资金的现象是存在的，对于超预算部分，一般通过政府负债、政府的融资平台和年终超收来解决。

5. 财务管理

与江西三县基本相同。但是，在财务管理方面也存在一些问题。例如，由于财政收支采用收支实现法，并不能反映财政资金延迟到款或者延迟付款的情况。而实际上，据审计发现，公共工程承包商的资金拨付有时会存在滞后现象。财政部门不对固定资产每年进行审查，只有登记制度，仅在最近2年进行了一次清理，对于国有资产的实际变动状况难以准确掌握。另外，对政府资产的分类登记（流动资产/固定资产）和记录也需要加强。

6. 预算监督

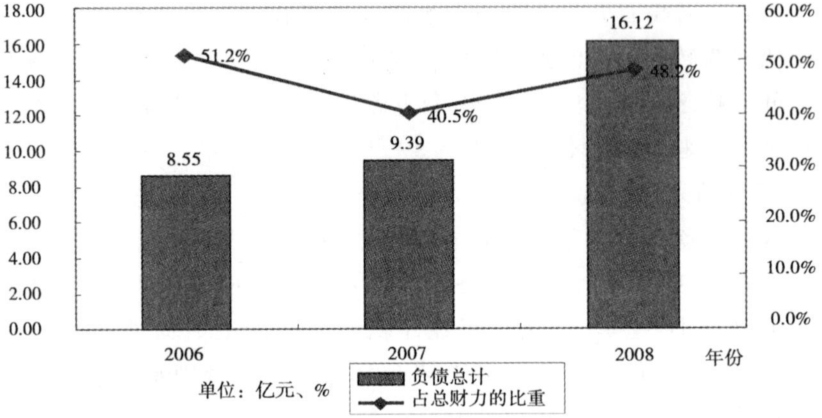

附图 1－1　江津区政府负债规模

注：含直接负债和担保负债；不含江津区建设性投融资公司的负债。该公司系政府组建的融资平台，2008 年底的总负债规模为 12.19 亿元。

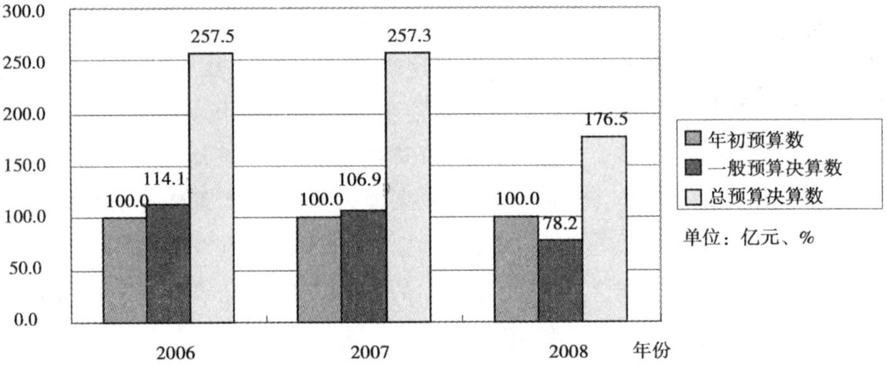

附图 1－2　江津区预算收入与决算收入比较：以年初预算数＝100

注：总预算决算数包含了纳入预算的一般预算收入、上级转移支付收入及调入预算的预算外资金。

除内部监管外，主要依靠人民代表大会监督。财政部门每月必须将财政预算的执行情况报告人民代表大会核准；根据国家监督法制定有财政预算监督管理办法，政府财政只能在预算批准的预算范围内调度使用资金，每年 11 月初对财政预算进行一次调整。人民代表大会内部有专门的财政预算监督工作委员会，该机构有专职和兼职工作人员，每年两次与财政、税务人员一起分析财政预算执行情况，分析意见在报告人民代表大会常委会、形成常委会的审议意见后反馈政府，政府根据审议意见进行整改，并必须回复人民代表大会常委会。另外，政府审计部门还每年对财政预算收入的使用情况进行一次审计。审计有时还延伸到地税部门，对审计结果，被审计机关应将整改情况向人民代表大会反馈，审计报告还应提交重庆市审计局。

所存在的一个问题是，政府的监测和评价仅仅限于资金使用情况方面，即仅仅关注财务管理方面，而对资金使用的产出、绩效情况，则缺乏相应的监测评价指标和内容，没有任何系统的监测评价方法。这也使得对项目绩效的审计缺乏有效的基础数据。

7. 信息公开和公众参与

有一些信息是公开的，例如税务部门有纳税宣传，公众可在国税总局网站、重庆税务热线、重庆地税网等媒体上查找有关纳税政策；根据招投标法、政府采购法的有关规定，中标合同必须公开；有些项目（如公交车调价）有听证。

但是，总体来说，除了内部监管和人民代表大会监督外，公众对财政预算的编制和执行情况参与非常少。预算的编制主要由财政和人民代表大会完成，几乎完全没有公众的参与；预决算信息也只在人民代表大会、政协会议上讨论，不对外公布；社会审计机构和社会公众也很少参与财政项目的监督检查。

8. 政府采购

由两个单位共同管理。一个是隶属于财政局的政府采购科，主要负责制定采购政策、采购预算编制、选择评估专家、下达采购计划等项工作。另一个是政府采购中心，隶属于江津区政府机关服务局。主要负责采购信息发布、采购合同审定等项工作。

政府采购中存在的问题：

第一，采购预算约束不力，年初编制部门预算时，绝大多数部门都未编制详细的政府采购预算，中途执行时追加的随意性较大，增加了政府采购管理的不确定性。

第二，因监督管理力度不够，财政局科室部门间信息不畅，各种专项资金本应进行政府集中采购而未能纳入。

第三，少数单位逃避政府采购。有些单位明知需要进行政府集中采购，但却片面认为政府采购时间长、手续繁，将可批量规模采购的货物化整为零，有的则根本不予申报，逃避政府采购。

第四，因《中华人民共和国招投标法》颁布在前，《中华人民共和国政府采购法》出台在后，导致在工程项目方面的支出已经纳入“政府招投标办公室”，成为定式，一时难以改变，由此较大的工程项目尚未纳入政府集中采购。

9. 能力建设

一是机构能力建设。财政和税务两部门均反映如何实现部门间的信息沟通，是提高机构能力的重要方面。财政部门迫切希望实行财政资金的计算机动态管理，以实现财政预算资金收支信息在财政、人民代表大会、审计、税务等部门的信息互通；税务部门则希望在提高税务系统的信息化程度的同时，实现与工商、国土等部门的信息共享，以提高征税水平①。二是人员培训。财政局希望能提高管理者水平，引入先进的管理经验；地税局希望能提高税务人员的财会知识，以更好地应对企业的逃避税行为；人民代表大会也希望能增加财务、经济方面的专职人员，改进人民代表大会工作人员的知识结构，对人民代表大会代表也应加强这方面的知识培训。

6.1.5
审　计

1. 审计体制

从广义上讲，审计局属于政府的内审机构，但在法律上，它独立于其他政府机构；每个部门另外还有内审机构或内审人员。审计局在业务上对各部门的内审机构提供指导，并进行内审资格审核。

2. 审计政策

原则上，审计局对县级人民政府及其各部门的财政收支、国有或国有控股的金融机构、企事业组织的财政财务收支的真实性、合法性和效益性进行

① 例如，与工商、国土部门的信息共享可以使税务部门更及时、准确地掌握企业是何时开工的、何时营业的信息。

审计监督。理论上，审计局可以对政府的全部经济活动进行审计，但限于精力，只能对部分活动进行抽审，具体根据项目安排而定。

3. 有较为严格的审计跟进政策

在审计发现问题后，审计报告将发给涉及单位，每个项目必须在一个月内反馈整改结果；对政府财政预算及预算执行的审计意见，将反映给人民代表大会，由人民代表大会向政府发落实整改情况的信函，责成政府有关部门整改，并通过人民代表大会财经工作委员会进行跟踪，人民代表大会常委会在递交当年资金预算时，应递交上年审计报告的整改情况报告。

4. 审计绩效

审计工作取得了一定的效果。据反映，2006—2008 年，审计局对教育、文化、卫生、计生四个系统的农村公共服务建设项目共审计了 39 个，审计工程造价金额共计 1.6 亿元，审减金额 810 万元，审减了约 5%；80% 的问题被认为在审计后得到了整改；也有个人因审计问题而受到处罚的个案。

5. 存在的问题

（1）审计环境有待改善。审计局在业务上受上级审计机构的指导，但是人、财均隶属于本级政府。政府对审计机构有较大影响，难以做到审计独立。

（2）信息的公开程度还不够。例如，目前审计报告只发给涉及部门，并不对外公开。公众无从了解审计结果和整改情况。各部门内审机构发现的问题，不对外递交审计结果，力求内部解决。

（3）对项目绩效和产出的评价、审计工作还刚刚起步，主要限于描述性的、定性的评价，由于未建立科学的绩效评价指标和评价体系，绩效审计的风险较大，工作也难以开展。

（4）限于人员不足，目前难以做到对财政资金的全面审计，每年只能安排一定比例的项目开展。

（5）社会审计工作尚未开展，只能完全依赖于政府审计。主要原因在于缺乏委托社会审计的资金，也担心社会审计可能造成的风险。

（6）没有明确的审计分级评价结果。

6. 能力建设

一是业务素质的提高。目前缺乏绩效审计所需的专业审计人才，缺乏专业的计算机审计人员；二是需要增加审计人员的数量。目前审计局共41人，难以全面完成审计任务。2008年曾向政府提出设立法制科，以加强依法审计，但未获批准。

6.1.6 人力资源管理

1. 考核和激励机制

总体来说，目前缺乏对政府公务人员系统的考核和激励。每年年底，人事部门均对机关公务人员进行年终考核，但自2008年起，这种考核不再与物质奖励挂钩，虽然这种考核可能会对职务升迁产生影响，但这种影响是不确定的和间接的；更重要的是，没有定期、正规的客户满意度调查系统，无从反馈公众对公共服务的满意情况。

区政府对各业务局开展的工作有详细的考核指标和考核制度，并且有严厉的处罚政策；上级部门对各业务局也有考核任务。各业务局为了完成指标，通常的做法是把考核指标进一步细化分解，形成对乡镇的考核[①]。这虽然有利于各项工作的开展，但也由此使得对各乡镇的考核过多、过细；另外，据反映，由于政府把考核结果看得过重，处罚也过重，使得各相关人员纷纷找关系应付评分，实际上导致了“轻工作实效、重考核疏通”的负面作用。

2. 能力建设

据机构编制委员会办公室反映，区人事局、组织部和各业务局都有自己的人员培训项目，但是缺乏统一的规划；机构编制委员会办公室内部每月都有学习会，但缺乏有针对性的业务培训。目前最需要的培训是关于职位、机构设置的理论问题的培训，希望能有机构编制的专家来提供此类培训。

---

① 例如，区农村低保工作的相关政策规定，发现某乡镇中有超过10%不符合低保条件的，该镇咋年度考核中不能评为一等奖，镇街主要领导、分管领导和相关责任人当年不能评为优秀；工作突出的，由区政府予以表彰奖励。

6.1.7
教　育

1. 主要投资项目

自2007年至2008年间，江津区的教育投资项目主要有：(1) 江南职业学校教学楼，投资金额435万元，其中，中央投资300万元，学校自筹135万元。目前工程基本完工，正在准备办理工程决算，估计决算金额在500万元左右。(2) 凤仪小学学生宿舍，投资金额120万元，重庆市发展和改革委员会下达投资20万元，余下部分全部申报中央国债资金建设。该项目目前正在实施基础工程。(3) 嘉平小学学生宿舍，投资金额60万元，重庆市发展和改革委员会投资20万元，余下部分由学校争取财政资金。该项目正在申报相关手续，尚未动工。

2. 审计情况

重庆市江津区教育委员会的内部审计工作由单独设立的检查审计科承担。该科现有内部专职人员2人、兼职人员5人，主要进行财务预算执行情况审计、财务收支审计、专项资金审计、学校领导经济责任审计、基建审计、政府采购项目审计、内控制度审计和开展审计调查等。

重庆市江津区教育委员会也接受外部审计，比如：财政部驻重庆财政监督专员办事处对2007—2008年中职补助开展的审计调查；重庆市审计局对江津区教育系统普九偿债资金的专项审计；江津区审计局对区教育委员会2006年财政预算执行情况的审计；对江津五中六中、江南职业学校、白沙中学、四牌坊小学、白沙教管中心的领导经济责任审计；对四牌坊小学、向阳小学、八一小学开展的财务收支审计；对江津二中、重庆工商学校、江南职校等12所学校16个项目开展的基建审计等。

尽管有诸多的审计项目，但具体的审计细致度较低。例如，在日常运营资金（生均经费300—400元）拨付给学校之后，并没有相应的审计跟踪资金的具体使用情况。

6.1.8
卫　生

1. 规划

卫生局按照发展和改革委员会的要求编制了《江津区“十一五”卫生

事业发展规划》，在其实施1年半左右，又聘请重庆麒凌规划设计有限公司编制了《江津区卫生事业发展规划（2007年—2020年）》（以下简称“中长期”规划）。后者不仅对“十一五”规划中的区级医院和乡镇卫生院进行了详细规划，还就卫生人力资源配置、大型医用设备配置、医疗机构床位配置等具体的卫生事业发展进行了规划，因此其更符合江津区卫生发展的实际情况。

2. 医疗资源的区域布局

在人员素质方面，区直医疗机构的高级、中级、低级职称人数分别是乡镇卫生院的7倍、2.29倍、1.49倍（见附表1－2），这说明乡镇卫生院的人员素质远不如区直医疗机构。区卫生局领导也谈到：乡镇卫生院的医师大都有上调区直医疗机构的想法，但考虑到农村医疗机构人才匮乏，乡镇卫生院的一线人才基本“只进不出”。

附表1－2　　医技人员的职称分布：2008年年底

	高级职称人数	中级职称人数	初级职称人数
区直医疗机构	91	257	641
乡镇卫生院	13	112	954
二者之比	7.00	2.29	0.67

在财政支持方面，乡镇卫生院的财政拨款要明显高于区直医疗机构，前者为1859.61万元，后者为816.78万元。这一方面反映了近年来我国自上而下加大了对农村医疗卫生事业的投入，另一方面也反映出乡镇卫生院对财政拨款存在一定程度的依赖。

另外，在2006年至2008年间，上级财政将卫生基建项目上的投入全部投向3个乡镇中心卫生院，既没有投向区直医疗机构，也没有投向一般乡镇卫生院。3年间累计投入1424万元，但其中只有7.7%部分来自上级财政，本级财政根本没有投入，有超过90%部分来自自筹和项目借款。

3. 审计

区卫生局在局内成立了内审室，具体负责局属医疗卫生机构的内部审计。内审的重点是相关机构的财务收支行为，全面开展任期经济责任审计和基本建设竣工决算委托审计。

外部审计由区审计局来具体实施，审计对象不仅仅是区卫生局机关，还包括下辖的医疗卫生机构。审计的主要内容是负责人的经济责任审计、医疗卫生机构的专项审计（如新型农村合作医疗基金运行审计）和基本建设项目竣工决算审计。这说明内部审计和外部审计的对象和重点有交叉和重叠。

从近年来的审计报告看，审计对资金使用的约束效力不足，对审计出来的一些具有共性的问题，整改的效果并不明显。

4. 能力建设

能力培训具体包括四个方面。其一是送出去培训，就是把区级医院的临床业务骨干集中送出去到重庆市的三级甲等大医院进行业务培训，进而培养当地专业科室的领军人才。其二是管理培训，主要是将乡镇卫生院的院长或副院长等基层医疗机构的管理者集中进行管理能力培训，一般这种培训同江津区党校培训结合起来，培训经费由卫生局拨付。其三是江津区域内的专业技能培训，主要是区级医院的业务尖子对乡镇卫生院的业务骨干进行“传、帮、带”。其四是学历教育，江津区鼓励卫生系统在职人员在职攻读硕士研究生学位，按照卫生局、医疗机构和个人 5∶3∶2 的比例报销相应学费，在取得文凭后还给予千元奖励。

除能力培训外，江津区卫生系统还非常注重人才的引进。仅 2008 年江津卫生机构就从高校毕业生中公开引进 17 名硕士研究生，用以充实区级医院的临床一线。2008 年江津区人民医院为了争取晋升为三级甲等大医院，开出了一系列优惠条件向社会公开招录临床博士提升医院的临床水平。这些条件包括：给予区人民医院副院长职位、提供 100 平方米的住房、妥善安排家属的工作和生活、确保最低年收入等，但最终由于多种原因，接洽了若干位博士毕业生，都没有最终谈妥。

5. 监测与评价

仅有日常的监测。比如，新型农村合作医疗每个月都要由“新型农村合作医疗管理办公室”出具月度监测报告，这主要是从合作医疗基金日常调度与资金安全的角度展开的，即通过监测对过高的资金结余和超计划的资金报销规模给予制度层面的调整。“评价”也只是体现在年度工作总结报告上面，还没有建立针对规划实施情况的指标评估系统。

6.1.9
文　化

1. 基建项目

2006年至2008年的基建项目共有2个，一是区文艺中心（青少年活动中心）建设项目，建筑面积6459平方米，总投资1650万元，其中争取中央财政资金160万元，本级财政配套990万元（含土地置换收入245万元），重庆银行捐赠200万元，项目贷款300万元。二是自2006年实施的19个镇街综合文化站建设项目，总投资626万元，其中上级财政支持304万元，本级财政76万元，乡镇自筹246万元。

项目建设有较为规范的规划和项目管理制度。以乡镇文化站建设为例，区文化广播新闻局负责项目策划和各环节的组织协调工作，区发展和改革委员会负责项目的申报，区规划局按照镇街总体规划选定项目地址，区建设委员会负责建筑质量控制，区财政局按照工程进度拨付资金，并确保资金的专款专用，各乡镇无偿提供土地并负责项目的具体组织实施。

2. 文化项目建设中存在的问题

（1）规划的科学性问题。在区文艺中心项目的建设中，原预算投资1200万元，而申报审计的总投资为1758万元，审减之后的投资仍达1650万元，仍超预算450万元。其原因除了多次停工的影响外，主要在于原项目设计不准确以及对材料涨价估计不足。在乡镇文化站的建设上，虽然在建设之前都有选址规划，但是在建设过程中，很多镇街调整了土地规划，原定的土地用作了他用，导致项目的实施受到影响。另外，对于每个乡镇文化站，中央、重庆和江津区各补助16万元、10万元和10万元，但实际需要的投资却要高于此数，由此也影响了项目的顺利实施，因此，2008年拟完成的11个乡镇文化站，目前仅完成了1个。

（2）资金到位问题。区文艺中心项目于2003年12月动工，但因本级财政资金不到位，2004年4—6月停工两个月，2005年春节至5月也一直停工，后又因资金问题导致工程不间断地经常停工。直到2006年10月由财政担保贷款300万元后，才基本解决资金问题。但到目前工程完成后，仍拖欠工程款188万元。

（3）资金整合问题。参与农村文化服务建设的有文化、科技、农业、组织等诸多部门，这些部门对各自的项目都有自己的要求，彼此之间在项目规划、建设内容、资金使用等方面几乎完全没有沟通和配合，极大影响了资金使用的整体效果。

（4）项目的建后运行问题。这在乡镇文化站和村文化室项目中有突出表现。据介绍，2007 年之前建成的 9 个乡镇文化站，运行情况都很不好，主要原因是在基建投资完成后，缺乏日常运行经费，服务设备也未到位。我们走访的村文化室也存在同样的问题，由于缺乏专人负责，村文化室的利用率很低。

（5）服务形式、服务内容与需求的匹配问题。目前农村文化服务的主要形式是建文化站和文化室，但是，一个村一个文化室、一个乡镇一个文化站，这种固定地点的、以硬件投入形式提供的服务对于农户来说服务的便捷性很差，加之图书、设备等均由重庆市统一采购，很难满足农户的实际需求。实际上，现在农户的文体、技术服务需求日趋多样化，农村公共服务的供给机制和供给形式必须作出相应的调整，而不是仅仅强调增加投资。

3. 能力建设

据反映，区、局均没有系统的培训计划，希望能进一步提高工作人员的业务素质；由于缺乏足够的运行经费，各级文化服务部门的实际服务能力受到了较大限制。

6.1.10
民　　政

1. 农村五保、低保标准和实施情况

2008 年江津区农村居民最低生活保障标准线为每年 1400 元，共有农村低保对象 17647 户 32649 人，占全区农村居民人口的 3%，人均年补差 972 元；2008 年农村五保对象集中供养标准为 2210 元/人年，散居供养标准为 1700 元/人年，全区共有五保对象 10362 人，有农村敬老院 44 所，集中供养率 19.7%。

2. 存在的问题

（1）政策体系的整合。按照政策设计，农村丧失劳动能力的极端贫困人员列为低保对象，有一定劳动能力的贫困人口列为开发式扶贫对象。从逻辑上讲，开发式扶贫的收入标准应高于低保标准。目前重庆市核定的江津区低保标准为每年1400元，而贫困线标准在调整前为785元/年，调整后的低收入贫困标准也仅为1067元。也就是说，低保标准反而高于贫困标准，这必然导致部门职责、服务瞄准对象等方面的混乱。另外，农民工养老保险政策、农村社会养老保险政策和村两委（村长、村支书）参与的“村居干部养老保险”政策体系之间也存在彼此整合的问题。

（2）服务机构的服务能力和服务经费问题。据先锋镇反映，该镇两个敬老院都是利用原乡政府的房屋，部分指标达不到国家规范标准；敬老院工作经费严重不足，管理人员少、素质差（年老，没有经过专业培训）、待遇低（560—600元/月），管理服务跟不上（没有一个专业护理人员）。据实地调研，某敬老院供养老人约100人，仅有2名专职护理人员，2名兼职服务人员，敬老院的大量护理工作不得不依靠部分老人来完成。从经费角度来说，农村低保标准是重庆市定的，但区县经费负担的比例为60%，给区县造成了较大的财政压力。

（3）信息的收集和监测问题。尽管有明确的低保对象确定标准和确定程序，也制定了详细的收入计算办法，但实际情况如何仍值得怀疑。先锋镇就反映说，收入计算办法在操作中难以掌握尺度，变数大，加之有申报人隐瞒收入的现象，难调查，核定其收入的准确性很难。

3. 能力建设

管理和服务人员的素质迫切需要提高。现在民政局人员的平均年龄为48岁，明显年龄老化，并且文化程度偏低，县机关中本科以上文化程度的只有4人，多数为军队转业干部，业务素质较差；机构能力也有待加强，主要是工作的信息化程度不高，没有建立起数据库，很多工作靠手工操作。在乡镇一级，缺乏专职的民政人员，导致民政队伍不稳定。

6.2 大 足 县

6.2.1

大足县基本情况

大足县位于重庆市西北部，西距成都市269公里，东离重庆市80公里。

6.2.2

财政能力

1. 一般预算收入与支出

2006年至2008年大足县一般预算财政收入由25851万元增长到49227万元，年均增长38.83%，其中非税收入一直占有一半左右的比例（见附表2－1）。

附表2－1 大足县一般预算收入结构 单位：万元，%

一般预算收入	2006年		2007年		2008年	
	金额	比重	金额	比重	金额	比重
合计	25851	100.00	31960	100.00	49227	100.00
税收收入	13668	52.87	17784	55.64	23892	48.53
非税收入	12183	47.13	14176	44.36	25385	51.57

2008年大足县财政一般预算支出合计135207万元。

2. 总财力

大足县财力水平在重庆40个下辖区县中排位处于中下水平，附表2－2是其2008年的财力状况。

附表 2－2　　2008 年大足财力状况

	数目（万元）	占可支配财力的比例（%）
一般预算收入	29277	41.91
返还性收入	5429	7.77
财力性转移支付	37587	53.80
#一般性转移支付	12652	18.11
#调整工资补助	12162	17.41
#农村义务教育	2749	3.93
#农村税费改革补助	6188	8.86
#结算补助	829	1.19
专项补助	42879	—
上解部分	－2428	—
财力性上解	－89	—
专项上解	－2339	—
可支配财力	69865	100.00
基金收入	32097	—
预算外收入	11896	—

6.2.3
规　划

1. 规划编制

2004 年 7 月，由县发展和改革委员会牵头，由相关政府职能部门配合开始编制“十一五”规划。2005 年初形成规划初稿，并于当年 5 月开始向社会公开征求意见，公众可以通过网络、电话、书信等方式对规划草案提出意见。同时，大足县发展和改革委员会还发起了“领导干部谈‘十一五’规划”活动，以此推动发展和改革委员会与政府实际职能部门在规划制定环节的有效对接。

规划具体包括 13 个专项规划、10 个区域规划①。规划对 28 类 43 项主要指标进行了量化要求，其中 31 项为预期性指标，12 项为约束性指标。43

① 区域规划主要是大足县下辖乡镇的规划。

项指标中有27项是时点指标，有16项为年度指标。另外，还制定年度规划，将五年规划中的量化指标具体分解到每一个年度。

2. 规划实施

2008年7月大足县发展和改革委员会对“十一五”规划的实施情况进行了中期评估。在43项指标中，有10项指标已经达到2010年确定的规划目标；在31项预期指标和12项约束性指标中分别有27项和10项指标已完成或超额完成“十一五”规划中期预定目标。

之所以这样，是因为大足县发展和改革委员会在规划设计阶段低估了2006年至2008年财政收入的规模，这就导致规划对部分公共服务供给标准设定保守，这也是规划中大部分指标都能按期或超额完成的原因之一。

3. 规划调整

由于地方发展和改革委员会自身预测水平的问题以及很难把握上级政府宏观政策走向的问题，规划在执行过程中必然面临着调整。调整包括两个方面：战略目标的调整和量化指标的调整。以量化指标的调整为例，在“十一五”规划初期大足县确定的GDP年均增长率为12%，这是依据“十五”期间年均13%的增长速度确定的，但“十一五”中期大足县GDP年均增长已达16%，这就要求在年度规划中作出相应调整，以适应地方社会经济发展的实际情况。

4. 基建项目的申报与管理

发展和改革委员会基建项目的申报与管理分为三个层次：

第一个层次是项目储备库。大足县是从2008年才开始建立项目储备库。项目储备库分部门、年度、资金来源来设计。已经列入项目储备库的建设项目都有一个不太准确的概算，比如在2009年至2012年拟争取的中央或市级专项资金项目储备库中，仅大足中心医院建设项目就计划总投资8.2亿元，其中计划从中央和重庆市分别获得专项资金2.3亿元和2.1亿元，这两项资金的总和要比大足县2008年获得的中央和重庆市财政专项补助4.25亿元还要多，是2008年大足县教育系统实际获得的基本建设上级专项资金总和的88倍。这说明，尽管项目储备库反映了县级层面的建设需求信息，但是入库的项目概算不太切合实际，这可能与项目储备库刚刚建立有关系。

第二个层次是上报项目库。上报项目库是从项目储备库中挑选出来的，上报的依据是上级政府是否有相关的专项建设项目。2008年1月至2009年

4 月，大足县发展和改革委员会共从项目储备库中上报了 49 个项目。这得益于中央政府加大投资、拉动经济的宏观经济政策。其中，2008 年上报了 38 个项目，计划总投资 25.47 亿元，上级财政补助或贷款 11.15 亿元，地方财政配套和业主自筹 14.32 亿元。

第三个层次是批准建设项目库。据调研，上报的项目大约有 90% 都能得到批准，即便当年没有获得批准的 10% 项目，有一定比例也可以移至下一年度获得批准。第三个层次的项目库与第二个层次的上报项目库偏差基本不大。

6.2.4 财政管理

1. 预算编制

采取两上两下的程序。

所存在的问题是，预算编制的时间相当紧凑，财政与各级预算单位之间没有更多的时间“磨合”，财政局的预算审查往往不能准确理解预算单位合理的“预算诉求”。一个习惯的预算编制逻辑是只有多报预算规模，才有可能获得更多的公共资源。“少报多给”是不可能出现在预算编制过程中的。所以，许多预算编制单位编制的“一上”预算都是“虚高”的，这也加剧了财政局预算审查的难度。

2. 预算调整

因上级财政转移支付的规模和结构很难在预算中完整体现，尤其是专项资金，所以预算支出与决算支出相差甚远。以 2007 年为例，年初安排预算支出 65398 万元，实际决算支出 110735 万元，相差幅度高达 69.3%。这主要是因为上级专项支出一般都是在每年的 11 月至 12 月下拨，也只有在这时大足县财政才能知道上级转移支付的规模和结构。因此大足县财政每年在 11 月左右会进行一次预算调整，根据当时的上级财力性转移支付情况、专项资金情况以及年初预算单位申报的项目预算情况酌情追加预算。

3. 财务管理

（1）国库集中支付。2008 年纳入国库集中支付系统的县级行政事业单位用款计划 80584 万元，实际支付资金 70061 万元，其中财政直接支付 54668 万元，占财政国库集中支付总额的 78%；财政授权支付 15393 万元，占国库集中支付总额的22%。当年沉淀财政资金10523万元，资金节约率13%。

（2）会计委派制度。大足县于2000年8月在县内41个行政事业单位开展财政管理体制改革试点，取消试点单位会计，委派财会人员到试点单位开展财务工作。为有效监管财政资金的使用情况，委派财会人员的工资、人事及福利待遇等关系统一归入该县财政局下属的“会计委派管理服务中心”，县财政部门对委派会计实行垂直管理。2005年，大足县的会计委派制度全面铺开。

4. 招标采购

参见九龙坡区的相关内容。

5. 培训与能力建设

大足县财政局的负责人认为，现阶段的能力建设有两个方面亟待加强，分别是：其一现有公务员在政策理论方面的前瞻性，这有助于地方主动改革，避免被动地接受上级安排的改革，他们认为这有赖于通过请具有深厚专业背景的专家授课来实现；其二局内业务骨干的业务培训，他们认为现有的培训远远不能满足年轻人的业务提高要求，需要多参加上级组织的业务培训。但是他们认为实现能力建设所面临的最大挑战就是预算经费不足。

6.2.5
审　　计

大足县在审计体制、审计政策上与重庆其他两县区相同。

1. 审计绩效

除了对政府各部门进行的常规审计外，2006年至2008年对县教育、卫生、文化基本建设项目的资金也进行了重点审计。其中，教育系统基本建设项目审计43个，送审金额9860万元，审减工程造价1087万元，审减率11%；卫生系统基本建设项目审计6个，送审金额1540万元，审减工程造价124万元，审减率8%；文化基本建设项目审计3个，送审金额1860万元，审减142万元，审减率7.6%。

从审计情况看，项目建设单位执行国家建设程序比较到位，在项目立项、土地征用、规划设计、招标投标、工程监理方面都比较合乎规范，但也存在一些问题，如合同管理不到位、施工管理不严谨细致、资金额度高估等。审计对这些问题都逐一进行了分析，出具了审计意见，并进一步跟踪了对审计意见的采纳情况，督促被审计单位执行审计意见。

2. 存在的问题

与重庆其他两县区相同。

3. 能力建设

由于经济活动的多样性和复杂性，目前缺乏绩效审计所需的专业审计人才，缺乏专业的计算机审计人员，现有审计人员的综合性能力不强，需要更深层次、更全面和更专业的培训。由于越来越多的审计对象项目涉及工程等一些专业知识，所以也需要加强对审计人员相关专业能力的培训。

6.2.6 教 育

1. 教育债务

2008 年底大足县教育部门累计负债 21237 万元。从债务人来看，普通高中和职业中学负债占了全部负债的 72%，而普通初中和普通小学负债所占的比例分别为 20.8% 和 7%。这与重庆市对非义务教育阶段学校的财政补助力度不大有关。从借债渠道来看，国内银行贷款和欠工程队基建款所占的比例最大，分别为 37.1% 和 41%，向教职工借款占比 14.7%。（见附表 2-3）

附表 2-3　　2008 年底大足县教育负债　　单位：万元

学校	合计	国内银行贷款	欠工程队基建款	向学生家长借款	向教职工借款	向其他单位职工借款	向其他单位借款	其他
合计	21237	8049	8719	55	3130	72	1093	119
普通高中	9544	5585	3639	0	167	0	153	0
职业中学	5744	2059	2493	0	863	0	329	0
普通初中	4431	380	1971	0	1583	0	398	99
普通小学	1485	19	605	55	511	69	206	20
幼儿园	33	6	11	0	6	3	7	0

2. 教育建设项目的资金来源

2006 年至 2008 年大足县的教育建设项目有 79% 的资金来自于项目业主单位的自筹资金，而来自中央、重庆市和大足县的财政投入只占 18%。项目业主单位，即各级各类学校举借债务是支撑这些项目建设的主要资金来源。这主要是因为一些高中扩建、迁建项目所获得的中央和市级财政的补助较少，而这部分投资在教育基建项目中的比重较大。另外，关于义务教育阶段的危房改造、厕所改造等项目中央财政和重庆市财政都给予了一定补助。

3. 教育资源的区域布局

总体来看，2006年至2008年大足县教育建设项目中来自财政的资金主要投向农村（见附表2－4）。但由于广大农村地区的中小学办学基础薄弱，即使各级财政专项投入增加后，也没有明显缩小县城与农村的教育差距。

附表2－4　2006—2008年大足县教育建设项目投资的城乡差异　单位：万元

	2006年		2007年		2008年		合计	
	农村	县城	农村	县城	农村	县城	农村	县城
投资额	2316	10000	119	3396	3132	1853	5567	15249
#中央	543			160	137	160	680	320
#市级	175		119	141	1266	459	1560	600
#县级	100			28	350	20	450	48
#自筹	1458	10000		2652	559	1059	2017	13711
#其他	40			135	440	55	480	190

另外，随着城镇化进程的加快，更多的学生家长更愿意把孩子送到县城的学校就读，这就导致一部分原来农村教育资源的需求者现在基本不怎么关心农村义务教育公共服务的供给质量。政府在配置城乡教育资源的时候，也充分考虑到人口流动对教育布局的影响。从2003年到2007年大足县分三个阶段实施了中小学布局调整规划，推行“初中乡镇化、小学中心化”的教育布局模式。具体的布局调整措施为：（1）将中小学布局调整同国家校舍危房改造政策相结合，将有限的危房改造资金投入应该保留的学校建设上面；（2）把一些地理位置偏僻、生源少、校舍差的薄弱学校予以撤销，师生分流、校产划拨到临近学校，扩大临近学校的办学规模；（3）对一批学校进行办学重组，从而提高师资质量，提升办学水平；（4）新建学校和扩建学校与国家颁布的标准化建设体系相衔接。

在布局调整的过程中，教育主管部门尽最大努力兼顾效率与公平，但是一些保留下来的偏远地区的村级小学，仍然面临着师资匮乏、教学质量差等突出问题。在财力有限的情况下，如何让这部分出于“公平性”保留下来的偏远村级小学也能够在办学质量、师资水平等标准化范畴上与中心校“看齐”，这是目前布局调整面临的一个最大的问题。

4. 监测评价

体现在三个方面：

在基建项目方面，监管主要是根据财政和发展和改革委员会对项目建设资金的管理要求展开的。通过填写调查表格的方式对建成项目进行绩效评估。这种监测评价没有具体的绩效衡量系统，所以评价的形式也不是很完善。

在学校管理方面，监测评价的内容主要是：学校各种管理制度的修订、完善和执行情况；学校各类管理资料的建立、完善和规范建档情况；校园文化建设和校容校貌的整治情况；以及学校安全情况。

在教学管理方面，主要是通过教育督导的形式，由县教育局组织成立教育督导团，深入城乡各级各类学校进行相对全面的检查。

这种相对模糊的评价标准并没有在学校具体办学行为上具有明显的约束力。

5. 培训与能力建设

大足县教育系统的培训分为对教师的培训、校长的培训、教育局机关公务员的培训三个部分。目前，有三个方面需要通过培训迫切提高：对村级小学固定教师的业务培训；对农村中心小学校长的培训；对县城小学校长的培训。

能力建设方面，目前最需要提升的是县教育局公务员对上级教育政策的理解能力和执行能力。现阶段，教育局只是对上级教育政策的简单执行，缺少将上级政策精神与本县实际相衔接的主动思考，所以很多工作都是对上级政策的“事后反映”。迫切需要在政策的活学活用方面提升自身的能力建设。

6.2.7

卫　生

1. 乡镇卫生院管理体制

2007 年 3 月大足县在上级政府的统一安排下，实施了新型农村合作医疗制度。为方便农民报销，卫生局将原有乡镇卫生院的医务人员收拢、归集，并出资修缮了房屋，以及确定了中心卫生院帮扶等一系列扶持政策。但由于这些乡镇卫生院条件太差，短期内很难满足当地居民的就医需要。在我们走访的金山卫生院中（地名卫生院），就发现其房屋情况尚可，但人员严重老化，并且在已有的8台仪器设备中，有3台新的是重庆市卫生局统一采购赠送的，有3台是在岗职工自己出钱买的，租给卫生院使用，还有2件是条件很简陋的集体资产。

2. 监测评价

大足县卫生系统将具体工作的监测评价划分为5大类31项以百分制加以量化。这5大类包括公共卫生、农村卫生、医院管理、制度建设和行业发展，在百分制中各自的权重为26%、26%、25%、13%和10%；31项中权重最大的前5项为卫生法制与监督（10%），医院财务管理（9%），传染病预防控制（7%），行业作风建设（6%），新型农村合作医疗（5%）；另外，在每一个项目中又规定了具体的考评标准。

除了上述31个分值项目外，监测评价系统还设置了9项加分项目和7项减分项目，以体现对卫生工作的激励和惩罚。

3. 培训与能力建设

在培训方面分两种情况。其一，县级医疗机构的业务培训主要是送出去，到重庆市的大型医院进修。但座谈中县人民医院和县中医院的领导反映，派业务骨干外出进修的成本太高，不仅要支付进修医生的工资福利、出差补助，还要向市级大医院支付一笔不小的进修费。其二，由财政全额供养的监督所和疾控中心，财政基本没有能力安排培训费用，一般就以开会代替业务培训，会上发放一些常见软件学习资料和财务统计资料等材料，由相关人员带回去自学。

卫生局反映的培训和能力建设方面的需求包括：（1）公共卫生机构的业务培训亟待加强，如果没有更贴近临床的业务培训，很难保证公共卫生人员能够及时、高效地处理公共卫生事件；（2）提高一般乡镇卫生院院长的管理水平及有针对性地提高乡镇卫生院全科医生的业务水平是能力建设的一个重点。

6.2.8 文化

1. 基建项目

2006—2008 年期间，文化方面的基建项目有：（1）县文化艺术中心。2007 年投资 2300 万元，建筑面积 8600 平方米，2008 年县文化馆、图书馆和电影公司入驻中心。（2）大足体育运动中心。拟投资 2.5 亿元新建大足体育运动中心，调研时已投入 1800 万元，并作好了开工前的各项准备工作，准备 2009 年 9 月破土动工。（3）乡镇综合文化站建设。全县 24 个乡镇已建成 16 个乡镇综合文化站，对已建成的乡镇综合文化站配置了各项仪器设备。（4）村级农家书屋。已建成农家书屋 82 个。

2. 文化资源的区域布局

大足县在文化方面的资金投入主要偏向城市。2008 年 4 个县直文化机构所获得的财政拨款达 1056 万元，公用经费达 835 万元，而同期 24 个乡镇文化站和村文化室获得的财政拨款仅有 644 万元。

3. 农村文化服务项目建设中存在的问题

除了有其他县区存在的问题外，文化建设人才的缺乏也是一个突出的问题。全县现有文化干部绝大多数是 20 世纪 80 年代中期招聘的，其年龄大都在 40 岁以上，有的已经年届退休，有的被提拔或转岗，呈现出了青黄不接的困局。

4. 财务管理与监督控制

在财务管理上也是会计委托制度。同时，文化广播新闻局在大的项目上专门设立了监督机构进行了内部审计与监督，如 2006 年 4 月 8 日专门成立“大足县文化艺术中心工程价格审核小组”。此外，对县审计局和其他机构的联合审计也给予了积极配合，但没有跟进外部审计的报告结果。

5. 能力建设

存在的问题与重庆其他县区相同。

6.2.9 民政

1. 农村五保、低保标准和实施情况

截至2009年4月，大足县农村应保人数17055人，已保17055人，标准1400元/人年；全县城镇低保应保人数7045人，已保7045人，标准230元/人月。城乡低保实现了应保尽保。五保老人生活费142元/人月。

全县24个乡镇均有敬老院和五保家园，其中敬老院24所，五保家园119所，集中供养1627人，分散供养2688人。敬老院管理和服务人员无编制，均为临时聘用人员，运转资金中五保老人生活费由县财政拨付到敬老院，其他经费按现行财政体制由各街镇乡负担。

2. 民政资源的区域布局

现有的24所敬老院均匀分布在24个乡镇，119个五保家园也均匀分布在全县。这些敬老院和五保家园都靠近乡镇人民政府驻地、村民委员会驻地或居民集中地，电、水、路等基础设施全部具备。

低保救助标准在城乡存在差异，虽然城镇低保标准并不算高，但农村更低，现行标准未能与居民平均生活水平的增长保持一致。

3. 财务管理与监督控制

与九龙坡区的类似。

4. 存在的问题

与重庆其他两县区类似。

5. 能力建设

与江津区存在的问题类似。

6.3 九龙坡区

6.3.1 九龙坡区的基本情况

九龙坡区位于重庆市主城区西南部，是重庆市主城区之一，下辖7个街道，以及11个镇，总计109个行政村、86个居委会。

6.3.2

财政能力

1. 一般预算收入与支出

2006年至2008年九龙坡区一般预算财政收入由74661万元增长到130513万元，年均增长32.5%，其中非税收入一直占有20%左右的比例（见附表3-1）。

附表3-1　九龙坡区一般预算收入结构　单位：万元、%

一般预算收入	2006年		2007年		2008年	
	金额	比重	金额	比重	金额	比重
合计	74661	100.00	105798	100.00	130513	100.00
税收收入	58548	78.42	84957	80.30	101865	78.05
非税收入	16113	21.58	20841	19.70	28648	21.95

2. 总财力

九龙坡区的财力在重庆的市辖区县中排名中等靠前，附表3-2是其2007年的财力状况。

附表3-2　2007年九龙坡区财力状况

	数目（万元）	占可支配财力的比例（%）
收入总计	198526	—
一般预算收入	105798	75.5
返还性收入	20002	14.3
财力性转移支付	32393	23.1
#一般性转移支付	4689	3.3
#调整工资补助	6745	4.8
#农村义务教育	410	0.3
#农村税费改革补助	1110	0.8
#结算补助	19260	13.7
专项补助	40333	—
上解部分	18014	—
财力性上解	14105	—
专项上解	3909	—
可支配财力	140179	100
人均可支配财力[a]	1765	—

注：a. 按照2007年年末总人口计算。

6.3.3
规 划

1. 规划编制

九龙坡区“十一五“规划编制工作于2004年3月开始筹备，2004年5月成立了规划编制领导小组；2004年8月，委托北京大学、重庆大学等科研机构对九龙坡区人口、资源、环境与经济社会协调发展等问题进行前期研究；2005年5月，相继完成了“十一五”重大项目规划、24个专项规划初稿；2006年2月经人代会审议通过。

2. 规划编制和执行中存在的问题

一是现有的规划在公共服务供给结构失衡方面的解决力度明显不足。“十一五”规划不仅有总体规划，还包括24个专项规划，其中专项规划是政府相关职能部门起草的，发展和改革委员会只是起到协调、汇总的作用。这种分工使得部门规划单兵突进，由此导致整个社会公共服务供给结构不均衡的问题。

二是公众参与的力度明显不足。发展和改革委员会在制订规划时，分阶段向社会公开征求意见，但是反馈的意见有限。

三是发展规划执行与预算的衔接不紧密。虽然在“十一五”规划中把区级财政入库收入作为预期性指标列入经济社会发展的主要指标，但在具体的规划执行和日常预算执行之间基本上没有联系。

四是规划编制相对保守。经调查发现，规划设定的几十项预期性和约束性指标绝大多数都能完成，甚至有些指标在中期就已经实现了全部五年的规划。规划编制的相对保守导致规划在各个部门的年度工作中指导意义不强，几乎没有部门把规划当作难以完成的任务。

3. 基建项目管理中存在的问题

一是项目前期准备费用不足。区财政每年只安排100万元的项目前期准备经费补助，这远远不够，导致有些项目的可研报告要么做得不够深入，要么就是项目单位自行垫付前期费用。

二是发展和改革委员会在立项上与规划和国土部门缺乏必要的沟通协调。九龙坡区每年都有部分项目在发展和改革委员会通过审批，但在规划和国土通不过，导致项目单位所做的前期准备工作都被搁置起来。

三是项目建设、管理存在“政出多门”，不成系统，容易在项目管理上产生盲点。例如，立项、可研、概算批复是在发展和改革委员会；项目业主负责招标和监理；建设委员会管理项目施工；初步验收和综合验收都由业主组织相关部门参加，而发展和改革委员会都不参与。这导致在项目建设管理的多个环节上没有一个相互协调的完整监管机制。

四是财政下达建设资金与发展和改革委员会下达的建设进度不同步。在新增国债项目上，发展和改革委员会下达指标快，而财政国库拨付慢。

4. 项目评价

项目前期评价主要体现在项目的可行性研究报告上，现阶段还没有实施项目的后评价。发展和改革委员会和财政局都认为项目的后评价很重要，但是鉴于上级没有相关的业务指导意见，本级也没有开展。

5. 能力建设。发展和改革委员会作为政府管理宏观经济的重要部门，其业务人员很大精力都放在协调各个业务主管单位出台的文件上面，没有更多的时间冷静思考宏观经济发展中可能遇到的新矛盾、新问题。因此，如何协调好日常的工作与自身能力建设是发展和改革委员会面临的一个急需解决的问题。

6.3.4 财政管理

1. 财政体制

与重庆市大足县类似。

2. 预算编制

采取“两上两下”的程序。

3. 预算与决算

基本上是决算数大于预算数（见附表 3－3）。这说明：（1）预算保守是一种常态，为的是工作留有余地，确保执行结果好于“预期”。（2）一些专项支出很难在年初预算中确定具体的数字，所以预算支出中就没有这部分，这就导致年终决算数字明显高于预算支出数字。

附表 3－3　**预算与决算收支比较**　单位：万元、%

	2007 年			2008 年		
	预算数	决算数	差异率	预算数	决算数	差异率
一般预算收入	88271	105798	19.86	127029	130513	2.74
基金收入	660	443	－32.88	460	720	56.52
一般预算支出	85442	127056	48.70	116524	215879	85.27
基金支出	5660	16021	183.06	26460	34947	32.07

注：差异率＝（决算数－预算数）÷预算数

4. 政府采购

财政局下设的采购科负责采购政策的制定和对采购过程的监督等职责，而实际操作由政府采购中心负责执行，政府采购中心接受采购科的管理。具体的招标采购过程如下：采购科下计划——询价 ——邀请招标——上网公示招标 ——符合条件（采购中心在标书中确定）的供应商可以根据网上公布的时间来参加——开标在专家库内（重庆市财政局）选 2 个专家再加用户代表三人组成开标委员会——网上公示中标结果公示三至七天——如无异议，执行；如有异议，根据异议请评标委员会进行评议。

所存在的问题是，专家资格的审定和专家意见的表达还不够专业和独立，整个招标采购过程中外部监督的渠道有限。这些都会影响到政府采购的效率。

5. 信息公开程度

财政信息公开的程度有限，原因在于：一是受限于财政业务的专业性，不从事财政预算工作很难读懂预决算信息；二是更为细致的预决算信息还属于保密信息。

6. 培训与能力建设

财政局职工的培训渠道有三个：一是区里组织的法律、健康礼仪、公文写作等方面的通用式培训；二是区财政局内部组织的业务知识和综合素养培训；三是上级财政部门组织的业务培训。从已有的培训来看，多数员工肯定培训的效果。但也存在一些问题：（1）培训的内容难以激发职工的创新意识。许多培训是围绕通用型的业务展开，培训的具体内容主要是立足于规范性方面，对具体业务创新的启发意义不足。（2）能力建设的主动性不强，方向性不明。财政局年度工作计划只是对具体的业务做出了部署，而整个财政系统的能力建设很少提及，即便有所涉及，能力建设也缺乏规范完整的建设思路。

6.3.5 审计

九龙坡区在审计体制、审计政策上与江津区的相同。

1. 审计绩效

除对政府各部门进行的常规审计外，审计局对项目较多的农村项目加强了审计，2006 至 2008 年共开展农村教育、卫生、文化、民政、农林水利专项资金、基建等审计项目 29 个，审减金额达 7500 万元，审减率达 18%。大部分问题在审计后得到了整改。

2. 存在的问题

（1）审计相关制度法规有待改善。缺乏明确细则的审计法规不利于审计工作的开展。

（2）缺乏明确的审计依据。基本建设经费中的合同条款不合理，审计政策没有明确是应以审计法为准，还是以合同法为准。对于一些特殊情形也难以找到合适的依据，如对中央级企业涉及对本区公共资金的使用方面的问题的处理就缺乏明确依据。

另外也有一些江津区报告中提到的问题。

3. 能力建设

目前缺乏绩效审计所需的专业审计人才，也缺乏专业的计算机审计人员，并且，随着各类工程项目的增加，也急需懂得专业知识的审计人员。此外，现有审计人员的综合性能力不强，需要更深层次、更专业的培训，如审计理念的培训（不仅限于找到问题，还要找到背后的原因）和整合能力（知识要全面化，而不仅仅是只懂会计知识）的培训。

6.3.6 教育

1. 基建项目

2006 年至 2008 年间有上级财政补助的基建项目共计 7 个，项目总投资

2035 万元，其中上级财政补助 650 万元，仅占总投资的 31.94%。这说明，九龙坡区作为重庆市的主城区，经济相对发达，能够从上级财政获得的教育基建项目很少；并且在 2006 年至 2008 年间，这些基建专项资金分别只占全部专项资金的 0.8%，0.9% 和 13.4%。

2. 教育资源的区域布局

农村小学的撤点并校，提高农村教育资源的利用效率。近年来，村级小学在校学生人数大幅下降，这一方面是因为有些农民常年在外打工，直接就把子女带出来在外就学；另一方面是因为富裕后的农民为追求高质量的教育，就送孩子到城区中小学就读，同时交通的便利也为其创造了条件。这就使得原有的农村义务教育资源必须重新配置。近些年，区教育委员会先后撤销了 50 多所村级小学，目前只剩下 12 所村级小学。根据区教育委员会的规划，未来 2 年内还要调整 2 至 3 所村级小学。撤并的依据有三点：a. 根据国家规定标准，村级小学服务半径 2.5 公里；b. 相应的中心小学要有足够的住宿空间吸纳路途较远、需要住宿的学生；c. 对 40 人以下的村级小学，参照就学人数、办学成本、区位整合等多方因素认真处理。

3. 培训与能力建设

在同教育主管部门的领导座谈时，他们提出下一步的重点工作是努力提升培训效果，把培训的内容同教学实际、课程改革更加有机结合在一起，让培训更加实际地服务于在岗教师业务能力的提高。

6.3.7 卫 生

1. 城乡卫生资源布局

（1）城乡医疗卫生服务现状。九龙坡区有区、镇、村三级医疗卫生机构，从病床数、从业人员、门诊人数、住院人数等项指标反映出区级机构提供医疗服务的能力远远强于镇村两级（见附表 3－4、附表 3－5、附表 3－6）。这是因为九龙坡区是重庆市的核心城区，虽然还有城镇、农村户籍身份的差异，但相对发达的经济使得农民也在使用城区优质的医疗资源，由此导致乡村医疗卫生机构逐步萎缩。

附表 3－4　　2008 年全区卫生机构基本情况

		机构数量	病床数
城市	县直医疗机构	8	1702
	防疫站	1	0
	保健院	1	9
农村	乡镇卫生院	6	90
	村卫生室	80	0

附表 3－5　　2008 年卫生技术服务人员状况

	在职人数	离退休人数	临时人数	医生数	护士数	高级职称人员	中级	初级
县直医疗机构	1169	590	593	550	308	142	324	703
防疫站	58	28	24	19	3	10	15	33
保健院	38	21	34	24	9	5	13	20
乡镇卫生院	89	39	36	42	20	0	4	85

附表 3－6　　2008 年医疗服务状况

	年门诊人次	年住院人数	病床使用率
县直医疗机构	1205055	34974	92.45%
保健院	21936	178	54.80%
乡镇卫生院	145955	3127	55.89%

（2）财政投入的城乡分配。城市医疗机构的财政投入远远超过农村医疗机构（见附表 3－7）。需要说明的是，由于该区实行了城乡医疗机构一体化管理体制，许多乡镇卫生院和村级诊室由具有区域医疗资源整合能力的区级医疗机构统一管理，所以在对区级医疗机构的投入中也包含了部分对农村基层卫生机构的投入。

附表 3－7　　城乡医疗机构的财政投入状况　　单位：万元、%

年份	合计	城市医疗机构								农村医疗机构	
		小计	占比	区级医院		中医医院		社区卫生机构		乡镇卫生院	
				数值	占比	数值	占比	数值	占比	数值	占比
2006	2125	1494	70	1247	59	173	8	74	3	803	30
2007	2636	2374	90	2003	76	286	11	85	3	260	10
2008	4012	3520	88	1860	46	1660	41	0	0	492	12

（3）城乡医疗资源整合。2008年九龙坡区在经济较为发达的白市驿镇开展医疗卫生资源整合试点，在该镇重建了九龙坡区第五人民医院。以该所医院为核心，带动周边5个乡镇卫生院和31个村卫生室为网底的区镇村三级卫生机构一体化管理新模式。

（4）统筹城乡的居民合作医疗保险改革试点。2007年，九龙坡区按照"城乡统筹、均衡享有、体现公平"的原则，借鉴新农合成功经验，建立了涵盖全部城乡居民的合作医疗保险制度。

2. 基建投资项目

近年来九龙坡区的卫生基建投资项目主要有4个，其中有3个涉及农村医疗卫生机构的改扩建。项目总投资18081万元，其中，区本级财政拨款占总投资的78%，业主自筹占21%，中央财政专项只占1%，而重庆市财政根本就没有投入。这也说明九龙坡区作为重庆市经济较发达的主城区，基本拿不到市级财政卫生基建专项补助。

3. 培训与能力建设

在能力建设上，据座谈的工作人员反映，今后的能力建设应该分类实施。对管理者而言，其能力建设应该加强提高公务员的宏观管理水平，使其在城市化、工业化的宏观背景下更有针对性地统筹城乡医疗卫生资源，兼顾卫生服务的公平与效率；对专业技术人员而言，首要的能力建设应该定位在医德医风方面。

6.3.8
文　化

1. 基建项目

2006年至2008年的基建项目共有4个。一是区文艺中心建设项目，项目于2007年开始筹建，建筑面积1.4万平方米，总投资5300万元，全部由本级财政提供资金。二是2006年开始建设的巴人博物馆，建筑面积2541平方米，总投资630万元，全部来自本级财政资金。三是自2006年开始建设的10个镇综合文化站，每个文化站建筑面积500平方米，每个文化站投资74万元，其中中央财政资金提供16万元，省级财政资金提供4万元，本级财政资金提供4万元，镇政府资助投资50万元。四是自2006年开始建设的170个村居文化活动室，每个文化活动室建筑面积70平方米，资金来源全部为本级财政，每个村居文化活动室投资 1 万元。

2. 财务管理与监督控制

九龙坡区实行财政局的会计委托制度，委派给文化广播新闻局的会计人员每两年更换一次。经费使用每个月对账一次，对资金使用进行实时的跟踪管理。账务上报给本单位法人代表，然后报财政，每月（月初）报一次。局领导、财务人员根据工作进度对资金的使用进行控制。文化广播新闻局会利用一些基层信息对具体工作进行内部评价，也可能采用一些数量性指标。审计、财政部门每年对文广新局的财务和领导进行常规审计。

3. 文化资源的区域布局

文化基础设施在城乡之间的分布有较大差异，在城区有丰富多样的文化设施如图书馆、活动广场、老年活动室等，而在农村仅新建了图书室。文化设施的普及率在城镇为40%，而在农村仅有10%。2006 年至 2008 年间，城区主要文化设施获得了将近 6000 万元的财政投资，而农村的文化基础设施则只获得了 96 万的财政资金支持。

4. 存在的问题

除了和江津区存在同样的问题外，还有人员编制不足及业务能力不足的问题。比如，3000 平方米的文化馆只有 3 个馆员，无法完成日常的工作；县文化事业单位和乡镇文化站管理人员的业务能力也需要提高，缺乏有专业技能的管理人员。另外，也存在政策上的管办不分问题，没有按市场化、民间化的方向去发展文化事业。

5. 能力建设

所存在的问题与江津区相同。

6.3.9 民　政

1. 农村五保、低保标准和实施情况

2008 年九龙坡区农村五保供养标准为散居供养五保每人每年 1900 元，集中供养五保每人每年 2500 元。全区共有五保老人 1360 人，共有 11 个敬老院，18 个五保家园，集中供养五保老人 590 人。农村最低生活保障标准为每人每年 1680 元，另外对享受农村最低生活保障待遇的 80 岁以上老人、长期卧床不起的重病人员和一、二级重残人员每人每年增加 240 元救助金。

截至2008年年底，全区共有农村低保户1917户、3036人，占全区农村人口的1.4%，全年发放低保金330万元，月人均领取92元。

2. 财务管理与监督控制

在财务管理上，与其他部门类似。在对民政工作的监督控制上，民政局每半年一次，利用更新了解的关于基层干部的信息及来自群众的信息对民政主要工作绩效进行内部检查；城市低保跟踪每月变化，实行季度审核；农村低保跟踪每季度变化，进行年度审核。因为民政没有大的基建项目，审计局没有专门针对项目建设的审计，只是进行了常规审计。

3. 民政资源的区域布局

九龙坡区所有乡镇都建立了五保家园和敬老院，相关基础设施在全区各乡镇有着较为均衡的布局。随着基础条件的改善，九龙坡区的集中供养率逐年提高，2008年集中供养率已达到50%，床位利用率已达到86%。在福利机构的运转上，因为资金来源主要是镇政府财政补助和相关收费收入，所以经济发展程度不同的乡镇所能提供的民政支持也不同。

4. 存在的问题

主要有以下几方面：

一是政策制定的保障水平较低。农村低保年均1680元标准偏低，保障范围偏窄，覆盖率低，不能满足农村困难群众基本生活。

二是服务机构的服务能力和服务经费问题。民政部门承担大量且需要相当细致的工作，但民政机构的人员编制却相对不足。从经费角度来说，农村低保标准是重庆市定的，但区县经费负担的比例为60%，给区县造成了较大的财政压力。

三是政策不配套问题。现有政策基本是基于项目的资金供给，没有工作经费，后续管理不可持续。

另外也存在信息的收集和监测问题（参见江津区的相关部分）。

5. 能力建设

与江津区存在的问题类似。

6.3.10 乡　镇

在民政事业政策的执行上，乡镇政府起着较大的作用，但在政策的可操作性上仍有很大的改善空间。

6.4 兴 国 县

6.4.1 兴国县基本情况

兴国县位于江西省南部，下辖30个乡、镇、场、区，总人口76万人，系国家扶贫开发工作重点县之一。

6.4.2 财政能力

1. 财政体制

作为国家扶贫开发工作重点县，兴国在财税体制方面有一定的倾斜政策。例如，所得税地方分成的40%部分和增值税地方分成的25%部分均全部作为县级收入；在县乡财政之间，所有的县级工商税收分成100%归县级财政。

2. 财政收入与财政支出

从总体情况来说，兴国县的财政状况并不容乐观，县级财政严重依赖于上级财政的支持；在支出结构中，人员支出的比重非常高，很少有财力能用于公共建设；同时，非税收入一直在预算收入中占有较高比重，这表明财政收入的规范性和稳定性有待进一步提高。（见附表4－1、附表4－2）

附表4－1　兴国县财政收入及其构成（2006—2008年）　单位：万元、%

财政收入及其构成	2006年		2007年		2008年	
	金额	比重	金额	比重	金额	比重
总财力	65402	100.00	82699	100.00	99958	100.00
本级收入	19124	29.24	23190	28.04	28274	28.29
一般预算收入	13614	71.19	16640	71.76	22252	78.70

续表

财政收入及其构成	2006年		2007年		2008年	
	金额	比重	金额	比重	金额	比重
其中：非税收收入	5309	39.00	5907	35.50	8233	37.00
基金预算收入	1057	5.53	1507	6.50	815	2.88
预算外收入	4453	23.28	5043	21.75	5207	18.42
上级补助收入	46278	70.76	59509	71.96	71684	71.71
税收返还	3439	7.43	3413	5.74	3519	4.91
财力性净转移支付	25157	54.36	35210	59.17	38454	53.64
专项转移支付	17196	37.16	19359	32.53	27695	38.63
基金补助净收入	486	1.05	1527	2.57	2016	2.81

附表4-2　　兴国县财政分功能决算支出结构　　单位：%

	2006年	2007年	2008年
人员支出	41.6	52.6	52.5
工资福利支出	25.3	32.5	24.7
对个人和家庭的补助	16.3	20.1	27.8
运转支出	58.4	26.1	22.9
商品和服务支出	58.4	26.1	22.9
资本性支出	0.0	14.2	21.1
基本建设支出	0.0	0.6	2.5
其他资本性支出	0.0	13.5	18.6
其他支出	0.0	7.1	3.5

6.4.3

规　　划

1. 规划编制

县发展和改革委员会在编制“兴国县国民经济和社会发展十一五（2006—2010）规划”时成立了由主管副县长牵头的编制工作领导小组，编制小组设在县发展和改革委员会。县发展和改革委员会拟定了一些调研题目，要求各局完成后报发展和改革委员会。在此基础上，发展和改革委员会提出总体规划草案，上报政府后，以政府办名义返还各局征求意见，修改后报县领导审定，之后递交政府全体会议、政协和人民代表大会审议，最终的规划稿在网上向全社会公开。另外，各业务部门负责制定各自的专项规划。

2. 存在的问题

（1）公众的参与不够。规划在制定过程中会征求各部门的意见，但是并不对公众征求意见；虽然规划最终稿在网上公开，但是，更细的信息，如项目计划、细化的指标等，则不予公开。各专项规划则一般不公开。（2）规划的严肃性和科学性不够。规划在执行中一方面会经常调整，另一方面“制定后无人过问，下一届政府领导甚至不清楚上一届政府制定过哪些规划”；规划的专业性和前瞻性也不够。（3）规划与财政预算的衔接不够。发展和改革委员会一般不与财政部门就规划的财政能力保障问题进行沟通，财政部门在制定本部门财源规划时，也不与发展和改革委员会沟通。（4）没有针对规划执行情况的评估。

3. 规划执行情况

这就导致规划的执行情况并不如人意。以社会事业方面的专项规划为例。兴国县在教育的“十一五”专项规划中提出了教育方面应达到的目标，并提出了中小学区域布局的调整方案。按照规划，在“十一五”期间，全县要办好 87 所农村片区中心完全小学，以优化教育资源配置。但截至调研期间，一所这样的学校都还没有建成。其原因就在于规划与财力保障之间根本不匹配，没有资金保障，导致规划只是履行公事。卫生局所制定的专项规划对各医疗卫生机构在未来五年中的建设内容、投资额及其进度安排进行了详细规划，但并没有与财政进行过沟通，缺乏财力上的保障，其规划执行情况也不好。文化局所制定的专项规划基本上是根据上级规划的口号或指标来编制的，规划与预算严重脱节，因此规划中的指标多为空头指标。

4. 基建项目的申报存在的问题

一是项目申报主要看国家的投资政策，发展和改革委员会按项目库的项目申报，成功率不高。例如，对于国家 4 万亿元的经济刺激计划，县发展和改革委员会准备了 100 个项目上报，但只批了 5% 左右；但如果是上级发展和改革委员会让报的项目，则成功率很高，2006 年和 2007 年县发展和改革委员会按上级的要求分别上报了 7 个项目，则分别批复了 2 个和 4 个。财政局也反映，一般应根据上级部门的指示报项目及项目金额，多报无用。例如，2006 年和 2007 年批复的那 6 个项目，上报投资与最终批复的投资完全一致。

二是由此导致批复的项目并不是本县优先需求的项目，项目批复的资金量与实际需求量之间也往往有很大差距。例如有个学校建设项目，批复资金只能满足需要量的30%，由此形成欠账，只好将第二年申请的新项目的资金接着投到该项目中去。据财政局估计，这样的项目至少占20%。

三是项目资金下达时间较晚，往往要到8月份之后。

四是“跑项目”的因素很浓。发展和改革委员会每位领导每月至少要到上级发展和改革委员会汇报联系工作1次以上，2008年达到了100余人次。财政局也反映，当年多做工作可以增加来年的资金量。但是，两个部门同时也强调，这种“跑项目”实际上是一种信息获取和信息沟通的需要，可以让上级政府更加了解本县的实际情况。

另外，在项目管理、评价与监督、环境影响评价与社会影响评价等方面与重庆的江津区类似。

6.4.4 财政管理

1. 预算规划与发展规划

财政局有专门针对财源建设的财政“十一五”规划，其中测算了一些重点项目实施可能带来的税收变化，但其对税收增长的预测并不准确。财政局的财源规划只报县委、县政府，另外财政局一般也不向县发展和改革委员会反馈关于发展规划目标可达性（就财力而言的）的意见，县发展和改革委员会的年度社会经济发展计划与财政局草拟的财政收支预算之间也没有常规的协调机制。由此可见，预算规划与发展和改革委员会的发展规划间的衔接性和关联性不足。

2. 预算编制的情况

兴国县从2006年起开始实施部门预算制，预算编制采取“两上两下”程序。一般是在上一年度开展摸底测算，12月中上旬完成下年度预算初稿，12月底将修改稿交政府，次年元月上旬交付人民代表大会审议。

但各部门所编制的部门预算其实是不完整和不严格的。因为财政部门对人员经费和公用经费有严格的固定标准，各部门并没有调整的余地；有弹性的是专项（项目）经费部分，但是，财政局并不会根据各局所报的数字编制预算，“因为它们报的数字没谱”，而是根据本县财力提出建议，由政府确定后报人民代表大会。比如财政局会将教育局所列的发展教育事业的专项支出“整个砍掉”，最多保留属于义务教育经费保障机制中的校舍维修改造资金；文化局根据上级规划的指标编制预算数，而财政局批准数则根据财政收支盘子来统一确定，因此预算数总是大于批准数；民政局根据上级民政部门的要求目标所填写的预算上报数，经财政局复核后会予以调整。

3. 预算与决算

决算收支大大高于预算收支是常态。从2006年到2008年，超预算收入占预算收入的比重均在60%以上，其中2006年和2008年两年均超过了70%（见附表4－3）。其中，超收的情况主要发生在财力性转移支付和专项转移支付上，尤其是专项转移支付金额，可以说在年初预算时基本没有估计进去；而本级的一般预算收入的预决算数之间基本没有多大出入（见附表4－3）。附表4－4的数据也标明专项资金预决算差异对总体预决算差异的贡献达到了60%以上，财力性转移支付预决算差异的贡献也在20%—30%。这种状况无疑使得预算资金安排和规划实施之间的衔接性变得更差，也会加大财政预算审查监督的难度。

附表4－3　　兴国县预算超收情况—1

年份	2006	2007	2008
超预算收入%（＝决算数/预算数－1）	74.8	63.8	71.9
其中：一般预算收入超预算%	4.2	11.1	15.2
财力性转移支付超预算%	45.5	38.4	30.4
专项转移支付超预算%[a]	—	1740.6	2577.0
其他收入超预算%	10.3	4.8	16.2

注：a. 2006年预算中无专项转移收入内容。

附表4－4　　兴国县预算超收情况—2

年份	2006	2007	2008
年初预算数（万元，下同）[a]	36284	48774	58524
决算数[a]	63422	79893	100580
决算数－预算数	27138	31119	42056
其中：一般预算收入差异	554	1663	2944

续表

年份	2006	2007	2008
贡献率%	2.0	5.3	7.0
财力性转移支付差异	7863	9762	8972
贡献率%	29.0	31.4	21.3
专项转移支付差异	18203	19408	28734
贡献率%	67.1	62.4	68.3
其他差异	611	345	1396
贡献率%	1.9	0.9	3.3

注：a. 含上年结余数。

4. 人民代表大会对预决算的审查

不容否认的是，人民代表大会的预决算审查工作越来越规范，其突出表现就是财政部门提交给人民代表大会的预算草案数据越来越详细，人民代表大会代表开始能“看得懂”预算草案。但同时仍存在以下问题：（1）目前人民代表大会召开时人民代表大会代表无法看到部门预算数据，到人民代表大会结束预算决议形成后，人民代表大会才会收到财政部门提供的部门预算。（2）预算下拨并不及时。（3）对决算审计报告中存在问题的地方，人民代表大会可以对政府提意见，但没有具体处理手段。

5. 政府债务及其管理

财政局预算股根据财政部统一下发的政府债务统计表来统计政府负债。根据统计数据，兴国县的政府负债无论在绝对数量上还是在相对规模上，都呈逐年递增趋势。2006年，其负债总额为3.64亿元，占总财力的比重为55.7%，2008年，总额上升为4.97亿元，占总财力的比重也上升为76%。需要说明的是，该统计数据虽然基本包含了政府及各部门的负债，甚至将2008年县政府成立的政府投资公司的负债也纳入进来，但是仍有一些政府负债没有被包括进来。有一些部门的部分负债在部门财务报表上并未体现出来（例如以个人名义的举债），因此也就未进入政府负债统计；另外，一些政府下属事业单位的负债，例如，医疗卫生机构所发生的大量负债，也未进入政府债务统计。随着政府债务的增加，相应地应成立专门负责债务消化的机构，并制定专门的债务偿还计划，但是兴国县在这方面并没有采取相应的措施，只是声称“在有剩余财力时会安排还债”。

6. 财务管理

财政资金的使用有一套较为完整、规范的财务管理制度。例如：（1）业务局每天必须更新现金日记账，每月必须提供月度资金使用报告，作为下一笔资金拨付的依据，财政局在年终进行年度汇总；（2）每个部门都有资产、资金收支的决算报表，年底决算后报财政局；（3）每个月实行一次银行对账；（4）自2006年起，财政局设会计集中核算中心，行政、事业单位取消基本账户，由会计核算中心负责对账，对财政支出进行内部控制。国库科负责对各业务科的资金拨付和预算一致性进行核查，监督检查科负责对资金使用事后审查；（5）政府公务人员的工资发放有较为严格的控制程序，会进行不定期清查。近几年由于清查力度较大，已基本上杜绝了“影子工资”现象。

在卫生系统方面，除了局机关的财务管理系统外，还有针对下属医疗机构的财务管理系统。医疗机构有职工代表大会，要求管理层每年向职代会作财务收支预决算报告，大型设备购置和基建支出，还要报卫生局核批；对医疗机构的年终结余也有限制，要求40%可用于职工福利，60%必须转入发展基金；乡镇卫生院财务报表以月报方式报送卫生局下设的乡镇卫生院会计核算中心；为进一步加强财务管理，从2009年起对下属各医疗机构采取集中报账制。这些管理措施无疑可实现对下属医疗机构的财务监控，但问题是，对于缺乏财政支持、基本采取企业化方式运作的乡镇卫生院来说，这种监控实际上是不对等的，也难以建立起有效的医疗服务激励机制。

但是，财政部门对固定资产不是每年都进行审查，只有登记制度。尽管按照相关规定应每年清查一次，但在2006年至2008年间，财政部门只是在2006年按照全省的统一部署进行了一次清理，因此对于国有资产的实际变动状况难以准确掌握。

6.4.5 招标与采购

1. 政府招标采购体制

实行“监、管、办”责任分明的运行体制：县行政服务中心管理委员会履行县招投标市场管理委员会工作职责；县发展和改革委员会、财政局

（国资办、采购办）、建设局、国土局、交通局、水利局、林业局、矿管局、房管局等行业监管部门履行本县相关行业招标投标项目的行政审批职能；招标投标中心履行各类招标投标活动执行交易职能。

2. 政府采购与招投标信息公示

采购信息必须在政府指定的采购网站上公布，兴国县政府采购信息一律在江西政府采购网、赣州市政府采购网上公布。招投标信息必须在政府网、赣州市招投标中心网站公布。

3. 公开招标投标程序

采购机关编制招标文件→采购机构负责人审定→招标公告发布→发售招标文件并登记购买标书供应商名单→投标登记的供应商收取投标保证金→随机抽取评标专家→开标→评标。

4. 公开投诉机制

质疑供应商对采购人、采购代理机构的答复不满意或者采购人、采购代理机构未在规定时间内作出答复的，可以在答复期满后15个工作日内向同级人民政府财政部门投诉。财政部门应当在收到投诉后30个工作日内，对投诉事项作处理决定，并以书面形式通知投诉人和与投入事项有关的当事人。

5. 存在的问题

（1）招标程序比较复杂；（2）招标环节成本高；（3）政府公开采购与业主单位需求有冲突。

6.4.6
审　计

1. 审计范围

（1）财政审计。每年3—5月对上年财政预决算进行审计，关注预决算是否科学、细化，以及具体执行情况，其审计结果向县人民代表大会汇报。（2）专项资金审计。特别重视对中央转移支付资金的审计。分三种情况：一年一审，例如社保基金或者是资金安排时间长的中央转移支付；两年一审，大部分专项资金属于这种情况；等项目实施完再审计，针对时间短的项目。（3）单位财务收支审计。对有预算分配权、资金量大、下属单位多的部门每年都要进行审计，包括教育、卫生、公检法、交通、水利、农林水等，有时对这些部门还会做延伸审计；对其他单位，则是两年至三年审计一次；对乡镇财政每两年审计一次。（4）领导干部的经济责任审计。包括单位法人的离任审计和组织部委托审计两种情况。（5）固定资产投资（工程投资）审计。每个项目结束后，都必须进行审计，并且审计报告是工程决算的依据。(6) 交叉审计（或外出审计）。是由省厅、市局安排的到外县审计。

2. 审计跟进与审计结果公示

在审计发现问题后，首先与审计对象交流，并征求意见；之后出具正式的审计报告，并进行处罚。据审计局反映，处罚结果得到 100% 的执行，跟进问询大约达到 80%。在审计结果的公示上，对单位审计结果，在单位内部宣传栏公示；对预决算审计结果，在人代会上宣读；对项目审计结果，大部分不公示，只做到告知领导，在 2008 年应上级要求公示了 6 个项目审计结果，形式是单位内部公示。

3. 存在的问题

（1）审计外部环境较差。审计法规、程序很严格，但只能针对审计系统内部，对外则缺乏依据、操作性差，例如审计处罚不好裁定。（2）存在审计盲点。驻县单位授权审计项目少，很多驻县单位长期未授权审计。据反映，电信、移动、联动、银行，石油、石化、水利等部门 10 年未授权审计。（3）人员问题。审计人员队伍老化，进取意识不够；人员流动性差；现有人员知识结构存在缺陷。（4）对专项资金的绩效监督有限，有三方面的原因：一是工程数量多，审计人员不足；二是审计没有相关职责；三是部分项目太小，审计局无法监督。

除了审计局进行的外部审计外，有些部门也进行内部审计。比如，卫生局在 20 世纪 90 年代就设置了审计股，承担内审工作。对下属单位的审计频率，约一年半轮审一次，审计结果会送达被审计单位和当事人，并跟进审计结果的处理，但审计报告不公开。审计股接受审计机关指导，每年初向审计机关报送内审工作计划，年终报送内审工作总结。

6.4.7 人力资源管理

1. 考核和激励机制

每年年底，人事部门均对机关公务人员进行年终考核，但自 2008 年起，这种考核不再与物质奖励挂钩。虽然这种考核可能会对职务升迁产生影响，但这种影响是不确定的和间接的。

2. 挑战

由于行政事业单位人员是能进不能出，所以严格控制编制存在一个较大的负面作用，就是无法满足用人单位的需求，人员老化现象明显。一方面，很多单位缺乏年轻的、高学历的专业技术人才，另一方面大学毕业生、专业技术人才却因为缺编制无法招聘引进。

6.4.8
教　育

1. 教育投入

存在教育投入不足的问题，具体表现在以下方面：

一是小学校园面积和校舍不足。兴国县小学的生均校园面积和校舍面积分别是12.5平方米和3.87平方米，这低于江西省规定的相应标准[1]。另外，该县正值小学“五改六”学制改革，据估计，全县小学约增加学生15000人，需新扩建校舍30000平方米，尚缺资金1800万元。

二是已有学校的教育条件有待改善。不少学校缺乏教师住房和办公用房。在农村学校，教师二人合住一间宿舍的情况很普遍；25个乡镇的26所初中，仅2所有运动场，有的学校学生连做操都成问题。

三是师资紧张。县城的小学和初中的生师比均明显高于规定标准，农村学校虽然总体上未超过标准（附表4-5），但按照相关规定，中心小学以下的教学点，每班应配备不少于1.5个师资，但全县一师一校的教学点有163个，并且有些村级小学一个班有50—60名学生。

四是公用经费不足，预算不合理。财政对学校公用经费的预算统一按照小学300元/生、中学500元/生的标准核定。但是因为事先没有确定一个明确的学校公用经费使用科目，以及根据这些科目及学校的实际情况来编制公用经费预算，所以各种名目繁多的支出都从公用经费中列支，这就导致学校公用经费十分紧张，难以改善教学条件（附表4-6）。

---

① 江西省规定的小学生均校园面积标准是：城镇：14—19平方米，农村：18—28平方米；小学生均校舍面积标准是：城镇：5.2—6.6平方米，农村：4.02—4.84平方米。

附表 4－5 兴国县小学和初中生师比

	县城		农村	
	规定比	实际比	规定比	实际比
小学	19.5	31.7	23.5	28.3
初中	17.1	20.5	18.0	12.9

附表 4－6 长冈乡列宁中学公用经费的非教学支出[a]

支出项目	金额（万元）
1. 社会保险及住房公积金单位配套部分	3.7
2. 教育局代收费用	2.125
2.1 师资培训	1.25
2.2 运动会	0.25
2.3 教学质量评估	0.125
2.4 试卷费	0.5
3. 寄宿制学校项目前期投入	1.0
4. 报刊和杂志征订费、工会会费、招待费……	不详

注：a. 该校 522 名学生，公用经费 25 万元/年。

2. 教育资源区域布局

其突出问题是如何均衡分布城乡教育资源。尽管兴国县将主要的教育基建项目资金投向了农村，农村义务教育学校的生均财政教育经费也高于县城，但城镇的师资状况还是明显好于农村①（附表 4－7），在教学条件、教学设备、工作环境等方面，农村也无法与县城相比。

附表 4－7 兴国县城乡义务教育资源布局对比：2008 年

	县城		农村	
	小学	初中	小学	初中
专项资金投入（万元）	153	243	320	1721
生均财政教育经费（元）[a]	1492	2453	1671	3726
中专以上学历教师的比重（%）	75.8	98.2	41.6	93.6

注：a. 包含教师工资和公用经费在内。

① 根据目前的政策，农村教师通过一定的考试就可进入县城学校，这将进一步拉大城乡师资水平的差距。

随着农村入学适龄人口的减少，一师一校的小学教学点已达163个，设有一师一校教学点的行政村占全县行政村的比重达到了53%，这163个教学点仅有学生2000余人，有的教学点只有几个学生。但从教育的基本要求来看，这样的教学点，教学设备、设施应与完小一样齐全，师资配备也应得到基本的保证，这无疑需要增大教育投入。

鉴于教学点在资源投入上不具有规模效应，目前的一个基本做法是撤并教学点，以若干村为单元建设中心完全小学。但由此带来了两个问题，一是因学生年龄较小，无论是否寄宿，家长都不放心，因此，需要配备生活老师，但目前基本都无力配备；二是，同样由于财力投入有限，完全小学的教学条件并不合乎规划标准，也不比教学点好多少。这两个因素降低了完全小学对家长的吸引力，也给教学点的撤并带来了较大阻力。在有的村，因教学点的撤并甚至引发了当地群众的联名上访。因此，撤并教学点、提高办学效益也仍然要求继续加大对农村教育的支持力度。

但是，有另外的一个因素必须认真加以考虑，即城镇化对教育的影响。由于进城务工人员增多和城镇化进程的加快，大量农村学生进城就读①，据估计，在义务教育阶段，目前在县城就读的学生占全县学生数的比重可达1/3。由此导致城区学校“大班”问题严重，平均达到了60人/班（规定标准是45人/班），县实验小学上课时教师甚至必须戴扩音器，学生必须戴耳麦。据教育局估计，以目前的趋势，城区每年增加一所学校都难以满足需要。从这个角度来说，加大城区义务教育的投入力度也是非常必要的。

6.4.9
卫　生

1. 财政投入政策

此问题与预算政策紧密相关。兴国县针对不同类的医疗卫生服务机构采取不同的预算政策：（1）公共卫生机构（疾控、皮肤病防治、结核病防治、妇幼保健、卫校、农医中心和卫生监督所）属于全额预算单位。但财政并未将现有编制内人数全额纳入预算，而是仍按1980年核定的编制数进行经费预算。疾控、结核病防治、妇幼保健、卫校四个机构，财政预算安排的人

① 县教育局认为，农村学校办学条件较差是一个因素，但不是主要因素。

数比实有人数少了 118 人，比已上编人数少了 68 人，按已上编人数计算，缺口人员经费 143 万元，缺口公用经费 4 万元。（2）医疗机构（县医院、县中医院、乡镇卫生院）属差额预算单位。县医院按人员基本工资 10% 预算补助；县中医院在 2000—2008 年一直中断差额拨款，2009 年起恢复差额预算拨款 10 万元/年；乡镇卫生院按每乡 3 名防疫人员、1 名院长计，给予人均 1.4 万元/年的预算补助。（3）村级医疗机构。乡村医生防疫人员津贴按人平年 400 元预算补助。

从上述政策看，对于公共卫生机构的编内人员，财政未给予足够的支持；财政对医疗机构的补助则微乎其微，基本上把医疗机构作为了企业单位来对待。附图 4 - 1 显示了 2008 年财政对不同医疗卫生机构的支持力度，可以看出，即便是作为全额事业单位对待的妇幼保健机构和疾控机构，财政拨款占其收入的比重也是非常低的。

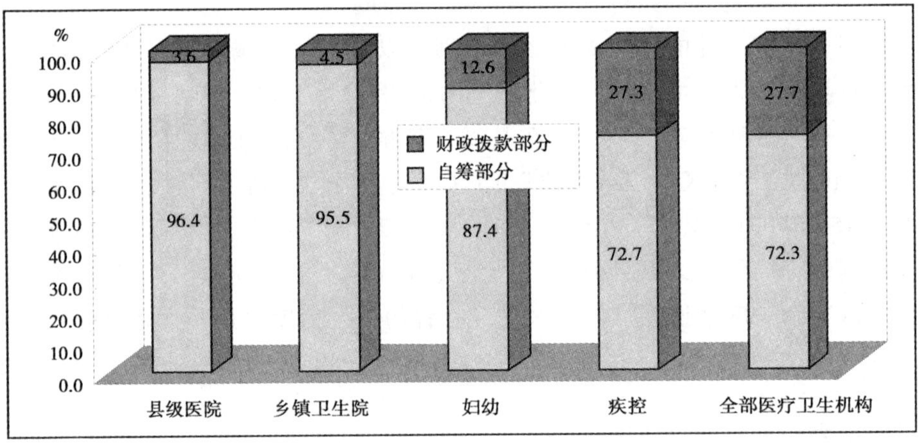

附图 4 - 1 兴国县 2008 年各类医疗卫生机构收入构成

2. 项目申报中存在的问题

一是项目内容规定较死，难以切合实际。中央财政乡镇卫生院改造项目对项目建设规模、建设内容和投资额都有较严格和比较一致的限定，而不同卫生院的实际情况有差异，导致项目内容难以切合卫生院的实际情况。这一点从《兴国县 2006—2010 年农村卫生服务体系发展规划》中也能看出来：为了迎合项目申报的需要，该规划对所有中心卫生院均按改扩建住院部 1400 平方米、投资 64 万元和对所有一般卫生院均按改扩建住院部 1000 平方米、投资45万元进行了统一的规划，而实际情况则可能出入很大。例如，我们实地调研的长冈乡卫生院住院部改建项目，上报的建筑面积为1200平方米，实际建筑面积则为1700平方米。

二是投资标准偏低，资金支持不足。中央财政乡镇卫生院改造项目根据一个全国统一的单位面积造价核定投资总额，而近些年随着用工成本和材料成本的上升，该造价标准已经偏低，但一直未作调整，加之中央财政只承担部分资金，地方财政又无力配套，给乡镇卫生院造成了很大的资金压力，并引发了大量负债。仍以长冈乡卫生院项目为例，该项目中央财政补助35万元，但实际投资则高达150万—200万元。即便建筑面积不突破上报面积（1200平方米），预计投资仍需要100万—150万元。由于县级财政不提供配套，预计项目将造成该卫生院负债50万—100万元。

3. 卫生资源的区域布局

据卫生局介绍，他们没有做过按照区域特点（如人口、经济条件、区位）的布局规划，仅仅是在实际工作中对这些因素会有所考虑。

从卫生资源的区域布局现状来看，主要的资金投向是县城而非乡村：2006—2008年间，9个乡镇卫生院项目仅是1个县人民医院项目总投资的21%，财政投入的20%，建筑面积的36%；对村级卫生机构的投入则几近于0（附表4-8）。

附表4-8　兴国县2006—2008年卫生基建项目投资情况表

	总投资（万元）	其中：财政投入（万元）[a]	建筑面积（平方米）
兴国县中医院	1080	180	6878
兴国县人民医院	4300	1740	27411
兴国县妇幼保健院	218	50	1960
全县9座乡镇卫生院	918	350	9862
1所村卫生室	6	3	120

注：a. 其中省级财政投入10万元，县级财政无投入。

人员的流失也是乡镇卫生院面临的一个重大问题。由于县城工作、生活条件好，待遇高（可比乡镇卫生院高一倍），乡镇卫生院留不住人，而县级医院则由于业务需要，“拼命从乡镇卫生院挖人”，导致农村卫生技术人员缺乏，骨干基本被挖走。以长冈乡卫生院为例，原有医师6人，现仅剩下4

人，其中2人马上要退休，2人年龄已超过40岁，而到县人民医院的2人则都在30岁左右。对此，卫生局坦承“缺乏有效的调控手段。因为即便不同意，对方就是以辞职到县城医院打工的形式也要走”。

另一方面，与教育系统类似，就医疗卫生设施的利用效果来看，县级医院要明显好于乡镇卫生院（附表4-9）；由于城镇化导致的城镇人口增加，也使得县直医疗机构业务迅速增长。这些因素都是医疗卫生财政资源和人力资源流向县城的重要原因。但问题是，这种状况的持续，将进一步拉大城乡医疗卫生资源的布局差距，恶化农村医疗卫生的公平性。

附表4-9　　县乡医疗机构利用效果指标对比：2008年

	单位	县级医院	乡镇卫生院
每职工平均门急诊人次	人次	646.5	532.96
每职工平均住院床日	床日	233.49	151.25
每职工平均业务收入	元/人	147332.5	73597.55
病床使用率	%	113.04	71.87
百元固定资产医疗收入	元	74.79	59.28

另外，政策的动态性不够也产生了一些布局方面的问题。根据服务辐射能力的不同，乡镇卫生院分为中心卫生院和一般卫生院两类，财政项目一般会在投资额等方面对中心卫生院有倾斜，有些项目甚至只支持中心卫生院。随着经济区位的变化，有些中心卫生院的服务辐射功能不如一些一般卫生院。但设立后的中心卫生院只有省卫生厅有资格调整，一般会一直保留此资格，由此导致了卫生资源在不同卫生院之间的分配难以做到合理。据卫生局自己估计，现有的6个中心卫生院中，4个可认为合格，其余2个的辐射功能则难以与其身份相匹配。

6.4.10
文　化

1. 基建项目

文化局2006—2008年在建项目只有中央财政支持的文化站项目。项目在实施中存在一些问题：（1）资金太少，文化站项目“撒胡椒面”的做法不可取。目前在建的文化站项目，来自中央的财政投资每个只有 20 万元，属于低水平建设，建议将资金集中使用，提高效率，例如集中 10 个文化站资金来做好一个文化站。（2）建设文化站需要解决地皮问题，乡镇的配套资金太大。所调研的埠头乡为此垫资约 10 万元。（3）文化站没有运营收入，估计建成后维持会有问题，或者功能异化变成乡政府办公楼。

2. 农村文化事业

主要体现在乡镇文化站和村文化室上。

乡镇文化站的情况：（1）在人员编制上，兴国县 25 个乡镇虽然都配置了 1 个文化站长编制，但由于非“县直管”，所以乡镇随意抽调文化站长从事乡政府政务工作的现象非常普遍，致使农村文化服务功能弱化。（2）在文化站的布局上，全县 25 个乡镇目前只有 5 个乡镇在建文化站，其他乡镇均没有文化设施。其布局依据：一是乡镇经济基础好，乡政府愿意或能够配套，在建的 5 个文化站有 4 个属于这种情况；二是当地群众文化基础较好，在建的文化站有一个属于这种情况。（3）在经费上，乡镇文化站无固定经费，组织一些文化活动均需要按项目安排，例如，近几年的放电影、送戏下乡等活动就由江西省专门的项目安排经费。

村文化室的情况：现有的村文化室是结合新农村建设点建设的，由县各行政事业单位负责筹办。目前的运行状况是文化室基本能做到开放，但从长期来看，要维持村文化室缺乏长效机制。

6.4.11
民　政

1. 敬老院概况

兴国县共有 25 个乡镇，每个乡镇均有一所敬老院。目前，全县已纳入农村五保供养对象人数 3735 人，其中集中供养对象 2498 人，集中供养比例为 66.8%。全县敬老院现有床位 2089 张。

2. 敬老院工作人员

全县敬老院共有工作人员 99 人，均无行政事业编制。工作人员工资标准为院长每月 600 元，其他工作人员每月 500 元，工作人员工资由财政直接拨入个人账户。工作人员岗位设置按照现有院民人数设置，具体为 50 名院民设 3 名工作人员，每递增 20 名在院服务对象增设 1 名工作人员。

3. 敬老院资金来源

一是上级拨款，每个在院老人拨款1860元/年；二是敬老院通过开展庭院经济建设创收。全县敬老院养猪210头，养鸡鸭679只，有鱼塘29亩，稻田57.1亩，山地48亩，菜地43.1亩，果园32.3亩，全县敬老院年经济收入为63.63万元，平均收入2.45万元。

4. 敬老院基建项目

近年来，共改建17个敬老院项目，2006—2007年建筑面积共计24911.8平方米。项目选择依据：第一，有迫切需要的。例如破旧的、危房的、不够住的。第二，所在乡镇的积极性高，因为敬老院项目的业主单位为乡镇政府。

项目的筹资情况是，省级财政拨款（来自福利彩票公益金）按140元/平方米进行补助，共拨款298.94万元，县级拨款548.91万元，乡镇出资没有具体统计。但估计，每个乡镇垫3万—5万元，多的为10万元。

在项目的监管方面，一是要求公开招投标；二是就监管内容来说，有政府下文要求的就监管；三是通过合同约定来实现监管；四是通过分期拨款来监督工程质量；五是检查，每个敬老院项目6个月的工期，均要检查5—6次；六是由县民政局单位工作人员负责包干，每个敬老院项目均有一人负责。

5. 敬老院存在问题

问题比较突出，表现在：（1）敬老院老人生活维持在一个较低水平上，每月伙食费150元/人，一天只有5元钱。（2）严重缺乏专门的护理人员。在院老人之间是相互照顾，对生活不能自理的老人，由身体较好的老人自愿照顾。对照顾者敬老院补贴30元/月。（3）敬老院经费很大程度上来自庭院经济收入，据调查全县各敬老院庭院生产均由在院老人来承担，这对本应由财政供养的老人来说非常不合理。（4）敬老院工作人员无编制，无人员经费，这个问题与敬老院工作人员队伍老化、素质较低有直接关系。（5）敬老院服务配套设施较差。

6.4.12 乡　镇

目前乡镇在农村社会事业服务中能发挥的作用有限。一是因为乡镇财权的上收，实行乡财县管，使得乡镇缺乏相应的机动财力。以长冈乡为例，2008年由县财政通过财政转移支付方式给予320万元的财力，加上归乡镇本级征收的社会抚养费、土地规费和烟叶税等，总财力仅为530万元。这些财力只能维持自身的运转，难以有机动财力提供其他公共服务。二是乡镇无此职能。除了乡镇文化事业外，教育、卫生实行的都是部门垂直管理，主要决策权在县相关部门，乡镇难以发挥作用。三是乡镇政府在机构改革后，也缺乏相关的管理和服务能力。长冈乡政府在岗在编人员90人，从事民政工作的只有2人，文化站只有1人，都不是专职人员，而是兼任其他职务。

但是，县教育局、卫生局和乡镇政府领导在座谈中都认为，乡镇在农村社会事业服务中仍有许多方面的工作可做、必须做，比如：

（1）土地征用工作。校园、卫生院的扩建和乡镇文化站的建设，都需要征地，这些工作必须以乡镇为主，才能顺利完成。这被教育和卫生部门认为是乡镇政府最重要的工作，但由于缺乏对乡镇政府的专门考核机制，很多乡镇政府在这方面的工作并不积极，甚至袖手旁观。

（2）社会事业发展规划。乡镇政府领导认为，由于乡镇政府最清楚本地情况，应由乡镇来提供规划所需的基本参数和信息，但目前的情况是，各部门在制订规划时，均基本不太听取和重视乡镇的意见。由于缺乏财政和行政自主权，乡镇政府也无法制定本乡镇的发展规划，只能被动地开展各项工作。

6.5　赣　　县

6.5.1
赣县基本情况

赣县系国家扶贫开发工作重点县之一，位于江西省南部，赣江上游，环绕赣州市区，县治距离市区仅10公里。

6.5.2 财政能力

在财政收入与财政支出方面，与兴国县相比，虽然赣县的本级财力所占比重要高些，但其财政状况也不容乐观，因为仍有一半以上的财力来自上级财政的支持；并且在支出结构中，也是人员支出的比重比较高，很少有财力能用于公共建设；另外，非税收入一直在预算收入中占有较高比重（见附表5-1、附表5-2）。

附表5-1 赣县财政收入及其构成（2006—2008年） 单位：万元，%

财政收入及其构成	2006年		2007年		2008年	
	金额	比重	金额	比重	金额	比重
总财力	56453	100.00	76633	100.00	115365	100.00
本级收入	21597	38.26	26668	34.80	49190	42.64
一般预算收入	16487	76.34	22582	84.68	34587	70.31
其中：非税收收入	4880	29.60	5329	23.60	10307	29.80
基金预算收入	523	2.42	3285	12.32	12080	24.56
预算外收入	4587	21.24	801	3.00	2523	5.13
上级补助收入	34856	61.74	49965	65.20	66175	57.36
税收返还	2111	6.06	2173	4.35	2245	3.39
财力性净转移支付	20013	57.42	29029	58.10	32437	49.02
专项转移支付	12606	36.17	17653	35.33	28075	42.43
基金补助净收入	126	0.36	1038	2.08	3418	5.17
预算外净补助收入	0	0.00	72	0.14	0	0.00

附表5-2 赣县财政分功能决算支出结构 单位：%

	2007年	2008年
人员支出	49.6	47.1
工资福利支出	29.8	25.9
对个人和家庭的补助	19.8	21.2
运转支出	28.8	31.1
商品和服务支出	28.8	31.1

续表

	2007 年	2008 年
资本性支出	19. 3	21. 7
基本建设支出	15. 2	8. 8
其他资本性支出	4. 1	13. 0
其他支出[①]	2. 3	0. 0

6. 5. 3
规　划

1. 规划编制

赣县于2006年2月正式通过了《赣县国民经济和社会发展“十一五”（2006—2010年）规划》的正式文稿，其中包括一项总规划和七项专项规划。另外，在2008年县政府换届后，又分部门制定了《2009—2013年发展规划》。

在规划的编制过程中，首先，参照赣州市发展和改革委员会的要求确定7个研究课题，并着手开始调研，完成相应的专题调研报告。调研部门以发展和改革委员会为主，相关行业主管局参与。其次，根据调研报告成果形成“十一五”规划纲要，并向层次部门征求意见。再次，对纲要内容进行修改、充实后形成征求意见稿，报县委、县领导审阅。然后，再次听取和征求公众、行业部门、人民代表大会常委会、政协、县委常委会等各方面的意见，形成递交人民代表队大会的草案。最后，经县人民代表大会通过后形成“十一五”规划正式稿，并下发各部门。

规划制定过程中所需的数据、信息来源，除了实地调研之外，主要来自于统计部门。而预测数据则是结合历史数据和当前发展状况对增长率的推测。另外，在规划编制过程中，不太征求民众的意见，发展和改革委员会还认为，“乡镇领导和人民代表大会代表发表不了什么实质性的意见，价值不大，站的层次也不够”。

2. 存在的问题

规划在制定和执行中也存在如下问题：

① 其他支出包括：对企事业单位的补贴、债务利息支出、赠与、贷款转贷及产权参股、其他。

第一，规划的严肃性和执行力度不够。由于部分规划文本只是提了一些口号和发展目标，使得规划缺乏指导性和可操作性。同时规划的执行更多地依赖于上级财政的支持，而一旦上级政策发生变化，相应的建设内容也要随之变化。另外，规划的严肃性也存在问题，往往“领导一句话，规划就扔一边了”。

第二，行业部门的纵向规划和县级发展规划之间不匹配。各部门所制定的纵向行业规划，体现了部门的意图，与县级横向规划之间并不匹配。例如在教育方面，按照县级发展规划和实际情况，急需解决的是教学楼短缺问题，但教育部门的规划重点却是建设宿舍楼。未列入部门纵向规划的项目难以要来资金，这实际上就导致了县级规划的严肃性和可执行性的下降。

第三，规划部门与财政部门之间没有直接的沟通机制。县级政府制定规划时倾向于将所需项目全部列入，以丰富规划内容，但规划内容与财力保障之间并无关联，列入规划的投资项目不一定能获得财政的支持，对于规划内容所需要的财政资金的来源状况，也缺乏明确的分析论证。此外，对于需要本级政府提供财政担保的规划项目，财政局一般按照上级政府要求出具承诺函，实际资金却不一定能兑现。

第四，规划的城乡布局观念不强。对于如何统筹城乡发展，解决“三农”问题、扶持弱势群体等重点问题一带而过，没有系统考虑，也没有一个明确的重点和措施。

第五，规划项目的确定缺乏明确的评价指标体系，也缺乏对规划执行情况的评估。例如按照要求，必须有对“十一五”规划的中期评估，但实际上只是做了一个简单的汇报。

第六，规划中的数据资料缺乏科学的确定方法。

3. 各项社会事业的专项规划

上述问题也反映在各项社会事业的专项规划中。

（1）教育规划。除教育的“十一五”规划外，教育局还制定了《赣县2009—2013年教育发展规划》，其主要内容为全县中小学布局调整。在制定“十一五”教育规划时，首先由各中小学校长上报学校基本情况，然后教育局对其内容进行讨论商议，最终确定规划的具体内容。在制定2009—2013年教育发展规划时，有一个对全县中小学网点的调查。但是，规划都只是起指导性和方向性作用，在具体实施时会因上级政府的政策导向而调整。此外，规划项目的确定，并未与当地财政部门进行沟通，主要原因在于本级财政财力有限，依靠本级财政实施项目的可能性极小。

（2）卫生规划。除卫生的“十一五”规划外，卫生局也制定了《赣县2008—2015年卫生发展规划》，其主要内容为全县医疗点的重新布局。卫生局坦承，在规划的制定过程中，没有听取各相关利益方的意见，没有实地收集数据，对乡镇卫生院等医疗机构的需求调研也不够，并且也未与财政部门沟通。因此，规划内容比较笼统，对实际工作没有约束，也没有指导价值。

（3）文化规划。在文化专项规划的编制过程中，有各方参与。文化局曾组织一些老同志和一些热心文化事业的人民代表大会代表进行座谈，并由局里的领导分片到各个乡镇去调研。但规划下发的时间太晚，到2008年3月，规划的最终稿才由县委办公室、县政府办公室联合下发，而此时“十一五”规划年度已过去两年。而且在实践中，规划的指标基本落空。

另外，民政部门的事业主要是专项资金的运行，因此没有编制“十一五”专项规划。

6.5.4
财政管理

1. 预算规划

赣县财政局没有具体的财政规划，只有对财政收入的粗略估算。根据政府换届提出的“工业化、城镇化、农业产业化”发展战略，财政局也编制了“2009—2013年财政收入规划表”，对财政收入进行了预测，支出则基本没有规划。收入预测表需要提供给发展和改革委员会，作为制定总规划和其他专项规划的参考。但是，如前所述，预算规划与发展规划间的衔接性和关联性不足，规划内容并不能得到财力上的保障。

除中长期规划外，财政局每年都要制定年度预算，确定各项收入和支出的数额和增速。年度预算一般都有比较详细的数额推测，但是增速的推测并不是根据本县税源、税基及经济发展的测算得到，而是根据省市制定的增速任务分解制定的。

2. 预算编制

预算的编制过程被简化为“一下一上”。其基本过程是：财政局设计部门预算表格和预算编制说明——各部门填写表格交由业务股室审核——财政局预算股据此确定财政收支预算规模——政府研究确认——交付人民代表大会审议和表决。在这个过程中，基本上是由财政局决定各部门的预算，部门没有讨价还价的机会，部门报多少，财政已经事先确定了。

3. 预算与决算

预决算收入的差异很大，其差异主要来源于转移支付金额的差异，特别是专项转移支付的差异（见附表 5－3、附表 5－4）。主要原因在于编制预算时无法确定上级转移支付的数额，通常要到年底才清楚。对于无法纳入预算的资金办理追加指标（见附表 5－5），与年初预算一并进入年终决算，并在 12 月中旬进行预算调整。

附表 5－3　　赣县预算超收情况—1[a]

年份	2006	2007	2008
超预算收入%（＝决算数/预算数－1）	81.6	103.4	127.0
其中：一般预算收入超预算%	14.4	21.3	34.0
财力性转移支付超预算%	45.0	74.6	72.0

注：a. 预算编制时，专项转移支付和其他收入金额均为 0。

附表 5－4　　赣县预算超收情况—2

年份	2006	2007	2008
年初预算数（亿元，下同）[a]	30616	37527	46856
决算数[a]	55610	76344	106367
决算数－预算数	24994	38817	59511
其中：一般预算收入差异	2345	4343	9340
贡献率%	9.4%	11.2%	15.7%
财力性转移支付差异	6464	12766	13945
贡献率%	25.9%	32.9%	23.4%
专项转移支付差异	13538	18790	29867
贡献率%	54.2%	48.4%	50.2%
其他差异	2567	2918	6359
贡献率%	10.3%	7.5%	10.7%

注：a. 含上年结余数。

附表 5-5　**2006—2008 年上级追加指标状况**　单位：万元，%

年份	2006	2007	2008
上级追加指标合计	13595.7	19550.6	32823.4
一般预算收入追加指标	13537.6	18789.5	29866.8
基金预算收入追加指标	58.1	761.1	2956.6
占上级总指标的比重	40.0%	40.8%	50.5%

4. 人民代表大会对预算的监督

人民代表大会对于预算的监督包括两部分的内容：一是对预算草案的审查和批准，二是对预算执行情况的监督。第一部分的内容是由人民代表大会的财经工作委员会和预算审查委员会组织实施，第二部分的内容是由审计局负责实施并向人民代表大会进行汇报。

在预算提交县人民代表大会审议之前的一个月，预算审查委员会就提前介入对预算的审查，其主要是与财政局进行沟通，并着重对预算支出的安排进行审查。据反映，财政局提交的并由人民代表大会批准的预算内容仅仅是一些大数，在人民代表大会结束后，财政局才将预算内容进行细化，并于5月份才能完成，之后会向财经工作委员会、预算审查委员会及常委会的领导各提供一份。对于调整预算，由财政局在12月底向人民代表大会汇报。

人民代表大会在预算监督中所存在的问题：（1）预算监督体制较弱。人民代表大会的财经工作委员会虽然是常设机构，并且有固定的工作人员，但由于一方面它的工作人员少，另一方面它还负责其他财经方面的工作①，所以对预算的审查就由预算审查委员会来负责。而预算审查委员会是临时性的机构，其成员是由不同单位的人员组成的，在开展这些工作时存在协调难的问题以及审查结果缺乏一定效力的问题。另外对预算执行情况的审查并不由预算审查委员会来负责，而是由审计局来负责，这就影响了人民代表大会在预算审查监督中的主体地位。（2）预算审查程序较完备，但预算审查内容粗。这就使人民代表大会对预算的审查监督流于形式。（3）预算执行的整改结果落实不力。

① 财经工作委员会每年都要进行一两个项目的调研，比如2007年对华能瑞金电厂、居龙滩电站的调研，2008年对廉租房的调研等，在工作人数有限的情况下，这些工作都会占去他们的大部分时间。

5. 政府债务

附图 5－1 给出了 2006—2008 年赣县地方政府的负债。从附图 5－1 中可以看出，尽管负债占总财力的比重有所下降，然而截至 2008 年本级政府仍有 20505 万元的负债。

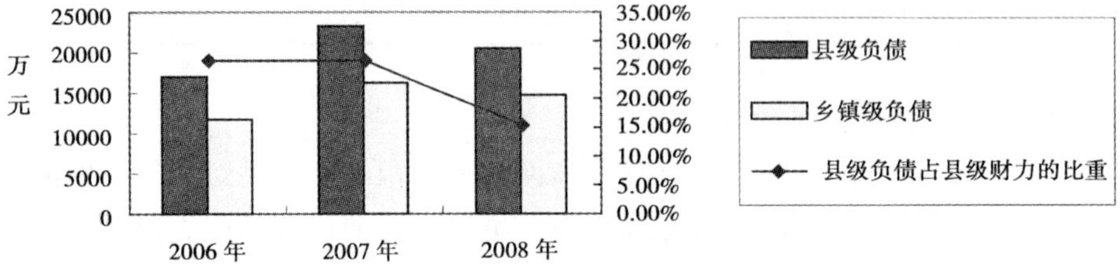

附图 5－1　2006—2008 年政府债务统计

需要指出的是，以下负债类型没有包括在内：第一，一些工程缺口资金未进入债务表，而成为业主负债，如五云卫生院建设项目，共投资 130 多万元，政府仅投资 40 万元，剩余的成为业主负债，而不反映在政府负债表上。第二，部门自行建设的一些项目的债务（如建办公大楼）也未纳入统计。第三，一些由政府提供隐形担保的政府办公司的债务未进入统计。近几年，赣县政府分别成立了国有资产经营投资公司、工业园管委会、土地收储中心和中小企业担保公司。这几个实体新产生的债务，除土地收储中心因其贷款和还款以及土地运作收入均进入财政账户、从而债务也进入政府债务统计外，其余实体的债务都不在政府债务统计之中。

6. 财务管理

2004 年成立会计核算中心对部门资金进行核算，2008 年又成立国库结算中心（业务部门报计划，国库进行审批，然后直接给销货单位）进一步加强财务管理。目前，28 个单位采用会计核算，10 个单位委派工作人员，55 个单位进行国库集中支付。另外，对财政资金的使用也有一套比较完整的财务管理制度，基本内容与兴国县类似。

6.5.5
招标与采购

1. 政府招标采购体制

赣县在政府招标采购体制方面建立了监管与执行相分离的管理体制，分别设立了政府采购办公室和招投标中心。其中采购办负责采购制度的制定及日常监管等工作，招投标中心负责采购任务的执行。

2. 政府采购与招投标信息公示

政府采购的信息都要在县政府网、赣州市政府采购招投标网、江西政府采购网上向社会公开发布，并且大宗的采购项目还要在国家指定的媒体中国财经报政府采购信息周刊上发布。

3. 政府采购评审专家库管理

在政府采购活动的评审工作方面，赣县基本形成了专家评审机制，建立了县级专家库，共有19位专家，并与市级专家库共享。评审专家一般是在采购人、采购代理机构和采购办人员的监督下，用随机软件从专家库中随机抽取，其中200万元以上的项目从市专家库中抽取，200万元以下的项目从县专家库中抽取。

4. 监督机制和公开投诉机制

在监督方面，除了财政部门对政府采购活动的全过程进行监督外，一般县纪检监察、审计部门也参与监督，并在中标结果上签署意见。另外，对于大的采购项目还会邀请人民代表大会、政协等机关的工作人员进行现场监督。在每次中标结果公示时都会公布采购办的监督电话并接受投诉，由采购办进行政府采购投诉的登记、调查及答复工作。

5. 问题

（1）对中标后的管理应加强。比如应检查项目的经理与中标人是否一致。（2）投标的成本比较大。（3）确定项目中标人的时间比较长。

6.5.6

基建项目

据调查反映，项目在申报、建设、管理等方面存在以下问题：

（1）有些项目的申报程序过多、过繁。项目申报成功，需要经过可研、环评、用地证明、财政承诺函、初步设计评审、图纸和可研的审批、报建、招投标等众多环节，耗时耗力。申报过程要花费五六万元。对于一些投资额不大的项目来说，申报成本太高。

（2）项目前期费用过多，一般是总投资额的10%左右。而这些资金需要业主单位自行解决。如沙洲初中前期报建费用为13万—15万元，是投资额的10%；再如五云卫生院，各项前期费用4万元左右，也达到了投资额的5%。

（3）项目资金往往不足，造成项目负债。首先，前期费用一般不包括在项目资金之内，需要业主单位自行解决。其次，项目工程款按照固定的单位投资和建筑面积包干，但是近年来由于物价水平、建设要求等提高，成本上升很快。如财政教育项目目前仍然按照500—600元每平方米计算，而现在的实际投资单价已经到了800元每平方米。

（4）项目库和项目资金需要整合。项目可以多渠道申报，例如交通项目的申报，有发展和改革委员会、扶贫开发办公室、交通局等多个渠道，缺乏统一的规划，造成重复建设；另外，没有全县统一的项目库，而是由各个部门资助建立项目库，导致了同一个项目不同部门都在申报。而不同部门对项目的要求之间存在差异，又缺乏沟通和配合，影响了资金使用的效果。

（5）项目布局和项目效果存在问题。一是，随着城镇化进城的加快，项目建设在如何兼顾公平与效率上考虑不足，例如教育项目。二是，有些项目的实际效果值得怀疑。例如乡镇文化站项目，普遍认为建设很多但实际上用处不大；而面临人口老龄化的威胁，敬老院项目却从来没有安排过。

（6）项目供给与需求之间存在差异。项目资金一般都有明确的使用范围，但不一定符合实际情况。例如，农村寄宿制学校项目要求小学三年级以上的学生到中心小学寄宿，但孩子太小，根本不方便寄宿；但是，项目却要求必须盖宿舍楼，造成资源浪费。

（7）项目建设的土地问题。土地资金不包含在下达的项目资金中，土地的审批也存在问题。江西省土地审批权集中在省国土资源厅，县里并不是随时送审，而是集中项目批量送审，势必对项目的实施进度产生影响。另外，部分项目的土地通常难以解决，如由于土地问题难以解决，乡镇卫生院的扩建项目一般在原址之上改建。

（8）项目建设存在重建轻管的问题，特别是乡镇文化站项目。

6.5.7 审　计

在审计体制、审计范围等方面，赣县与兴国县的基本相同，这里只指出在调研中所发现的问题：

（1）审计的独立性不强。由于审计局本身就是政府的一个组成部门，所以由它对其他部门进行审计相当于还是自己人对自己人进行审计，这就影响了它对政府工作的审计监督力度。

（2）审计盲点。仍存在一些审计盲点，这些都是由于对审计未完全实行属地管理的原则造成的。比如对县里的电信公司、电力公司、银行，审计局只有在上级审计部门的授权下，才能对其进行审计。

（3）审计能力较弱，特别是工程审计能力弱。这一方面体现在目前的审计工作还主要停留在纸质操作上，对于计算机的辅助审计还没有实质性开展；另一方面体现在审计局的人数还比较少，尤其是不同方面的专业人才比较少，比如基建审计中心就缺一些懂建筑、桥梁、公路等方面知识的人才。

（4）审计结果的处理权不强。对审计结果的处理没有足够的发言权，在对有问题的单位进行审计处罚时还得先征求被审计单位的意见，并且在处罚结果上还得与它们讨价还价，这就导致一些部门屡审屡犯。另外，审计局对审计结果只有经济处罚权，而没有对责任人的处罚权，这也大大制约了处理效果。

（5）审计结果还不能做到公开。对预算执行情况的审计报告不能做到人民代表大会代表人手一份，更不用说在社会上进行公开了；对部门的审计结果，由于考虑到被审部门的情面，也只是将结果告知被审单位，除此之外也只是向县政府主要领导汇报。

（6）绩效审计方面还处于空白。据审计局的工作人员反映，这一方面是因为缺少这方面的人才，另一方面是因为没有具体的绩效评价指标体系。

6.5.8
教　育

1. 教育投入

教育存在投入不足的问题，具体表现在：

一是学校基础设施均比较薄弱，普遍低于国家规定标准。如沙洲小学，是乡里最大的村小学，生均占地面积和生均校舍面积分别才达8.8平方米和2.9平方米。

二是师资紧张。尽管赣县每年招聘教师200人，净增50人，但仍显不足。原因在于：（1）教师编制数少。上级编制部门按照学生人数来核定教师编制数，但目前使用的是1990年核定数，而且原来对教学点另加教师编制的政策取消，造成了教师数量总体上不足。（2）县级财政“进人看荷包”，每增加1人，需要增加1万多元的支出，因此尽管核定编制4863人，但实有教师只有4367人。

三是公用经费紧张，且使用不当。对于寄宿制学校而言，免收住宿费后，学生宿舍的维修、水电、设备等费用由学校从公用经费中列支，学校负担沉重，如赣县沙地中学2009年的可用经费为40万元，而学生宿舍的正常维护费全年预计3万元左右，仅此项费用就占据可用经费的7.5%。公用经费也存在使用不当的问题：基建项目申报所需的前期费用仍然从公用经费中列支，如沙洲小学改造项目的前期报建费2万—3万元即从公用经费中开支；聘任教师的工资[①]也用公用经费发放，如石芫乡共有聘任教师18人，每年占用公用经费7万元左右。此外，由于农村小学的公用经费在中心小学集中调配使用，所以存在村小校长不清楚学校到底有多少可支配经费的问题。

2. 教育资源的区域布局

随着城镇化进程的加快、进城务工人员的增多，赣县的城区人口覆盖率与学生率已经发生了很大的变化（见附表5－6），每年均有不少的学生到城区就读，造成了城区大班现象严重，成班率超过70人。但是，目前绝大多数的专项资金投向了农村，农村的生均财政拨款额也略高于城市（见附表5－7）。教育局就明确指出城区教育项目的财政保障存在严重问题，比如2006年改扩建的城关第三小学、2007年开始新建的赣县第三中学和赣县职业技术学校、2008年开始新建的城关第四小学和赣县特殊教育学校，都曾遇到资金短缺的问题，而其主要是通过向社会筹资、土地置换等方式解决。因此，赣县教育局强烈建议增加城区投入力度，并为此专门了制订了2009—2013年城区学校建设一览表。

---

① 聘用教师的工资：县内规定每月300元，支付10个月，但是具体的支付金额由乡镇中心小学核定，石芫乡核定工资为，大专以上代课教师550元，其他教师500元，支付12个月。

附表 5－6 赣县城市人口数和学生数变化状况：2006—2013 年

		2006 年	2007 年增加	2008 年增加	2013 年增加
县城人口数（人）		68600	9200	14200	108000
在校学生数（人）	小学	7200	900	1200	11700
	初中	3900	182	241	5677

附表 5－7 赣县城乡义务教育资源布局对比：2008 年

	县城		农村	
	小学	初中	小学	初中
1. 专项项目资金（万元）	380.0	0.0	377.8	759.2
2. 生均财政拨款（元）	1206.0	1602.9	1525.2	1593.3
3. 大专以上学历教师比重（%）	90.1	92.7	26.8	23.4

但是，仅从教师学历角度来看，农村师资水平就明显弱于城市（见附表5－7），并且城乡教师的年龄也存在差异，如沙洲小学老师的平均年龄达到了55岁。另外，农村学校的其他基础设施、工作环境也明显弱于城市，如沙洲小学仅有教室6间，图书室和仪器室各1间，但是也作为教师宿舍使用，单独的教师宿舍仅有6间，而且教室门窗由“土改砖”以前使用过的木材改造而来。

目前有一种观点认为，农村学校布局分散、规模小、办学效率低，制约了义务教育质量和办学水平的提高，因此，撤并教学点成了提高效率的主要措施。为此赣县制定了详细的撤并计划，到2013年，全县农村小学由现在的103所完全小学（含九年一贯制学校）、113所村级小学、99个教学点调整为100所重点建设村完全小学、100所村级小学，基本消除教学点。但由此会带来两方面的问题：一是，中心小学学生人数过多。据教育局反映，王母渡镇共有适龄小学儿童5000人，中心小学就有2500人。二是，学生年龄太小，缺乏生活自理能力，而学校教师数量不足，难以配备生活老师照顾学生起居，对此家长不满意，部分村小难以撤销，在有的村甚至出现了村委会、村民自行出钱聘请教师代课的现象。此外，到中心小学读书，特别是寄宿制学校，又会出现生活费用增加等问题，这将直接影响到贫困学生的受教育问题。因此，撤并教学点、提高办学效率也应该继续加大农村教育的投入力度。

6.5.9 卫　生

1. 医疗卫生投入问题

一是资金投入不足，不仅仅反映在项目资金上，公用经费的安排也不足。就医疗机构总体而言，2006—2008 年财政拨款占医疗收入的比重仅为 4.2%、7.4% 和 8.3%。如果单独提及卫生院，补助则更少：县里每年定额拨付每个卫生院 2 万元①，职工人均补助 882 元，仅占工资的 2.6%，绝大部分的工资及人员的社保②等问题均需要自行解决。

二是人才问题。（1）编制问题。编制直接影响到个人的待遇，如社会保险的参与、核定工资额等，是个人"身份"的象征，但是医疗机构的编制自 20 世纪 80 年代核定以后，就没有发生过变化，卫生系统存在大量的临时工（409 人）。调研组实地考察的五云卫生院 11 人为临时工，其中 5 名为医生。（2）新进人才的培训问题。医院基于效益的考虑不愿意花太多时间培养人才，但是医疗机构又迫切需要人才。

三是公共卫生项目内容与需求不匹配。公共卫生项目主要是向各个卫生机构分配医疗设备，但是这些设备要么太老，医疗机构用不到，要么太先进，医疗机构的人员不会使用。另外，设备质量较差，与招标采购品存在差异，影响使用。

2. 卫生资源的区域布局问题

从项目数量来说，农村项目多于城区项目，2006—2008 年申报的项目绝大多数都是农村医疗机构的建设。但是，由于农民小病小伤找私人诊所，大病重病则去县级医院，所以城镇医疗机构的利用效果明显高于乡村（见附表 5－8），并且随着城镇化进程的加快，县城医疗机构的压力越来越大。因此应该加大对县城医疗机构的建设力度。目前，赣县已经决定于 2013 年以前在城区新建中医院、第三人民医院、第四人民医院等 10 所医疗机构。

① 全县 23 所乡镇卫生院，仅有 19 所获得补助。原因在于：赣县乡镇调整时有五个乡镇改为办事处，这五个乡镇的卫生院享受补助的资格被取消。

② 医疗机构工作人员按照事业单位缴纳各项社会保险，对于医疗机构而言负担较重，特别是乡镇卫生院。以五云卫生院为例：2008 年需要交纳职工五大保险的金额为 18 万—19 万元，以前年份的比例更高。

附表 5－8 2008 年县乡医疗机构医疗卫生服务供给状况

	年门诊人次	年住院人数	病床使用率	医疗收入（万元）	医疗支出（万元）
县医院	150762	10308	109.40%	5602.5	5601.8
乡镇卫生院	452505	24137	80%	3960.8	4185.7

但是，从资金投向来看，主要的资金投向了县城而非农村：2006—2008年，11个乡镇卫生院项目、4个卫生室项目的总投资也仅为一个县人民医院项目的26.5%，建筑面积仅为52.5%。与此同时，乡镇卫生院人员的流失严重。据五云卫生院的院长反映，县乡医技人员工资差距为每个月500—1000元，卫生院很难留住人才。而县级医院则由于业务需要，从乡镇卫生院调人，导致农村卫生技术人员缺乏，骨干基本被挖走，部分卫生院往往是靠1个或几个技术骨干支撑着一个卫生院，而其中部分专业人员面临退休问题，造成青黄不接的局面。

6.5.10 文化

1. 基建项目

（1）上级财政资金项目，实施较好。均为文化站建设项目。目前开始在五个乡镇实施，并且除王母渡综合文化站外都已开工。（2）本级财政资金项目，项目实施差。比如赣县拟建的“文体中心博物馆”，是赣县重点规划项目，但目前仍处于前期工作，只完成了立项和勘探。由此可见，对贫困县或财力紧张县来说，县级立项项目实施起来比较困难。

2. 文化站项目布局

项目布局考虑的因素：（1）领导重视。选取南塘镇和湖江乡是因为当地乡镇的领导对文化事业比较重视，比如南塘镇在建文化站之前已建了一个比较大的文化广场。（2）当地群众文化基础好。选取白鹭乡是因为当地的文化底蕴比较深厚。（3）中心镇。选取王母渡是因为它是一个中心镇，两天就有一个圩，在那里赶集的人比较多。

3. 文化站项目实施存在的问题

（1）赣县文化站选址不当。根据上级的要求，文化站不能建在乡镇政府院内，必须建在圩镇的中心，并且要配有文化广场，但是由于发展和改革委员会项目资金不允许用于买地，赣县文化站都是利用乡镇政府的土地建在政府大院内，并且有些是和计生服务站合建在一座楼上。这种选址不当，极有可能导致文化站建成后功能异化，成为办公楼。（2）文化站建设地方配套资金过多。由于每个文化站国家只补助20万元，各乡镇政府配套较多。需要的配套资金多，有可能导致两个不良后果：第一，配套配不上，导致文化站建设缓慢；第二，配套资金较多，乡镇政府就要求主导文化站用途，导致最终建成的文化站大楼很有可能成为乡镇政府的办公大楼，或用于商业方面。

4. 农村文化事业

（1）乡镇文化站。虽然每个乡镇都有文化站，但没有专门人员负责。文化站的编制问题始终没有得到解决[①]，并且在19个乡镇的文化站中，只有一个乡镇有正式工作人员，其余都是其他站所的人员兼任。（2）村文化室。基本没有发挥功能。在新农村建设中，全县已建成30个村文化室，但能发挥作用的没有几个，并且也只是在县领导蹲点的示范村中建立的村文化室表现稍好，即使如此，它们也多是采取拆旧点办新点的方式，办了许多牌子，在村文化室一会挂这个牌子一会挂那个牌子。

6.5.11 民　政

1. 项目申报

民政部门的所有项目资金均来自于民政系统，发展和改革委员会没有关于民政事业的项目资金安排；项目申报成功率为100%，原因是上级有资金安排才会申报；一般是项目建设好之后再拨款。

2. 敬老院概况

全县共有敬老院28所，集中供养老人数728人，分散供养人数2210人，应供养未供养人数1087人。集中供养和分散供养的老人，每人每月的供养标准分别是155元和105元。在28所敬老院中，共有65名服务人员。

3. 敬老院资金来源

---

① 在20世纪80年代中期就有文化站，并且当时的各个站所基本都没有编制，但后来民政、计生服务、农机服务等站所都有了编制，唯独文化站始终没有给编制。

一是上级拨款：(1) 工作人员工资，标准为院长每月600元，其他工作人员每月500元，工作人员工资由财政直接拨入个人账户；(2) 工作经费，每个老人人均200元；(3) 老人供养经费，每个在院老人拨款1860元/年。二是敬老院通过开展庭院经济建设创收。另外，老人医疗费来源为新农合和民政部门的医疗救助金。

4. 敬老院项目

赣县共19乡镇，每个乡镇均有敬老院，有的乡镇有3个，计划合并为19个。2006—2008年间，共改建12个敬老院项目，省财政资金134万元，县投资466.7万元。

5. 敬老院存在的问题

(1) 敬老院的法人主体地位还没有确定。虽然敬老院已改成由县民政局直属管理，并由乡镇政府协助管理，但对于敬老院的法人地位还没有明确规定。(2) 工作人员的编制问题还未解决。敬老院院长多是以前村里的老干部，他们和一般工作人员都属于临时编制，其待遇都很低。(3) 没有专业的护理人员。由于编制和待遇问题，敬老院并不能吸引专业的护理人员来工作，一般都是老人照顾老人，也没有专门的医务人员来照看老人的健康状况。(4) 老人的供养标准太低。根据现有的供养标准，老人每餐相当于只有不到两元的生活费，这样低的标准，再加上比较落后的设施，五保老人一般都不愿来敬老院入住。(5) 敬老院工作经费太低。根据目前的状况，敬老院的运转经费主要来自庭院经济的收入，但这存在一定的风险，比如吉埠镇光荣院去年的养鱼收入就损失了1万元。

6.6 大 余 县

6.6.1

大余县基本情况

大余县位于江西省西南边缘，章江上游，与广东省交界，县城南安镇距离赣州市85公里，距离南昌市512公里。

6.6.2

财政能力

1. 财政体制

与赣县相同。在此种体制下，大余县各主要税种的分配情况如附表6－1所示。

附表6－1　　大余县主要税种的收入分配比例　　单位：%

税种	中央	江西省	县本级	乡镇
1. 增值税	75		25	
2. 企业所得税	60		40	
3. 个人所得税	60		40	
4. 城市维护建设税、土地使用税、印花税、土地增值税、资源税		40	60	
5. 耕地占用税、契税[a]			70、50	30、50
另：部分非税收入				
国有资产经营收益及罚没收入				100
社会抚养费[b]			33、50	67、50

注：a. 如果完成县财政下达的征收任务，乡镇分成比例为50%，没有完成则为30%。

b. 如果乡镇自行征收，乡镇分成比例为67%，如果由法院强制执行，则为50%。

2. 财政收入与财政支出

就财政收入的构成而言，大余县与江西省其他两个调研县不同，本级收入要高于上级转移支付的金额，财政支出的灵活性较高；但是，上级转移支付增加对总财力增速的贡献要高于本级收入，这又反映出县级财政对上级财政的依赖性（见附表6－2）。另外，就财政支出而言，大余县“吃饭财政”的特征仍很明显（见附表6－3）。

附表6－2　　大余县财政收入及其构成（2006—2008年）　　单位：万元，%

财政收入及其构成	2006年		2007年		2008年	
	金额	比重	金额	比重	金额	比重
总财力	37916	100.00	52355	100.00	66610	100.00
本级收入	20505	54.08	29001	55.39	34450	51.72

续表

财政收入及其构成	2006年		2007年		2008年	
	金额	比重	金额	比重	金额	比重
一般预算收入	15081	73.55	18833	64.94	26246	76.19
其中：非税收收入	3529	23.40	3484	18.50	6666	25.40
基金预算收入	1068	5.21	5431	18.73	3237	9.40
预算外收入	4356	21.24	4737	16.33	4967	14.42
上级补助收入	17411	45.92	23354	44.61	32160	48.28
税收返还	2114	12.14	2234	9.57	2365	7.35
财力性净转移支付	9454	54.30	13422	57.47	13706	42.62
专项转移支付	5696	32.71	7465	31.96	15120	47.01
基金补助净收入	147	0.84	206	0.88	818	2.54
预算外净补助收入	0	0.00	27	0.12	151	0.47

附表6-3　大余县财政分功能决算支出结构　单位：%

	2007年	2008年
1. 人员支出	43.2	43.8
工资福利支出	23.9	19.6
对个人和家庭的补助	19.3	24.2
2. 运转支出	34.5	26.5
商品和服务支出	34.5	26.5
3. 资本性支出	19.7	29.7
基本建设支出	12.7	4.4
其他资本性支出	7.0	25.3
4. 其他支出①	2.6	0.1

6.6.3
规　划

1. 规划编制

在编制“十一五”规划时，大余县成立了编制工作领导小组，由县长、

① 其他支出包括：对企事业单位的补贴、债务利息支出、赠与、贷款转贷及产权参股、其他。

常务副县长担任组长和副组长，包括发展和改革委员会等20个部门的主要领导，主要负责对规划编制及实施中遇到的问题和困难进行沟通协调；领导小组组织专家对“规划纲要”及各部门编制的专项规划进行评估，使各职能部门和各乡镇在项目实施等各项工作中能互相配合；各业务部门也都成立了编制领导小组，负责专项规划的编制，并加强与领导小组的联系。

规划编制过程中，也有一定程度的公民参与。一是，在政务信息网上发布信息，征求群众意见[①]；二是，向企业、专家、社会各界人士、政协代表、人民代表大会代表征求意见和建议；三是，多次召开了座谈会，部分乡镇领导和村负责人均参与过座谈和讨论。

2. 存在的问题

（1）规划的编制缺乏专业人员的指导，主要依靠发展和改革委员会工作人员完成。（2）规划的执行力度仍显不足。县级财力的不足使得规划执行更多地依赖上级政府，一旦上级政策发生变化，相应的建设内容也随之变化，这是规划执行力度不够的最主要原因。（3）行业部门的纵向规划和县内的发展之间往往存在矛盾。纵向规划一般口子开得很大，各项发展方向都有列出，而制定总体规划时必须在专项规划的基础上综合平衡各专项规划。因此就出现了各分管领导列单子，要求发展和改革委员会列本部门项目的情况。（4）规划编制过程中与财政的沟通不够。（5）没有对规划执行情况的评估。

6.6.4
财政管理

1. 预算规划

财政局没有编制“十一五”专项财政规划，但编制了财政收入的中长期规划。财政局每年都会与国土、地税、统计、发展和改革委员会等部门配合，通过详细调查进行年度财源测算。但业务部门编制专项规划时与财政没有什么沟通；财政局制定年度预算草案时，也不参考发展和改革委员会编制的“十一五”发展规划。

2. 预算编制

预算编制采取“二上二下”程序。每年的9—12月财政局开始编制下一年度

---

① 反馈意见的不多，有几个外出务工人员反馈了自己的意见。

部门预算，次年1—3月预算报政府、人民代表大会审批。部门预算中的项目经费一般不予安排，而由财政局单独编制，成功与否取决于当年财政能力。对于项目支出预算，业务部门在人民代表大会批准之前并不清楚财政给本部门报了多少预算。调整预算一般在年底进行，但财政局每个季度必须向人民代表大会常委会汇报预算调整，对于重大预算调整，则需要随时向人民代表大会汇报审议。

3. 预算与决算

在预算与决算上的差异及原因与江西其他两县的相同（见附表6－4、附表6－5）。但是，大余县财政局工作人员认为，未预计到的转移支付对财政的影响并不大，原因在于：对转移支付的大致趋势比较明确，另外，对财政本级收入的预测有弹性。

附表6－4　　大余县预算超收情况—1

年份	2006	2007	2008
超预算收入%（＝决算数/预算数－1）	77.7%	84.5%	132.6%
其中：一般预算收入超预算%	24.4%	23.6%	39.6%
财力性转移支付超预算%	72.3%	99.3%	135.3%

注：a. 预算编制时，专项转移支付和其他收入金额均为0。

附表6－5　　大余县预算超收情况—2

年份	2006	2007	2008
年初预算数（亿元，下同）[a]	19635	24069	27695
决算数[a]	34896	44417	64411
决算数－预算数	15261	20348	36716
其中：一般预算收入差异	3375	4017	8116
贡献率%	22.1%	19.7%	22.1%
财力性转移支付差异	4203	6967	9741
贡献率%	27.5%	34.2%	26.5%
专项转移支付差异	6854	8932	17800
贡献率%	44.9%	43.9%	48.5%
其他差异	308	－89	424
贡献率%	2.0%	－0.4%	1.2%

注：a. 含上年结余数。

4. 预算监督

县人民代表大会常委会专门成立了预算审查委员会，具体负责审查预算草案。但是，审查和批准的程序并没有得到严格执行：（1）从提交预算草案进行初审的时间看，县财政局往往是在人民代表大会召开的前一天才将预算草案提交给人民代表大会财经工委，因此不可能进行初审。（2）从提交预算草案的内容看，县财政局提交人民代表大会进行审议的预算草案内容往往只是个粗数，而详细的预算草案在人民代表大会结束后才进行编制，因此人民代表大会对预算草案的审查也不可能有实质性的内容。据反映，人民代表大会还从来没有对财政局提交的预算草案提出过什么修改意见。（3）从对预算草案进行正式审查的环节看，由预算审查委员会所作的审查报告是由财经工委主任一人完成的，而其他成员并没有做出实质性的工作。据反映，审查报告只是在由财经工委主任完成之后给其他成员看一下就了事。(4) 从人民代表大会的整体工作来看，它本应是对政府的工作进行监督，但基本上是在党委的领导下对政府的工作进行支持，所谓的监督也都是流于形式。

5. 政府债务

截至 2008 年本级政府负债 16306 万元，乡镇负债 5912 万元。据财政局人员反映这些债务主要发生在 2006 年以前，这两年控制较严，负债较少。2008 年 5 月，大余县政府下发了《关于全面清偿政府性债务的通知》，成立了大余县清偿政府债务领导小组，对债务进行调查摸底、登记造册，下达催款通知，仅 2008 年就清收逾期贷款 180 多万元。

债务统计的内容包括：金融机构和其他单位及个人的贷款，主要包括政策性银行借款、商业银行借款、非银行金融机构借款、上级财政贷款、其他单位及个人贷款；政府债务统计也包括了作为政府融资平台之一的资产营运公司，原因在于该公司的资产主要是政府划拨的经营性国有资产；另外，与江西省其他两个调研县不同，大余县的政府债务包括了乡镇卫生院的相关债务，但是政府担保的负债未统计在内。

6. 财务管理

财政资金的使用有一套比较完整的财务管理制度，具体内容与江西其他两县类似。对于“影子工资”的控制也较有成效。财政部门每年与纪检、机构编制办公室等部门开展两次联合检查，业务部门也积极配合这一工作。基于制度的严厉，近些年教育系统就有 70 多人主动辞职，使得教育部门

“吃空饷”的现象已经很少。但是，对于其他一些部门，监控难度要大一些。

6.6.5
招标采购

1. 招标采购体制

实行监管与执行相分离的运行机制：由财政局下的采购办负责货物类、服务类及部分工程类的采购项目审批；由城建局下的招标办负责部分工程类的采购项目审批；由招投标中心负责采购项目的具体执行。

2. 政府采购与招投标信息公示

采购信息在指定的三级政府采购网站上公布：大余县政府网、赣州市政府采购网、江西省政府采购网；招投标信息在县政府网、赣州市招投标中心网站公布。

3. 专家评审机制

大余县基本形成了专家评审机制，建立了县级专家库，共有81位专家，并与市级专家库共享。对于专家库的选取，大余县并没有硬性的规定，一般是在县专家库中抽取专家，有时根据采购单位的要求到市专家库中抽取，但是对于大型水库的加固项目一般要到省专家库中抽取。

4. 监督机制

招投标中心有一个监察室，它是监察局派去的一个办事机构，专门负责对招投标的监督。

5. 公开投诉机制

在每次中标结果公示时都会公布采购办的监督电话并接受投诉，由采购办进行政府采购投诉的登记、调查及答复工作，有时也采取直接面谈的方式接受投诉。

6. 问题

（1）县专家库的专家实力比较弱。（2）对于围标、串标的防范很难。（3）有关招投标的一些政策法规仍不明晰。比如关于邀标就没有规定实施细则。（4）一些人际关系很难处理。据工作人员反映，由于大家都在一个县城，彼此都比较熟悉，因此即使有严格的招投标程序，有时也感觉到很难处理人情方面的问题。

6.6.6 审　计

在审计跟进政策上，对于预算执行情况的审计报告，人民代表大会给出审议意见，并责成政府进行整改，而政府会以书面和会议的形式责成相关单位进行整改，最后整改的结果再由审计局向人民代表大会进行汇报。对于部门审计报告，审计局会跟踪大约一半数量的整改结果。对于出现无法纠正错误的被审单位，审计局一般会给出处罚意见，并要求回馈落实结果。

在审计结果的公示上，审计局每年都会在《大余报》和《大余审计》上对5—6个项目的审计结果进行公告；对于预算执行情况的审计报告由局长代表政府向人民代表大会进行汇报；对于部门的审计报告一般只通知被审单位，另外会向县主要领导进行汇报。

另外，据大余县审计局反映，在基建项目的审计上存在一些问题：（1）基建项目审计工作缺乏实际可行的依据。因为《审计机关对国家建设项目审计准则》中的规定都比较原则，所以审计工作者在实际操作中感到没有切实可行的依据和标准，这就使得项目审计较多停留在项目造价审计上。（2）审计部门与财政部门的配合不足。一般是由财政部门对项目的资金进行监管，而审计部门是在项目运行结束后对资金的实际使用情况进行审计，因此就需要两个部门配合才能保证项目资金的有效运行。但据审计局工作人员反映，他们只是与财政部门有过口头合作的打算，在实际中还没有进行。（3）绩效审计处于空白状态。据审计局工作人员反映，绩效审计在当地也提了好几年，但由于没有切实可行的评价指标体系，他们在实际中无法开展这方面的工作。

6.6.7 教　育

1. 教育投入

教育存在投入不足的问题，具体表现在以下方面：

（1）学校基础设施均比较薄弱。据大余县发展和改革委员会的一份调查报告显示：校园和校舍缺口分别为41292平方米和14813.8平方米；中小学危房尚有249899.5平方米，占总校舍面积的1.38%，超过三类危房比例应少于1%的规定；按照江西省颁布的标准，计算机、多媒体教室、语音室、校园网分别差4117台、21个、18个和18套；此外，音美体器材也存有很大的缺额。

（2）教师数量、质量、结构均存在问题。

①数量不足。由于编制控制的原因，县内有为数不少的合同制教师（120人）；并且农村学校由于校均学生少（特别是15个教学点），虽然按照配备教师的师生比要求不应该再配备教师，但实际上也需要配备一些教师。

②素质不高。据发展和改革委员会统计，虽然在校小学专任教师中有90%达到了中专以上学历，但是第一学历达到中师的尚不足50%，其他则是通过顶替、招工（补员）、民师选招（全县有400多人）进入的。初中、高中专任教师中也有相当一部分是通过函授、自考、脱产进修等途径获得大专或本科学历的。此外，近年来高中扩招和初中入学高峰，部分小学教师调入初中任教，部分初中教师调入高中任教，无论是学历还是教学经验都不能完全胜任教学工作的需要。

③结构不合理。一是后勤服务人员比例过大，占到了教职工总人数的18.5%，而标准是小学不超过9%、初中不超过15%、高中不超过16%。二是年龄结构不合理。教师平均年龄按照高中、初中、小学递增。教育局的人员戏称“哥哥姐姐教高中，叔叔阿姨教初中，爷爷奶奶教小学”。三是专业结构不合理。语文、数学等学科的老师相对较足，而物理、化学、生物、历史、地理等学科的老师紧缺，特别是山区学校和三类学校。

④健康问题。由于教师负担重，身体素质低，县内长期有病的教师一年有几十个，而这些教师没法病退，只能自己请人代课。

（3）教育财政经费存在一些问题。

①公用经费预算、使用缺乏科学依据。各类学校公用经费的预算标准是如何制定的不是很清楚，这就导致在取消学生寄宿费后，公用经费的预算安排并未考虑因住宿生增加而增加的水电费等费用。同时，经费的使用也没有事先做出明确的规定。从实地调研情况来看，不仅学校的教学开支从该经费中列支，其他各种名目繁杂的费用也从公用经费列支，例如，合同制教师的“三金”，这就导致学校公用经费十分紧张。附表6－6给出了浮江九年制义务教育学校公用经费支出的部分内容，而这些开支已经占到了该校所有公用经费的42.8%，除此之外，公用经费的开支还包括印刷费、办公费、差旅

费、教师教学用书、维修费、美化校园费等。

附表6-6　浮江九年制义务教育学校公用经费的部分支出项目

项目	金额（元）
合同制教师养老保险金①	10000
招待费	56000
培训费	13500
水电费[a]	36000
合计	115500
占公用经费的比重	59.4%

注：a. 学生宿舍的水电费开支很难区分。

②教育税费征管问题。教育税费是学校教育经费的重要来源，但是大余县并没有按规定使用相关资金。如2008年征收城市教育费附加1087.7万元，用于教育的仅655.6万元；城市维护建设税1707.7万元，并没有按照10%—15%的比例用于教育；上级转移支付资金尚有69.9万元没有到位。

2. 教育资源的布局

教育资源的区域布局需要解决两个均衡问题：一是中心小学和村级小学（教学点）的均衡问题，二是城乡教育资源的均衡问题。

（1）中心小学和村小的均衡。撤并村级小学、以若干村为单位建设中心小学或者九年制义务教育学校会带来两个问题，参见赣县的相关内容。

由于学生年龄太小，家长倾向于让孩子在家庭附近就读，例如浮江义务教育学校计划覆盖周围8个村，但是从1—3年级学生的构成来看，225名学生中绝大多数来自于学校附近的两个村，仅有10%左右的学生来自于其他6个村。同时，中心小学一般只接收4—6年级的小学生。因此，保留一定的村级小学是必需的，加大对村级小学的投入力度也是不容置疑的②。

这样，如何平衡中心小学和村级小学的资源投入，即如何兼顾教育的公

① 由于学校经费紧张，合同制教师的"三金"仅缴纳了养老保险金，失业保险金和住房公积金并未缴纳，据浮江中学的校长估计，全部缴纳还需要45000元左右。

② 教育局的人员反映：由于地理、交通等因素，在师资上造成了两个"依次递减"，即城区乡镇、平原乡镇、山区乡镇师资力量依次递减；乡镇中心学校、村级小学、完全小学、初小及教学点的师资力量依次递减。

平和效率就值得思考。为此大余县教育局也做了一些工作：一是，从2001年开始，采取总体规划、分步实施的方式，对全县农村教育网点进行了调整；二是，按照以人为本的原则，将把新城镇光明小学、池江镇九水小学等原来撤并了的完全小学予以恢复。

（2）城乡均衡。据教育局反映，2006—2008年的教育基建项目基本上都是农村学校项目，而对于城区学校项目很少涉及，专项项目经费和生均财政拨款也是农村多于城市（见附表6－7）。但是，仅从教师学历角度来看，农村师资水平就明显弱于城市（见附表6－7），并且农村教师的平均年龄较大，比如，浮江九年制义务学校教师的平均年龄为40多岁，而它所管辖的乡内其他教师，年龄超过50岁的占到了48%。即使如此，城区学校还是不断地从乡村抽调老师，每年有30人左右。另外，农村学校的其他基础设施、工作环境也明显差于县城。这些都说明应进一步加大对农村教育的投入力度。

附表6－7　大余县城乡义务教育资源布局对比：2008年

	县城		农村	
	小学	初中	小学	初中
专项项目资金（万元）	12.4	98.9	206.0	240.6
生均财政拨款（元）	1098.0	3581.6	1208.3	8824.1
大专以上学历教师比重	73.2%	86.5%	39.2%	87.0%

但是，因城镇化进程加快而导致的城区教育投入不足的问题也应引起重视。由于城镇化进程的加快和教学质量的差异，大量农村学生进城就读，城区学校生源爆满，班额偏大，生均校园和校舍面积不足。如东门小学现有70个教学班，4240名学生，平均班额在60人以上。又如水门小学现有30个教学班，在校学生1862人，平均班额为62.1人，生均校园面积9.43平方米，生均校舍面积2.23平方米。在这种情况下，也应加大对城区学校的投入力度。

6.6.8
卫　生

1. 乡镇卫生院的困境

人员的流失是乡镇卫生院面临的一个重大问题，乡镇卫生院已接近瘫痪。据调查反映，仅卫生院院长就有 4 人到人民医院当医生，2 人到私立医院当院长，所有员工中请长假的占 1/3，比如黄龙镇卫生院有 9 个员工，但目前上班的只有 2 人，青龙镇卫生院也仅有 3 人上班。在乡镇卫生院留下的医技人员中，拥有中高级职称的比重非常低（见附表 6－8）。

附表 6－8　　2008 年主要医疗机构卫生技术服务人员状况

	在职人数	高级职称人员比重	中级职称人员比重	初级职称人员比重
县医院	303	3.3%	35.0%	47.9%
乡镇卫生院	129	0.0%	7.8%	76.0%

2. 关于私立医疗机构对公立机构的冲击

农村地区公立医疗机构提供的服务较差，甚至不如私立机构。乡镇卫生院的经营状况远差于农村社区卫生服务中心。例如，与黄龙镇社区卫生服务中心相比，黄龙镇卫生院在基本设施、设备状况上均占优势，但是业务量却明显少。

县卫生局认为这种状况是由于对乡镇卫生院的财政投入力度不够造成的。但问题是，私立医疗机构与之相比，没有任何财政支持，但发展状况却要好得多。可见，所谓增加财政投入根本就不是最关键的问题，经营管理方式和监管、激励机制可能更为主要。在这方面，私立医疗机构明显技高一筹：一方面，私立医疗机构的服务灵活性好于公立医疗机构，不仅表现在医疗服务手续的简单快捷上，还表现在费用收取上。例如，黄龙社区卫生服务中心患者在经济紧张时可以赊账。另一方面，服务的态度也明显优于乡镇卫生院。此外，对于卫生院的管理者缺乏相应的激励机制，有的乡镇卫生院院长甚至声称："你要把我撤换就撤换吧，反正我也不想干了"。

6.6.9
文　化

1. 基建项目

（1）上级财政资金项目，建设较为顺利。从 2007 年到 2008 年，文化局通过发展和改革委员会申报并被批准了三个乡镇文化站的建设项目，分别是南安镇、吉村镇、内良乡。目前只有吉村镇的主体工程建设完毕。据吉村镇的领导反映，该镇文化站规划的建筑面积是404平方米，而实际是358平方米，整个工程是按照每平方米673元的造价投入的，因此总共需要24万元的投资，除去上级的12万元拨款，镇里已垫付余下的12万元，但是目前还需要6万元的装修费，对于这部分资金镇里也得想办法去筹集。（2）本级财政资金项目，资金缺口大，项目建设不顺利。大余县从2003年就开始投资建设文化中心，建筑面积1.5万平方米，预计投入3000万元，资金完全来自本级财政投入。目前该工程还未完工，但已投入2025万元，后期还需要投入700万元用于文化中心影剧院的装修，但资金目前还没有着落。

2. 项目布局

文化站项目布局考虑的因素：（1）靠近城区，南安镇是城关镇。（2）领导重视和群众文化基础好，吉村镇属于这种情况。（3）政治考虑，内良乡是省文化厅挂靠单位。

3. 文化站项目实施存在的问题

目前虽然已对三个乡镇的文化站进行建设，但存在以下问题：

（1）土地使用的问题。根据上级的要求，文化站不能建在乡镇政府院内，并且要配有相应的文化广场。为达到此要求，土地的征用就是一个很大的难题。

（2）文化站设计的问题。上级虽然设计了几套不同的方案供地方选择，但是由于这些方案都过于专业化，虽然设计了许多功能，但与农村的实际情况不符。

（3）建设的相关费用问题。在文化站的建设上，一些相关费用也是比较高的，比如监理费、设计费等就大约有2万元，占去了上级拨款的15%以上，这就使得本来就有限的上级拨款资金变得更为紧缺。

（4）部门之间的协调问题。文化站的建设一般会牵扯到文化、土地、建设、财政、发展和改革委员会等相关部门，而这些部门在文化站的建设上都有自己的意见，它们之间相互扯皮，这使得乡镇政府在具体操作上左右为难。

（5）因地制宜的问题。不同的乡镇由于地理环境的不同，在文化站的建设上所需的费用也就不同，比如吉村镇处于偏远的山区，它的建设费用就要高些，而南安镇靠近城区，它的费用就相对要低些，但是上级的拨款都是

12 万元，这就会影响一些乡镇建设文化站的积极性。

（6）项目建设后的运行问题。以吉村镇的文化站为例，它有三层，据镇里领导人介绍，他们觉得二层的房间已经够用了。建成的文化站大楼很有可能成为集办公、住宿、商业、开展文化活动于一体的设施。

4. 农村文化事业

（1）乡镇文化站与村文化室。乡镇文化站只有一个事业编，并且有几个乡镇还是有编无人，这就会导致在文化站大楼建成之后，没有足够的人力利用它来组织开展各项文化活动，到时也会让建成的文化站大楼另作他用。在活动经费上，主要来自两方面：江西省农村文化事业专项资金中的乡镇文体活动费；乡镇对临时性开展的文体活动进行的补贴。

大余县有 72 个村文化室，基本不能正常开展活动。村文化室的活动经费主要来自挂点单位的赞助和村级自筹。

（2）民间文化形式。由民间自发组成的各种文化组织在农村的文化事业中起着越来越重要的作用。在我们走访的吉村镇，就有一个 26 人的农民业余剧团。该剧团在 2008 年共演出 50 场，并且只是在全县的七个乡镇进行演出，2009 年计划要在全县的十一个乡镇都进行演出[①]。

这种民间剧团有以下几个特征：（1）演出的剧目适应群众的需求。他们的编剧人员大都是有文化的老年人，他们对农村的生活相当了解，创作出来的曲目也就非常合农民的口味。（2）演出活动会得到群众的互动。因为剧团的演员都来自于当地的普通老百姓，群众看戏时就会对演员比较熟悉，看戏的热情就比较高。（3）剧团的运行成本比较低。据吉村镇领导估计，一个专业剧团一年的运行成本会高达 30 万元，而农民的业余剧团没有那么多，他们只是在编戏时根据戏曲的演出时间给每分钟 10 元的补助，在排练时每人每天有 20 元的误工补助，在演戏时每人每场有 30 元的补助。

但是由于经费的问题，这种民间剧团的发展也面临着限制。以吉村镇农民业余剧团为例，在它的发展中，虽然也得到了政府的支持，比如镇政府给了 4 万元的装修费，文化局给了 1 万元用于购买乐器，但是该剧团在进一步发展时就不得不自己想办法解决资金的问题，比如在最近买音响时就被迫从

---

① 根据省文化厅的要求，县采茶剧团要为每个乡镇每年演出 8 场，这样它每年为农民演出的场次总共也只是 88 场。

银行贷款2万元，并且还欠着音响老板3万元。

6.6.10
民 政

1. 项目申报

大余县民政局在2006—2008年只申报了敬老院项目，成功率为100%，这是因为根据上级部门的投资意向来申报。而民政局有意申报的老年公寓项目，虽然已经将投资意愿申报几年，但由于上级部门没有资金安排计划，因此老年公寓项目仍处于摸底调查阶段。

2. 敬老院概况

每个乡镇均设有敬老院，由民政局直接管辖。民政局为其拨付供养经费和配备工作人员，而乡镇负责它的日常管理。目前，全县已纳入农村五保供养对象人数1532人，其中集中供养的人数是789人，集中供养比例为52%（低于要求比例80%），还有应供养未供养人数527人①。

3. 敬老院资金来源

一是上级拨款，包括老人供养经费、公用经费和工资三块，老人供养经费标准为1860元/人年，公用经费为200元/人年，工资标准为院长600元/月，其他人员500元/月；二是庭院经济收入，经营较好的敬老院年庭院经济收入可达几万元；三是善款。

4. 敬老院基建项目

从2006年到2008年，大余县先后对四个乡镇的敬老院进行了新建和改建，总建筑面积为8200平方米，总投资368万元。在总投资中，上级拨款293万元，地方自筹资金75万元，二者的比例基本上是4:1，上级拨款的资金主要来自于省民政厅“三院建设”补助资金和福利彩票公益金。

5. 项目布局

项目布局忽略了城市的需要，项目资金只能用于农村敬老院建设，而目前城区没有一所老年公寓。

6. 敬老院存在的问题

（1）敬老院项目配套资金不足。比如左拔镇新建的敬老院根据上级已

---

① 即应享受五保户待遇但未享受到，目前这些人已纳入低保范围。

提高的拨款标准，会得到上级补助40万元，但要完成整个敬老院的建设还需80万元，因为这其中有一大部分要用于购买地皮及对原有建筑的拆迁补助，为此镇里已垫付资金40万元，但剩余所需的40万元目前还没有着落。

（2）工作经费短缺，老人供养水平低。以黄龙镇敬老院为例，在2008年该敬老院有五保供养对象89人，根据每人每年200元的标准，它只有17800元的工作经费，而它在2008年的实际开支是46347元，中间就有28547元的差额需要敬老院自己想办法解决。这对于有庭院经济并且庭院经济效益好的敬老院问题不是很大，比如黄龙镇敬老院在2008年的庭院经济纯收入就有30878元，支付完这些费用后还能有2331元的结余，但对于没有庭院经济和庭院经济效益不好的敬老院，其正常的运转就有很大问题。

（3）管理体制的问题。目前，敬老院已由乡镇管辖改为民政局直接管辖，但民政所仍隶属于乡镇政府，民政局不能对其直接管辖，只能对其进行业务指导，这对民政局在基层的民政工作开展不利。

（4）严重缺乏专门的护理人员。在调查的左拔镇敬老院，除1名临时聘请的炊事员外，没有1名外聘工作人员，供养老人自己管理敬老院，老人之间互相照顾。

（5）敬老院建设项目城乡布局不合理。虽然农村各乡镇的敬老院状况不一，但也都做到了每个乡镇有一所敬老院，而在城市目前还没有一所老年公寓，据民政局工作人员反映，在大余城区的老人数已占到了人口总数的11%。所以建议在敬老院的建设上向城市进行政策倾斜。

致　谢

在3年的研究过程中，国家发展和改革委员会、江西省发展和改革委员会以及重庆市发展和改革委员会对调研活动给予了大力支持，两省区6个调研区县的县发展和改革委员会和各政府部门对调研活动给予了大力配合；研究项目的国际咨询专家 Jesper Steffensen 先生不仅参与了部分调研活动，提供了详细的相关国际经验资料，还开发并提供了政府绩效评价的详细诊断工具，并仔细指导了项目的调研活动和调研报告的撰写；张长春先生和 Philip H. Brown 先生对研究成果初稿提供了详尽的评论意见。

世界银行机构发展基金对项目研究和本书出版提供了资助；世界银行中国代表处农村发展专家、本研究的项目经理曹文道博士对我们的研究工作给予了有力支持，使这一历时3年有余的项目最终达到预期目标。

本书作者在此对上述机构和个人致以诚挚谢意。但本书的任何结论均由作者承担，与上述机构和个人无关。

作　者

2012年6月